齐白石唯一的百岁弟子

埜石传

武立金 著

中国文史出版社

图书在版编目（CIP）数据

垄石传／武立金著．—北京：中国文史出版社，2015.10
ISBN 978-7-5034-6840-7

Ⅰ．①垄… Ⅱ．①武… Ⅲ．①垄石—传记 Ⅳ．① K825.72

中国版本图书馆 CIP 数据核字（2015）第 231408 号

责任编辑：窦忠如　蔡丹诺
封面设计：奇匠艺果

出版发行：**中国文史出版社**
网　　址：www.chinawenshi.net
社　　址：北京市西城区太平桥大街 23 号邮编：100811
电　　话：010—66173572　66168268
印　　装：廊坊市海涛印刷有限公司
经　　销：全国新华书店
开　　本：710 毫米 ×1000 毫米　1/16
印　　张：26.5　插页：4
字　　数：260 千字
版　　次：2015 年 11 月北京第 1 版
印　　次：2015 年 11 月第 1 次印刷
定　　价：39.80 元

埜石30岁免冠像

埜石出生地大石桥西两军屯

埜石新居大石桥三道岭“白石山房”

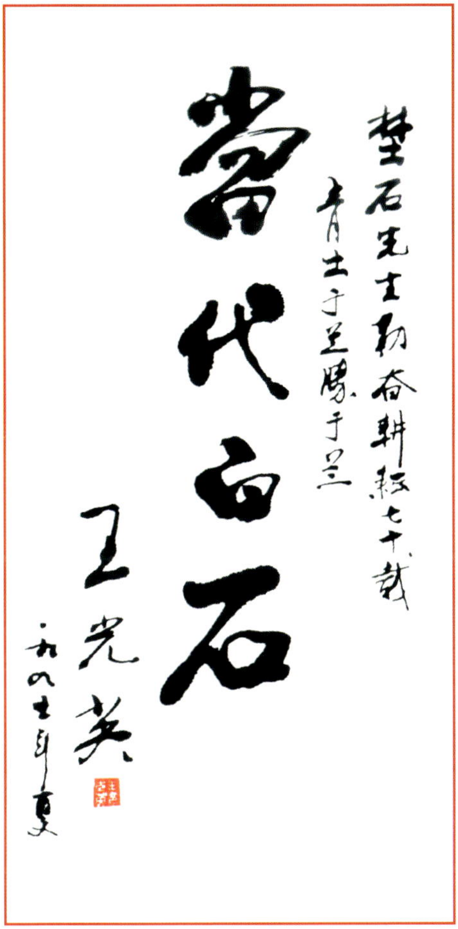

全国人大常委会
副委员长王光英题词

齐佛来先生题“具老人
笔意传齐派画风”

齐秉颐先生题“师伯笔下有法有师法”

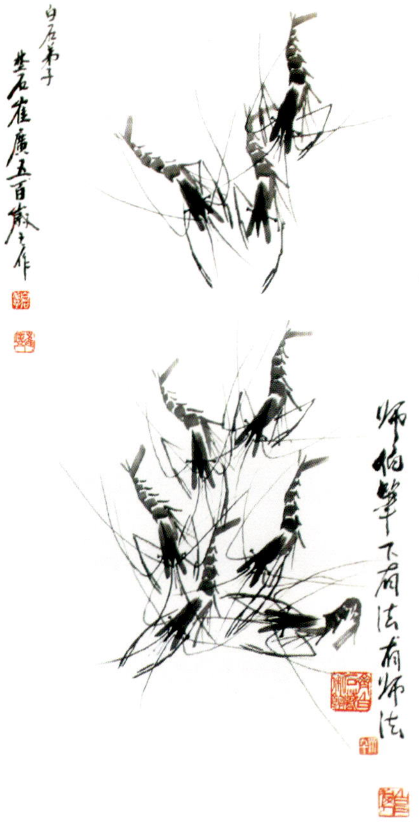

埜石恩师齐白石赠送的“人长寿”印章

前　言

20世纪70年代初，我从军校毕业后被分配到总部机关工作，我的处长是一位从二万五千里雪山草地上走过来的老红军。他虽然没有进过正规院校，却显得颇有学问，天文地理、政治军事，无所不知，其勤奋好学的刻苦精神令我钦佩不已。

一天，老处长拿着一份我书写的文稿走进办公室，笑吟吟地说："年轻人，你的字稍微差一点，得练一练啊！"

慈眉善目的老处长说话不但和气，而且客气。那时，我是初生之犊，不谙世事，不通人情，竟然不知天高地厚地狡辩道："我的字写得是不好，不过，主席可没给我改过错别字呀！"

"哦？"老处长愕然，"是的，是的……"

我说的是笑话，也是实话。因为那个年代还没有微机，处理文电基本靠老式打字机。我们书写的急件有时来不及打印就直报中央，毛泽东主席批阅文电一向仔细，发现有错别字就会在旁边注下来。我在同事的退件上就看到过有这样一些不宜多得而确实珍贵的墨迹，可能是我的文笔稍好一些，基本上文通字顺，所以始终没能得到这份“殊荣”。

我的字相当糟糕，甚至连自己的名字都写不好，尽管也痛下决心练过几回，却一直没有多大长进。然而有意思的是，本来没有书法天赋，偏偏有着书法嗜好，我退休之后居然喜欢上了书法，更喜欢与书法同源的国画，为此还收藏了一些字画，结交了一批书画界的朋友。这大概属于“附庸风雅”那一类吧！不过，近墨者“黑”，久而久之，我对中国的书画艺术也有了一点感悟。

作为传记文学作家，我准备去采访一位能写会画的新朋友，一位年过百岁的老艺人。

高速列车驶出京津大地，沿着渤海之滨向东北飞驰。在列车有节奏的行进中，我的好友——北京798天马美术馆馆长白金先生舍去窗外大好的北国风光，转过头来向我讲述了将要拜访的老画家情况：

老画家叫埜石，本名崔广五，别署白石门生，1912年生于辽宁营口。14岁学铁匠，16岁改行学中国画、油画和雕塑。1930年在长春开设白杨画店，翌年拜齐白石为师。1952年组建白杨美术社，1956年任长春市工艺美术厂画师，1997年创建当代白石画馆，1999年加入中国美术家协会。

埜石先生已经是一百多岁的老人了，是齐白石唯一在世的弟子，也是中国美术家协会最年长、过百岁还在进行艺术创作的会员。80多年来，他潜心研究齐白石的绘画技法，虔敬继承并博采众长，逐渐形成了自己的绘画风格。他的作品具有齐白石“笔墨纵横雄健，造型简练质朴，色彩简明热烈”的特点，又具有“用笔遒劲有力，简捷明快，墨色富于变化，形象生动逼真，清晰丰满”等自己的艺术风格，因此受到美术界人士的广泛赞誉和高度评价。

埜石先生曾受到邓小平等党和国家领导人的亲切接见，全国人大常委会原副委员长王光英称他为“当代白石”。齐白石的长孙齐佛来在他的虾蟹图上题词“具老人笔意，传齐派画风”；齐白石的重孙齐秉颐评其为“师伯笔下有法，有师法”；中华文化协会会长范光隆先生送给埜石“白石有继”四个大字。

埜石的作品多次参加国内外书画展，并荣获金、银、铜等奖项，《中国书画集锦》、《北国名流》、《香港书画名家大展优秀作品集》、《世界华人艺术精品》、《当代国际书画篆刻精品博览》等刊物对其作品均有介绍。2005年11月，《中国收藏博览》组委会审核、评定并授予他“当代中国书画收藏市场最具收藏价值艺术家”荣誉称号。为此，他的作品广为流传，已远销日本、韩国、东南亚、美国、欧洲等几十个国家和地区。

听完白馆长的介绍，老画家在我的脑海里很快形成一个清晰轮廓：他是齐白石的真传弟子，他受到过邓小平的亲切接见，他是上百岁的绘画大师，他见证了三个时代的历史变迁，他老当益壮地仍在作画……这位在凄风苦雨中成长起来的艺术家是一个奇人，是一个寿星，是一个巨匠！

由此得出一个结论：埜石，其人其事，生动感人，值得写，必须写，而且要“速写”，因为岁月如水，岁月无情，岁月不待人。

我同车而行的另一位好友、中国诚通控股集团有限公司原总裁罗树清先生也有同感。他认为撰写这部传记是社会发展的需要，是经济建设的需要，是建设文明社会的需要，更是弘扬正能量、教育下一代的需要。

于是，在罗总的鼓励下，我欣然接受了白馆长的提议：要为不事张扬、潜心作画的埜石老人写一部传记，把他的精神，把他的技艺，把他的风采记录下来，留给世人，传给后代！

下面，就让我们一起推开时空隧道的厚重大门，把目光投向100年前的一个冬天——

目 录

楚石：我是辛亥年十一月二十四日出生的，我是营口人。我父亲是教育界的，过去的教员。母亲没有文化，家庭妇女。别看父亲是私塾先生，我却识字不多，少年时就期盼着自己能多学一点知识和本领来养家糊口。因为家里穷，我14岁学铁匠。

埜石：铁匠炉挨着画匠铺，因为我老往画匠铺跑，我就喜欢看画，看他们雕刻、绘画、塑像。有一天看完了画，他们说你这么喜欢画，干脆拜师学画得了。我说那好，于是就磕头拜了师。就这么地，我开始跟师傅学画画，学会了国画，又去学油画。

埜石：我来到白石面前，脱掉帽子，整肃衣袖，跪地就拜："恩师在上，晚生广五在下见礼，前来拜师。从今往后，不会辱老师名声，丢老师门面，坏老师画技。请收为门下，认为弟子吧！不然，我就长跪不起了。"我的诚意终于感动了白石大师。

埜石：在那场“史无前例”中，正兴红卫兵运动，大搞“红海洋”。我被派到通化地区画主席像，写语录牌，一干就是三个月。就在这三个月里，家中天翻地覆，几乎把我一生收藏的绘画精品以及其他艺术珍品全部毁掉了，半点无存。

埜石：由于家庭生活的压力，我对画画已经想得不那样多了。凤春看见了，觉得很可惜，便提醒我把国画捡起来。因为她知道，早在50年代，我就参加过吉林省第一届美术家代表大会。在她的督促与鼓励下，我又捡起了画笔，开始创作国画。

楚石：活多大岁数？这个事我不敢说，听天由命，天老爷照顾你，你就多活几年；天老爷不照顾你，你就没有办法。你看我这手，哪个一百来岁的手能这样啊？这个眼睛，就是掉在地上一点点东西也能看见。手眼不合，你连筷子都拿不了，还能画画？

第一章　寒门铁骨

堃石：我是辛亥年十一月二十四日出生的，我是营口人。我父亲是教育界的，过去的教员。母亲没有文化，家庭妇女。别看父亲是私塾先生，我却识字不多，少年时就期盼着自己能多学一点知识和本领来养家糊口。因为家里穷，我14岁学铁匠。

贫弱少年

“人之初，性本善。性相近，习相远……”

从一座普通农舍飘出来的朗朗读书声，如山涧的溪水潺潺流淌。就在私塾先生向他的学子高声领读《三字经》的时候，塾堂的大门被推开了，突然闯进一个满脸喜气的年轻妇女。只见她气未喘匀，汗未擦净，就用脆甜的声音急切而兴奋地说：“大哥，嫂子生了……您又添一个宝贝儿子！”

这位被称作“大哥”的私塾先生叫崔海东，他新添的这个儿子便是本书的主人公堃石，即崔广五。这一天是农历辛亥年十一月二十四日（公元1912年1月12日），即大清王朝的最后一年，中华民国的最先一年。虽然出生在这样一个大动荡、大分化、大变革的年代，但懵然无知的小家伙依然高声啼号，哭闹不休。

听到喜讯，崔海东既高兴又愁苦。因为在新生儿之前，他和他的妻子赵氏已有了三个儿子和一个女儿。大儿子叫广文，二儿子叫广勋，三儿子叫广岳，女儿叫凤春。加上父亲万仁，母亲金氏，本来就是一个人口众多的大家庭，生活已经非常艰难，现在又多了一张吃饭的嘴，以后的日子可怎么过呀！

俗话说："家有二斗粮，不当孩子王。"崔海东在这个行当已经干了十几年，是那种典型的"白了少年头，空悲切"。其实，他是一个内向本分的人，从不与人争辩，遇到委屈也只会把眼泪往肚子里咽。他靠着耐心、善良、忠诚这些与生俱来的优良品格，度过了他那平凡的一生。

而赵氏虽说没有文化，其性格正好和丈夫相反，既能干又刚强，表现出了一般男人也少有的果决和干练。她虽然外形纤细，却有着一颗宽宏的心。她常说天老爷饿不死瞎鹰，始终保持着乐观向上的态度。她平日里纺纱织布、喂猪养鸡、勤俭持家，把一家人的生活调理得很是得当，时常受到公婆的夸奖。

"广"字辈的埜石因在哥哥姐姐中排行第五，故名广五，奶名五儿。他聪明伶俐，很受家人的喜爱。他从小就摇头晃脑地跟父亲学会了很多古诗，如宋人邵康节的《山村咏怀》："一去二三里，烟村四五家。亭台六七座，八九十枝花。”他还喜欢用树枝在地上写字，起初写“一”字，后来写“二”字，再后来写“三”字，写“王”字，写“五”字。爱动脑筋的埜石说别看“王”是国家的头，但“五”比“王”大，因为“五”比“王”多一竖，所以他以叫“广五”而自豪。他还喜欢在地上画画，最早只会画“︶”，说这是跳跃着的“小虾”。

埜石出生在辽宁省营口县大石桥镇西两军屯（今辽宁营口下辖的大石桥市永安镇西两军村）。这是一个历史形成的杂居村落，有村民不足百户，以马、侯、任、冯、崔等姓氏为最多。其中，除极少数经商者外，大都是守着自家的几亩黄土地安分度日。虽节衣缩食，也相安无事。不管是大门小户，还是男女老幼，他们都能以乡情为重，和睦相处。

埜石的家乡是一个山清水秀、史迹众多的风水宝地。他所在的镇子大石桥原来不叫这个名字，据说早年那里山高林密，野兽横行，山下荒草遍野，渺无人烟。后来才陆续有移民入垦，建立街肆。在南头十字街东有一户路姓人家开店，紧挨着路家店西面有条河，传说那河水是观音菩萨瓷瓶里的圣水，圣水流到哪里，连石头都挡不住，全变成泥沙，故名淤泥河。

早在1300年前，唐太宗李世民率军东征高句丽，拜尉迟敬德为元帅、张士贵为先锋。大军过了建安城，在青石关与高句丽大将盖苏文兄妹大战一场。盖家兄妹抵不住威猛的唐兵，向北撤退五十里安下营寨，追踪而来的李世民便在淤泥河附近驻跸。

这一天，用过御膳的李世民乘着酒兴单枪匹马出了辕门，想去前面看看地形。他沿着一条弯弯曲曲的黄土小道疾行，忽然发现前面有一个骑马而行的黑脸将军。他以为是尉迟敬德也来观察敌情了，没想到待追到跟前一看竟是改扮唐装窥探唐营的高句丽大将盖苏文。

盖苏文一看跟来的是唐王李世民，惊恐之后又是惊喜，心想看你唐王能有多大本领，这不是坐在皇宫里舞文弄墨，而是刀对刀、剑对剑的较量，现在就你我二人，一对一，送上门来怎能错过战机。于是手举钢叉直指李世民，口中大喊："贼王看打！"

二人战了几个回合，唐王李世民哪里是武将盖苏文的对手，眼看招架不住，便拨马而逃。盖苏文穷追不放，李世民慌不择路，拟驱马过河，没想到这是淤泥河，马到河心，四蹄陷进淤泥里，拔不出来了。

看到李世民的战马在淤泥河里越陷越深，这可乐坏了追赶而来的高句丽大将。只听盖苏文在岸上得意地狂叫："唐王，你今天走投无路了，快快投降，我饶你不死。否则，这深不可测的淤泥河就是你的葬身之地！"

被逼无奈的李世民掩面流泪，心想这回恐怕要彻底失败，大唐江山没有救了。正当他束手无策准备就范时，忽然听到不远处山头上霹雳一声："我主休慌，小臣救驾来也！盖贼哪里逃？"

李世民举目一望，只见这员骑着白龙马的白盔白袍大将如一团白云飘然而至，手举白银枪闪电般刺向盖苏文。

来人正是白袍将军薛礼。原来被唐朝奸将张士贵贬为放马官的薛礼，在山上圈好马匹正要入寝时，只听自己的白龙马咴咴直叫，随后前蹄不停地踢刨地面。薛礼看到这个情景，知道有了紧急军情，于是急忙翻身上马。白龙马不用主人加鞭，就飞也似地直奔淤泥河。

仇家见仇家，两眼冒金花。一场恶战，你杀我砍，接连战了十多个回合。由于盖苏文已和唐王战过几个回合，加上力单势孤，自知不是薛礼的对手，便暗中施放飞镖，趁薛礼躲避之机仓皇逃匿。

救主心切的薛礼用白银枪往马肚子底下一伸，双臂用力一挑，只听“呼”的一声，李世民连人带马被挑上岸来。李世民激动万分地说：“白袍小将真是力大无穷，盖世英雄，快快报上名来，好待朕论功行赏。”

一句话问得薛礼哑口无言。心想，前几次战功都被张士贵假报其女婿何忠显冒名顶替了，自己非但没得到奖赏，反被贬为放马官。如今若报了真名，万一再遭张士贵嫉妒，惹来更大灾祸也未可知。于是忙说：“吾王在上，我乃无名小卒，今天这事也算不得什么功劳，请吾王保重，赶紧回营歇息吧，小将去也！”

脱险了的李世民看了看越跑越远的白衣白马，又看了看身后浊浪翻滚的淤泥河。他命人在陷马之地（今桥镇南大街烧锅胡同口华宫附近）架起一座石桥，后来这里便有了“大石桥”的称谓。

时光如淤泥河的流水，瞬间就是几百年。如今的大石桥已发展成一座人多、车多、店铺多的繁华城镇，而且在当地颇负盛名。

且说埜石出生后，由于家里贫穷，母亲营养不良，奶水不足，导致他身体瘦弱，时常生病，有时高烧不退，咳嗽不止。父母三天两头到庙里烧香拜佛，每次都把头磕肿了才罢休。他们还四处索求秘方，为此变卖了不少赖以生存的口粮。

这一天，赵氏抱着已发烧三天的埜石对丈夫说："这孩子身体一直不好，我整天提心吊胆的。既然生下来了，就要把他养活。他爹，你得想想办法呀？"

"听说汤池那边发生了霍乱，已死了300多人。看到五儿三天两头生病，我也着急呀！"崔海东透过窗口眺望远方苍茫中的迷镇山，心里也迷茫得不知所措。他无可奈何地说，"可是，家里穷，没有钱给孩子治病，这可如何是好……"

位于大石桥西南约五华里的迷镇山，高163.8米。原名"晾甲山"，传说唐王东征时，曾在此晾晒衣甲，因而得名。曾有诗赞曰："英主当年定太平，征辽曾此驻龙旌。咸阳宫阙几朝代，土俗仍存晾甲名。"因历史上将此山视为群山之首，故晚清时期易名迷镇山。

迷镇山上共有古建筑三组，即娘娘庙、大戏楼和海云寺。相传从前有一位住在迷镇山附近的青年，黄昏之时见到一辆满载食盐的马车由西至东缓缓而来，车上坐着三位眉清目秀的姑娘。由于道路泥泞，行车艰难，青年便主动上前帮忙，协助把车推到迷镇山下。三位姑娘为表谢意，赐给青年好布三匹，随后告辞上山。

回到家的青年仰望暮色中的迷镇山，竟奇迹般地发现三位姑娘正坐在山顶祈祷，并看到从她们肌体中发出了奇妙的光亮照耀四方，随后落下一朵祥云，继而又看到三位姑娘驾着祥云，在最美的音乐声中升空了。这个青年被眼前的奇景震惊得目瞪口呆，赶紧伏地朝拜。

消息像长了翅膀，飞快地传开了。闻者随风而聚，开始在迷镇山上兴建庙宇用以祭祀三位姑娘。三位姑娘十分感动，便和当地百姓一起修筑神殿，不久一座三层大殿的庙宇便矗立于迷镇山主峰。后来得知三位姑娘是财神爷赵公明的三个妹妹云霄、琼霄和碧霄，因此又把迷镇山称为娘娘庙山。

娘娘庙坐北朝南，依山为基，就岩起宇，大有凌空接天之感。前、中、后三殿，巍然耸立，形成一派凝聚不散的仙气神韵。院内几棵合抱粗的柏树，标志着庙宇的悠久历史。由于娘娘庙集人间幸福、安康和子孙昌盛三大愿望于一体，因而成为关外佛教圣地，驰名东三省。每年农历四月十八庙会期间，四方僧侣，各地游人，蜂拥而至，盛况空前。

崔海东和赵氏带着生病的埜石来到迷镇山时，赶庙会的人已熙熙攘攘。那卖柴的担子，卖菜的挑子，卖海鲜的车子，走得甚急。店铺的门面都打开了，饭铺的小伙计在忙着劈柴挑水，摊贩们有的在支篷子，有的在摆商品。各式的叫卖声带着悠扬婉转的拖腔，混合着各种香味在空中飘荡。

崔海东一家三口穿过如浪如潮的人群，来到被他们奉为神圣的娘娘庙。这里钟磬声声，香烟袅袅。蜡台上插着拳头粗的大红蜡烛，蹿起半尺高的火苗。香炉里的紫香像农田里的谷苗一样稠密，飘着缕缕轻烟。他们在云霄、碧霄、琼霄三位娘娘面前烧香跪拜，然后来到一位大师跟前讨教孩子的前程。

这位身穿青色大褂、手持紫檀佛珠的大师问了问埜石的生辰八字，然后低下头闭上眼，用右手的拇指在另外四个指头上灵巧地弹着掐算，口中念念有词："这孩子的命好奇怪哟！生于壬子月，壬子日，壬子时，假如晚生一年，生于壬子年，那可就大富大贵了！壬子为桑拓木命，缺一壬子不能全美，此命主幼年有灾，中年衣食足用，身闲心苦，妻殇女亡无续……"

大师见崔海东夫妇脸色骤变，就又看了看埜石的面相和体肤，接着便婉转地说："不过，这孩子晚年财路旺，虽无子嗣，家业分夺一室，但事业繁复。你看，他的面相很奇特，胸前有颗红痦子，背后有个拴马桩。这个相貌弥补了命中的不足，预示着晚年事业有成！"

"这孩子自生下来身体一直不好，总是闹病，请大师给我们想想办法。"赵氏恳求道。

大师从香炉里抓了一把香灰包在纸里，又从箱子里拿出三包草药，然后不假思索地说："回去给孩子认个干亲，冲一冲晦气……"

崔海东不信佛，但对一切崇德向善的信仰都心仪敬重。

在回家的路上，他反复琢磨大师那些令人担忧的谶语，为了减轻妻子的思想压力，就劝慰道："大师讲的那些话，不要当真，我看都是信口胡说。要是能知道过去未来，他早就升官发财了，也不会跑到这里与黄卷青灯结伴，与枯木野物为友了！"

"俗话说，信则灵，不信则不灵……"

"不过，他说给五儿认个干亲，我看可以考虑。"崔海东推磨似的想了一圈儿，"既然认干亲，就要找一户好人家，村子里的李明刚很厚道，人也很精明，听说他在大石桥开了一个画匠铺，生意还不错。你看让孩子认他作干爹怎么样？"

"要是人家同意，当然最好了。"赵氏底气不足地说，"就怕人家瞧不起咱们……"

"西两军屯"，从它的名字上不难看出，过去这里肯定是个军事重镇。由于它的历史渊源，这里流传的许多故事都与军事有关。每逢烈日高照的夏天，在村头的一棵大树下都能看到一个纳凉的老人在给一群孩子讲故事，当然故事的内容也都与当地的军事有关，讲得最多的还是"唐王征东"。

孩子们都管这个老人叫三大爷。其实，"三大爷"只是一个称呼，论年纪应该是孩子们的爷爷辈。他60来岁，无儿无女，一个人吃饱了全家不饿，所以经常坐在凉荫下看蚂蚁爬树，或者给孩子们胡吹乱侃。他的肚子里简直像个杂货铺，一个同样的故事他能说出不同的七八个版本。

村子里的孩子们都把慈眉善目、童心未泯的三大爷当作好朋友，有的给他的烟袋锅装烟丝，有的给他的烟袋锅点火，然后央求他讲个故事。这时，三大爷嘿嘿一笑，脸上的褶子如同当地的山菊花全绽开了。于是，他就一边把旱烟杆抽得嗞嗞响，一边捋着下巴上几根稀疏的胡须有声有色地讲了起来。

三大爷讲过这样一个故事，说高句丽的探子向他的上司报告："前方发现一营一旅。"高句丽大将盖苏文闻讯大惊，赶紧排兵布阵。过去很长时间了，并未发现从前方过来敌军，只看到走过来一个商人牵着一头毛驴。原来这个探子地方口音浓重，加之口齿不清，把"人"说成了"营"，把"驴"说成了"旅"，结果搞得高句丽大将虚惊一场。

埜石和村子里的孩子们一样，聪明、好动、淘气。由于经常听三大爷讲故事，他从故事中学到了不少历史和军事知识。

暑往寒来，不知不觉到了冬天。东北人有猫冬的习惯，这是老辈人传下来的约定俗成的规矩，更是东北的自然气候使然。一到冬天，大人们坐在炕上喝酒打牌，孩子们就在户外做游戏。那时候孩子们玩的游戏虽不如现在科技含量高，却也有很多花样，如打沙包、跳格子、跳皮筋、过家家、藏猫猫、扇啪叽、憋死牛、大将二将，等等。

不过，这里的男孩子对打沙包、跳皮筋、过家家等游戏颇有些不屑，认为那些都缺少刺激性，是女孩子玩的。他们运用从三大爷那里学到的军事知识，喜欢互相"厮杀"，有时竟打得头破血流，不欢而散。而那个领头打仗的孩子王狗剩经常受到他父亲的教训，甚至被锁在家里“关禁闭”，闹得一帮孩子群龙无首，郁闷至极。

这一天，刚被父亲“释放”的狗剩不忘前车之鉴，就对他的“小兵”们说：“我们今天不做流血冒险的打仗游戏了……”

“我们上树掏鸟窝。”肥胖的铁蛋身子不灵活，嘴巴却来得快，“你们在树上掏，我在下面接。”

“想得倒美！”狗剩瞪铁蛋一眼，“上树也很危险，我们去河里抓鱼，好不好？”

“抓鱼？冰天雪地的，河里的水都结了一层厚厚的冰，怎么抓？”铁蛋眯缝着绿豆小眼说。

“你这个傻瓜，我们不会砸冰啊！你们都回去取工具，有锤子的拿锤子，有镐头的拿镐头，有铁锹的拿铁锹，然后到河边集合！”狗剩发号施令了。

很快，在河沿聚集了一群手拿铁器的孩子。

狗剩虽说胆子大，但还是有分寸的，他不敢把他的小伙伴带到河中间去。他在靠近岸边的冰面选了一个地方，然后点名让身强力壮的铁蛋用大锤砸冰。

虽说铁蛋膀大腰圆，满身肥肉，但他的手没个准头，总是东一下西一下地砸不到一个点上。忙乎了半天，冰面像一块明晃晃的不锈钢仍完好如初。

“让我试试？”埜石伸出手来，要接铁蛋的锤砸冰。

“你？瘦了吧唧的，人比锤把还细，能抡得动锤吗？”

铁蛋不以为然地说。

“嗐，小看人！你没让我抡，怎么知道我不行？”不服气的埜石把嘴噘得像个啄木鸟。

“好，是骡子是马拉出来遛遛。五儿，上！”狗剩下达了命令。

埜石从铁蛋手里接过铁锤，学着大人那样朝手心里吐口唾沫，然后就甩开膀子抡了起来。出乎大家意料的是，他不但砸得准，而且也砸得狠。狗剩羡慕地说：“别看五儿身体瘦弱，可抡起锤来还真是那么回事，就像小铁匠一样。”

不一会儿，冰面被砸开碗口大的一个窟窿。狗剩推开埜石，迅速把手伸进水里，一下子触到了河底。他忍着冰冷刺骨的河水摸了半天，没有摸到鱼，只抓上来几只小虾。

小虾在冰面上不停地跳跃，好像进入了热锅。孩子们围着小虾也在不停地跳跃，在欢庆他们的劳动成果。狗剩像一个颁发嘉奖令的军事统帅，极其郑重地说：“今天，五儿出力最大，我决定，把这几只虾奖励给五儿！”

埜石如打了胜仗的功臣一样雄赳赳气昂昂地把几只小虾带回家，放在盆里，观看它们游动。虾的形状像条小船，头部长着一对长长的触须，触须可以改变游泳的方向。它有一对灯笼似的小眼睛，样子非常可爱。尾巴像扇子一样，是为了保持身体平衡。它有八只脚，游的时候就用这些须脚来划水。

就在埜石兴致勃勃地观赏小虾时，赵氏不知什么时候走了过来，惊奇地问：“从哪儿弄来的小虾？”

“从河里砸冰捉来的。”

“你不要命了，掉进冰窟窿里怎么办？”

“不会的！”埜石翻动着小嘴说，“我们是在河沿。”

“在河沿也不行，那里的风硬，会吹病的。”赵氏一边看着盆里游动的小虾，一边叹气道，“唉，都到上学的年龄了，还到处疯玩疯跑……”

含泪离开塾堂

春天好像不管人间有什么痛苦，带着她的暖意与香色又按时来到了关外。冰冻的土地与河水很快被她的热情融化，岸边与墙根向阳处渐渐露出细小的嫩苗。门口柳树上的枝条缀起鹅黄色的碎点，一只站在枝头的喜鹊面对醒来的万物兴奋地嘎嘎问好。

虽说春天来临了，但北方的气候依然寒气袭人。“三春不如一秋忙”，在这农闲季节里，农村的孩子却闲不住，整天聚在一起打闹嬉戏。这一天，吃完早饭的埜石一如既往地去找他的小伙伴玩。

风儿吹吹，太阳照照，
屋里的宝宝出来跑跑。
红呀桃花开了，白呀梨花开了，
蝴蝶呀，蜜蜂呀，快来舞蹈。
春天多么热闹，多么美好……

埜石一边唱着儿歌，一边四处张望。可是走了半天，他既没有看到桃花，也没有看到梨花，更没有看到他要找的小伙伴。奇怪，他们都去哪儿了呢？

“对了，他们肯定到三大爷家听故事去啦！”埜石沿着村里一条坑洼不平的土道，左拐右转，来到了三大爷家。那是一间灰头土脸简陋得四壁皆空的低矮草屋，像个打盹的老人蜷伏在一棵大树下，孤零零的没有一个左邻右舍。

埜石急忙上前敲门，却发现门上挂着一把黑乎乎的“铁将军”。这里除了躺在门框边一只酣睡的懒猫和头脚并用刨地觅食的几只母鸡，以及树上正在晨练歌喉的鸟儿，再也找不到一个喘气儿的。原来，闲来无事的三大爷不在家里，他起早赶集去了。

突然刮起一阵春风，顺风传来阵阵读书声。埜石抬头望了望，那是父亲坐馆执教的地方。他的双脚被读书声不自觉地吸引过去，不知不觉来到塾堂门前。他从门缝往里看，只见父亲正领着孩子们读书。再看父亲面前的孩子，发现他的玩伴都周吴郑王地坐着并像鸭子似的伸长脖子齐声跟读。

从此，埜石没有小伙伴陪他玩了，他感到十分孤寂和沮丧。但是，他又不想失去他的小伙伴，于是便近距离地站在塾堂门外听他们念书。就这样听了几天，他居然能把《三字经》背下来了，尽管他还不能理解其中的简言赅意。

春季天短，太阳刚刚下山，大地就急忙披上了黑纱。天上看不到月亮，星星被云层遮挡得严严实实。西两军屯河南老崔家的平房里已点上了如萤如豆的油灯，冒着轻烟的火光冲淡了黑暗，使四周的景物一片朦胧，坐在餐桌两端的老人看上去很像两尊可以挪动的雕像。

今天，老崔家比往常热闹，从平房里不时飘出欢愉的笑声和烧酒的醇香。原来垄石的干爹李明刚来了，崔海东正在和他把杯对酌。李明刚一边有滋有味地品咂着杯中的老烧锅，一边和崔海东唠家常。说着说着，就把话题扯到垄石身上了。

李明刚，五十来岁，中等个头，读过几年私塾，头脑活络。他不但能写会画，而且善于纸工，扎出来的纸马、纸轿、纸人活灵活现。当他看到已经长成大孩子的垄石时，就摸着他的头问："五儿，今年多大了？"

"十岁了，干爹。"垄石腼腆地答道。

"十岁了！"李明刚把脸转向崔海东，"五儿该上学了！"

"家里人口多，老人的身体又不好，用钱的地方多，一时还拿不出买书本的钱。"李明刚面带愁云地说，"不急，等等再说吧！"

李明刚从他的褡裢里掏出两本书，一本是《百家姓》，另一本是《庄农杂字》。然后说："不要耽误孩子读书，让五儿先读这两本吧！"

旧时农家多没有文化，但在东北地区许多家庭都有一本线装小书，或丢在炕头上，或塞在抽屉里，那就是庄稼人须臾都离不开的《庄农杂字》。因中国是个农耕国家，为农村所编的杂字深受农民的喜爱，因此这本小书在乡间比儒家经典之作五经四书要有用得多，也火得多。

《庄农杂字》，四言，谣体，全书共612句，2448字，江洋韵，用第三人称，以农家大户为背景娓娓叙述开来。内容可分为“人生在世，先入学堂”、“读书最高，庄稼亦强”、“场已打完，先赶沈阳”、“修治整齐，客来贺房”、“收拾开铺，栏柜摆上”等五大部分。

送走了李明刚，一贯不争不论、不骄不躁的崔海东不得不认真考虑五儿的读书问题了。他早已被聘为私塾先生，但自己的儿子却进不了塾堂，这对他来说多少有点难堪。他一边翻着李明刚送来的两本书，一边苦思冥想：家里穷呀，买书、买笔、买纸需要一笔费用，可是眼下吃饭都很困难，这可怎么办呢?

为了少花钱能让孩子读书识字，崔海东终于想出一个可行的办法，即利用自己现有的条件为孩子手抄课本。说干就干，他连夜把宣纸裁成书本大小，然后在砚台上研好墨，便用狼毫照着《三字经》一页页、工工整整地抄录出来，然后装订成册。这样，埜石的启蒙课本就有了。

清末民初时期，在“中学为体，西学为用”的思想指导下，西学思潮蔚然成风。地方开明士绅为谋一域教育发展、救社会于危难，举民间力量积极开展改良私塾和兴办新学活动，掀起了开办新式学堂的浪潮。然而在西两军屯这样一个贫穷落后的地方，孩子们的教育依然是以私塾为主。

这是一个天清气朗的好日子，埜石穿着平常的衣服，由父亲领着堂而皇之地走进了塾堂。在父亲的指示下，他先给祖师爷孔夫子神位磕了头，又按常规向“先生”崔海东拜了三拜。从这天开始，他就正式读书了，父亲是他人生中第一个启蒙老师，也是唯一的一个私塾先生。

“父传子”的教学方式，往往一般人都处理不好，或者因犯难而却步，选择他人相教的方法，即将自己子女的启蒙教育委托于他人，也就是所谓的“易子而教”。崔海东亲自对儿子实施启蒙教育实属无奈，不过对埜石而言，这种教育说是上学了，其实也不过是一个旁听生。

在塾堂里，埜石看到坐在大炕上摇头晃脑读书的伙伴们，什么狗剩啦，铁蛋啦，桂子啦，都能叫出小名，尤其是那个靠打架维持自己地位的狗剩还摆着一副时刻准备接受别人叩拜的正经相。因此，他作为一个新生没有同学间的陌生感，只有对于读书生活的新鲜感。

埜石发现同学的着装都有了改善，都是头上戴着八块瓦并留有疙瘩鬏的小圆帽，身上穿着马褂，里面罩着带有月亮地的长衫。那时的读书人都是这种打扮，当然是指能念得起书家境比较富裕的孩子，像埜石这样的家庭，不管如何打扮都是穿戴不起的，仍然是一身用家织粗布制作的对襟上衣加叠腰大裆裤。

崔先生讲课，汩汩滔滔，如渤海怒涛，似辽河巨浪，很有气势，很有韵味，也很有魅力。他字正腔圆地说：“《三字经》是宋朝王应麟先生所作，内容大都采用韵文，每三字一句，四句一组，像一首诗一样，背诵起来如唱儿歌，读起来琅琅上口，十分有趣，又能启迪心智，因此广为流传，历久不衰。直至今日，内容虽有修改或增添，但主要结构并未改变，是一本难得的启蒙课本。下面，我再给大家讲一讲《三字经》里的意思。”

崔先生打开书本，开始逐条逐句地讲解：“‘人之初，性本善。性相近，习相远。’意思是说人生下来的时候都是好的，只是由于成长过程中后天的学习环境不一样，性情也就有了好与坏的差别。这句话告诉我们人生下来后都是善良的，如从小不好好教育，善良的本性就会变坏。所以，人从小就应该好好学习，区分善恶，只有这样才能成为一个对社会有用的人才。

“下一句是：‘苟不教，性乃迁。教之道，贵以专。’意思是说如果从小不好好教育，善良的本性就会变坏。为了使人不变坏，最重要的方法就是要专心一致地去教育孩子。它告诉我们百年大计，教育为本，教育是头等重要的大事。要想使孩子成为对社会有用的人才，必须时刻注意对孩子的教育，专心一致，时时不能放松……”

埜石虽然刚刚入学，但他在塾堂门外早已学会了《三字经》，因此在听他父亲讲《三字经》时注意力不太集中。崔先生见他一副心不在焉、神游天外的样子，顿生恼怒，就罚他站起来背诵《三字经》。

“人之初，性本善。性相近，习相远。苟不教，性乃迁。教之道，贵以专。昔孟母，择邻处。子不学，断机杼……”埜石低着头一字不落地背了出来。尽管如此，他仍不敢仰视“老师”的威严。

“好！”崔先生转怒为喜，“那么，我要问问你，‘昔孟母，择邻处。子不学，断机杼’说的是什么意思？”

“‘昔孟母，择邻处。子不学，断机杼。’这是一个典故。”埜石不假思索地说，“战国时，孟子的母亲曾三次搬家，是为了使孟子有个好的学习环境。一次孟子逃学，孟母就割断织机的布来教子。这个故事告诉我们孟子所以能成为历史上有名的大学问家，是和母亲的严格教育分不开的。作为孩子，要理解这种要求，是为了使自己成为一个有用的人才。”

“那么，‘窦燕山，有义方。教五子，名俱扬’说的又是什么意思？”崔先生又问。

“‘窦燕山’又叫窦禹钧，是一个人名。五代时，这个姓窦的燕山人教育孩子很有方法，他教育的五个儿子都很有出息，同时科举成名。这句话告诉我们仅仅是教育，而没有好的方法也是不行的，好的方法就是严格而有道理。窦燕山能够使五个儿子和睦相处，都很孝敬父母，并且学业上都很有成就，是和他的教育方法分不开的！”

埜石正确无误地解答，赢得了学生们的一片赞叹，都说他聪明，是天才。其实，与其说他聪明，不如说他悟性高；与其说他是天才，不如说他肯动脑。

当时，读书之外，写字也是一门正式的功课。崔海东把他常用的“文房四宝”拿出来：一支旧毛笔，一块破砚台，半截子墨块，和用各种废纸装订而成的本子。他以自己的人生经验向埜石点化道：“一定要用功，尤其要把字练好。唯有如此，以后走上社会人家才会看不出你的深浅。”

接着，崔海东用毛笔蘸着墨说：“写字的笔法叫行笔，一般包括起笔、运笔、收笔三个部分，起笔和收笔逆入藏锋、自然含蓄，行笔要有力度。用笔要意在笔先，以意使笔才能因意成象，笔之动人之处在于有意趣。笔要有力度，古人称‘力透纸背’、‘骨法用笔’、‘力能扛鼎’，就是强调用笔的功力，所以用笔要全神贯注、凝神静气、以意领气、以气导力，气力由心而腰，由腰而臂，由臂而腕，由腕而指，由指而笔端纸上，笔法方可具有节奏和韵律。”

尽管文具都是旧的，但埜石却非常喜爱。他不但跟父亲学习行笔的方法，而且还在琢磨字的结构和各种字体的写法。他写的字不但比别的学生多，而且也工整。有时写累了，就偷偷地画起来，画鱼虾，画花草，画房屋，见什么就画什么，还居然画得有模有样。一个国画大师的特质，从他小的时候就已经慢慢地显露出来了。

1924年，阳春三月。

东北的春天，来也匆匆，去也匆匆。她就像一只花蝴蝶，你费了好大的劲，追啊追啊，好不容易捉住她，捂在手心里。当你张开一点缝儿刚想瞧瞧她的模样时，她又飞走了。在这里，春天和秋天一样，只是一个过渡，是在严寒和酷暑之间搭建的一座短短窄窄的小桥。

这天上午，晴空万里，阳光灿烂。在塾堂里读书的孩子被一阵巨大的轰鸣声震惊，原来空中飞来一架飞机。由于营口人从来没见过飞机，当有人看到天上有个怪模怪样的东西飞来时，都误以为是一只大雁。塾堂里的孩子都无心念书了，扯着嗓子大喊：“大雁来啦，大雁来啦……”

埜石后来才知道，从奉天（今沈阳市）东塔机场首飞营口的一架双叶式军用大型飞机，飞行高度在500米，11时35分抵临海城上空，12时30分抵达营口机场，飞行时间近两小时。

据说，“民国四公子”之一张学良担任东三省航空处总办后，立即把东北航空处整编为五个大队：飞龙队、飞虎队、飞鹏队、飞鹰队、飞豹队。后来在东北空军鼎盛时期，拥有飞行员100多名，飞机近300架。

当时，东北军的空军仅局限在奉天区域内进行飞行训练，缺乏远航经验，为了训练飞行员的远航能力并发展民航事业，张学良决定首开“奉天—营口”航线。

这年2月，张学良派航空处人员和技师来营口勘察飞机场地址，并修建了五台子机场。该机场位于营口大辽河入海口左岸，飞机跑道为土质，南北走向，长约一千米，整个机场面积约五万平方米。

2月底，张学良决定在奉天与营口间进行航空飞行，并确定辽阳、海城为航站，先派两架飞机往来于奉天、营口之间，暂时先传送信件，然后再考虑搭载旅客。

据《亲自试飞第一条民邮航线》记载：张学良亲自参加试航，本来是瞒着夫人于凤至和家里人的。当于凤至得知张学良要亲自乘机试航的消息后，便前来劝阻，可张学良满脸堆笑地说："这奉天到营口的邮运可是咱们开辟的第一条空中航线啊，这是代表咱们中国人去飞啊！"

不知道今天飞来的是空军训练的飞机还是民航邮运的飞机，当看到一个硕大无比的铁鸟在空中飞翔时，埜石简直不敢相信自己的眼睛。飞机从房顶一掠而过，那声音就像打雷，震得他耳膜都疼了。过了很长时间，他还津津有味地和小伙伴们谈论他的观感。这是他第一次看到飞机，因此印象十分深刻。

缺笔少纸的埜石上了三冬私塾，那是伴着村邻的孩子前去旁听的，他企盼着这个"眼巴巴"听课的机会能存续时间长一点，然而正如他所担心的那样，还未等到"论语修身"，他就失学了。

那天早晨，埜石起床后感到特别有精神。他把头天学到的课文背诵一遍，把写的作业又检查一遍。感到一切都很满意了，这才去和父亲一起吃早饭。

崔家的早饭很简单，和东北大多数农家一样，无非是些苞米粒子粥、咸菜、粗面饽饽之类的东西。然而作为贫寒家庭的孩子，埜石对这些家常便饭却吃得特别香。

崔海东是乡下人，口齿没有城里人那么灵便。如果说口齿伶俐是出于天才，那么他天生下来就不愿多说话，更不愿学城里人的贫嘴滑舌。他的事他自己知道，不喜欢和别人交流。由于嘴常闲着，所以他有工夫去思考，他的眼睛仿佛老是盯着自己的心。

赵氏看到丈夫像一个饥饿哲学家似的端着饭碗在想心事，就催促道："他爸，饭都凉了，快点吃吧！"

"哦……吃，吃！"

崔海东呼呼带响地喝了一口稀粥，然后食而不知其味地咬了一口饽饽，心情沉重地说："五儿，你看天一天比一天暖和了，田里的活儿也一天天多起来了，我在私塾教书抽不出时间，你妈一个人顾得了家里就顾不了田里。再说，你的小弟弟也要有人带……"

"我尽量帮助妈妈下地干活，带好小弟弟……"埜石主动提出要为母亲减负。

"五儿，你看这样好不好？"崔海东以商量的口吻说，"你已上完三年私塾，认识了不少字，看看书、记记账也够用了。眼下家里缺少人手，你暂时别上学了，等忙过这个夏天再说。"

埜石的脑子嗡的一声响，但很快就冷静下来了。在那信奉"万般皆下品，唯有读书高"的年代里，他知道自己家里生活困难，不可能像别人家的孩子那样一步步读下去。他虽然感到遗憾，却非常理解父亲的苦衷。

"爸爸，我听你的，我不去上学了，回家带弟弟……"眼睛红红的埜石咬着嘴唇说。

外面的风越刮越大，窗户纸像风箱似的呼扇呼扇，崔海东的心也像窗户纸一样呼扇着，这位慈祥到近于母性的父亲难受极了，眼泪直往肚子里流。

从此，埜石便离开了私塾里的那铺热炕，那张方桌。他浑然不觉地走出塾学老屋，站在门口落泪了。泪花里，总是晃动着那些小脑袋，那些一起坐在大炕上摇头晃脑读书的小伙伴。

在后来很长的一段时间里，埜石的脑子里还响起那一阵阵读书声，就是那本《三字经》的读书声：“人之初，性本善。性相近，习相远……”就是那本《百家姓》的读书声：“赵钱孙李，周吴郑王。冯陈褚卫，姜沈韩杨……”还有那本《庄农杂字》的读书声：“人生在世，先入学堂。桌椅板凳，坐几床帐。南北大炕，书桌摆上，五经三传，诗书文章……”

至于，那些应该读的《千字文》、《名贤集》、《弟子规》、《增广贤文》、《朱柏庐治家格言》，他都没有读过，因为没有书。不过，他从别人的读书声中已经记下了它们的内容，并能背诵一些了。什么“天地玄黄，宇宙洪荒”，什么“但行好事，莫问前程”，什么“弟子规，圣人训”，什么“昔时贤文，诲汝谆谆”，什么“黎明即起，洒扫庭除”等等。就是那本被誉为“神童”的北宋学者汪洙写的著名启蒙读物《神童诗》，他也能背出几段。

其实，学习这个事情并不在于有没有人教你，最重要的是在于你自己有没有悟性和恒心。正如古人所说：“宝剑锋从磨砺出，梅花香自苦寒来。”

虽说埜石失去了学习机会，小小年纪便接过了养家的担子，但在他帮助母亲做完家务之后，就拿出书本来反复温习，读累了就写，写累了就画。由于坚持不懈地自学，他认得的字日渐增多，不久，十成字便能认八成了。再后来，那些老书旧籍也都能看懂了。应该说，他的识字基础，都是小时候日积月累打下来的。

母亲的帮手

西两军屯和东两军屯原来是一个村子，过去叫郎君屯。日俄战争时，两军在此交兵，遂改称两军屯。如今这个带“军”字的屯子已名不副实，根本看不到军事的痕迹，完全是一个地地道道的农村。村子的四周都是庄稼地，麦田一望无际，麦浪滚滚，像个绿色的大海洋。

位于村子南部的崔家是一个四合院，里面种了很多蔬菜。南墙边种的是南瓜，瓜秧都爬到房顶上了，收南瓜的时候得搬梯子上房才行；西面墙种的是丝瓜和豆角，秧蔓被绳子牵着在院子上来回转，结的丝瓜和豆角吃都吃不完，赵氏就把它们分送给邻居们。她还在院子里种了茄子、辣椒、西红柿等，满院子姹紫嫣红，简直成了一个植物园！

在这个不大的农家院里，还充满着无限的生机。那健硕的大黄牛显得十分谦和热情，不时甩着尾巴向客人打招呼；那留着长长胡须的山羊像一个少年老成的歌手，一边细嚼慢咽地吃草一边咩咩地唱着歌；那高大的黄狗“汪汪”地叫着，忠诚地守护主人的安全；还有那高傲的大公鸡喔喔地叫着，诉说着这里的故事……

从私塾下课回家的崔海东看到满院春色，看到埜石在帮母亲忙这忙那，便心有所感。他忽然想起南宋诗人范成大的《四时田园杂兴》，于是就情不自禁地吟诵道：

昼出耘田夜绩麻，
村庄儿女各当家。
童孙未解供耕织，
也傍桑阴学种瓜。

当庄稼地由绿变黄时，麦子就成熟了。麦场如战场，必须抢收，否则遇上大雨，辛辛苦苦几个月的劳动就泡汤了。埜石拿起镰刀也像大人那样要帮助母亲割麦子，由于他从来没有割过麦子，因此割得很慢，而且也很不整齐，地上撒的乱七八糟，到处都是麦秆麦穗。

母亲一边训斥埜石，一边给埜石做示范。埜石心里有点儿委屈，毕竟这是他第一次割麦子，但是他却没有跟母亲顶嘴，他知道母亲是因为着急才这样的。麦子终于割完了，这时候还得把那一堆堆的麦个儿抱到一起，埜石都要累瘫了。

麦子从田里收回来后，要进行晾晒，然后进行脱粒，脱粒后还要晾晒。埜石坐在树底下一边看书，一边看场。不知过了多长时间，当他放下书本，抬头一看，不好，犹如被浓墨浸染的乌云已来到头顶，一场大雨势必难免。他赶快招呼母亲收拾麦子，眼看着还有几袋麦子没有装上，豆大的雨点就凌空而下，而且越下越急。等把袋子全部搬到屋里后，他们脸上的汗水和雨水都交织在一起了，衣服也都湿透了。

埜石在家里也常帮助母亲喂猪，有时猪不听话，他就拿木棍去捅猪的大肥屁股。在帮助家里放羊的时候，他会和小伙伴们一起追羊、捉羊、驯羊，甚至骑到羊背上。他还喜欢参加屯子里的斗羊比赛，当自家的羊胜利了，他就抱住羊又是抚摸又是亲吻，那神气的样子不亚于得了金奖的运动员。

在做饭的时候，埜石还经常帮助母亲拉风箱。当地有句俗语："一边拉呜抖抖，一边填砟子头。咕哒哒，呜抖抖。""呜抖抖"是手拉风箱的意思，"砟子头"是晒干的玉米根，可以燃烧。因为乡下都用土灶台，一边往灶膛里填玉米秸，一边拉风箱。"咕哒哒，呜抖抖"是风箱发出的声音。

风箱亦称风匣，是用来产生风力的设备，由一个木箱、一个活塞构成。最常见的一种是由长方形活动木箱做成，操作人员用手拉动连接把手和活塞的拉杆，空气通过进气口使风箱体内充满空气，再推动活塞将其体内的空气压出，空气通过输风管进入火炉中，使炉火旺盛，用于烧锅做饭和冶炼钢铁。

风箱是我国古代曾引起一场生产力革命的高科技产物。这个最普通不过的东西而今比较少见，料想在不久的将来有可能成为古董。我国从春秋后期开始，就用皮囊鼓风冶铁，这是风箱的开端。风箱一词最早见于明崇祯十年（1637年）宋应星著的《天工开物》，在该书第八卷冶铸图谱上，已经普遍地出现了活塞式风箱，宋应星在解说中就称它为"风箱"。

在帮助母亲烧锅做饭的时候，埜石经常把从田里弄来的玉米、红薯、土豆之类的东西一股脑儿塞进灶洞里。他一边有节奏地拉着风箱，一边闻着从灶洞里散发出的越来越浓的烧烤香味，嘴里直咽唾沫星子，不等那些玉米、红薯、土豆烤熟，手就伸进灶洞去拿，结果烫得手上起了泡。

灶洞隔一段时间要清扫除灰，埜石觉得好玩，也跟着母亲凑热闹，结果弄得脸上白一道、黑一道的，和戏台上的包龙图一般。

夏天虽然像一个大蒸笼，把人热得汗流浃背，但作为穷人家孩子的埜石却非常喜欢夏天，因为夏天到处都有吃的东西，可以节省衣裳，还可以到河里游水，打斗嬉闹，一朵朵浪花溅到身上，凉丝丝的特别舒服。他学游泳时没少喝过水，可谓消暑的同时还解了渴，所以他对游泳一直比较偏爱。

吃过午饭，埜石就悄悄溜出家门，向村子中间一条东西流向的大河跑去。一路上，他大汗淋漓，差点没被热昏过去。到了河边，他三下五除二把衣服剥光，就一头扎进水里。其他的小朋友也都光溜溜的一个接着一个往河里跳，如同下饺子。水被溅出几尺高，其情景又像飞机在扔炸弹。

埜石最拿手的是蛙泳，他花了很长时间付出了沉重的代价才学会这种游泳姿势，这也是他对蛙泳情有独钟的原因。最初他学的是“狗刨”，是在家门口的一个小池塘里学的，水很浅，泥很深，一到夏天他就赤条条地在里面刨啊疯啊，直到把那口塘搅成一锅泥浆为止。累了就洗净身子上岸休息，等到身子晾干才能回家。

在回家之前，他们要在自己的皮肤上揉搓一下，看看有没有明显指痕。这是他们小伙伴之间对付家长的秘诀，据说大人为了检验孩子有没有下过水，只要在他们身上抓一下，指痕立现就说明孩子说谎了。

每年夏天村里的那口池塘就成了孩子们的乐园，每天大人们下地的时候都要不厌其烦地叮嘱几句：不要游泳啊，水里危险！他们那时候哪懂得天下父母心？照样脱了短裤光溜溜地跳进池塘刨个痛快。然后他们又像叛逆得逞的孩子，得意、刺激又有些心虚地回家接受父母的检查。

后来埜石大些了，能帮父母干活了，中午收工回来，可以堂而皇之、理直气壮地光着身子跳进大河里，像水牛一样把头昂在水面，泡上那么一阵子真是舒服惬意，能把一身的疲劳和暑气泡干净。现在，他把身体沉浸在这条河里恍如泡在家门口的那口池塘里。

埜石在河里可以一气游上50米，再多就游不动了。主要是胳膊酸疼，好像力气一下子都用完了，不敢再游，于是就改成了仰泳。他平躺在水面上，用两手向后拨水，就像一只小舢板在水上飘来飘去。

这时，就会有小伙伴突然向埜石泼水，埜石则迅速还击，于是一场“恶仗”就开始了。起初，他们给埜石一个“浪打千击”，水中溅起了开锅般的水花，埜石还给他们一个“排山倒海”。毕竟他们人多势众，埜石这一招根本没有起到作用。这时埜石便潜入水底，想给他们来一个“猛虎掏心”，谁知对方早有防备，提前开始了反攻，而且越战越猛，打得埜石无还手之力。在寡不敌众的情况下，他只好“三十六计，走为上”。

离开了水花四溅的“战场”，埜石发现水里有许多小鱼，其中一条小鱼的背上有许多彩色的花纹，非常漂亮，一转眼小鱼游远了。他猛吸一口气钻入水底飞速地往前游，想逮住这条奇特的鱼。在水下追了一会儿，他实在憋不住了，就抬起头换了一口气，马上又钻入水底。可是就在这时，小鱼不见了，眼前一片迷茫。他四处找了找，一直不见那条小鱼的影子。

有一天，埜石和他的小伙伴又来到河边。但他没有像往常那样兴致勃勃地急于下水，而是愁眉不展地站在水边发呆。他突然对已经下水的小伙伴大声说：“你们能帮我抓一条鱼吗？”

“抓鱼干什么？”有人问。

“我妈妈病了，我想抓条鱼熬汤给妈妈喝，给她补补身子……”

在大家齐心协力下，后来还真的抓到一条鱼。

关外的秋天，是一年之中最美的季节。红了山林，黄了大地，犹如一个秀外慧中的半老徐娘，在无风无雨打扰的艳阳碧空下，露出魅力十足的笑容。然而美中不足的是时间太短，秋收过后，大风打了一个呼噜，冬天就来临了。人们刚刚换掉夏衣，很快就得穿上冬装。

勤劳，是一个农村女性的本色，也是一个贤妻良母的天职。赵氏像农村所有的家庭妇女一样，也喂了一些猪鸡牛羊，这些都是活口，都吃得很多，何况一个长长的冬天呢？不备办草料怎么行？过去都是赵氏赶着牛车到北面的山上砍柴搂草，现在埜石退学了，有时间了，就陪着母亲一起去。

老牛拉着箍着生铁的木轮大车，“嘎吱嘎吱”碾轧辙印深陷的土路，迈着不慌不急的步子悠然而行，车里放着镰刀、筢子、绳子，还放上了开水、干粮等物。秋高气爽，天空干净得像一汪水，不时有一朵白云飘在空中，像一幅水墨画。埜石一路抬头看着，时而和母亲说话：“妈，你看，那块云多像一匹马在拉车呀！你看，那边飘来一只小狗，那个有点像小鸟呢！”

“好好赶你的车，别赶到沟里去！”赵氏一边暴风雨般地捯腾着小脚，一边不耐烦地提醒道。

道路两侧是两行笔直高大的杨树，叶子都快落光了，露出光怪陆离的枝条。一只花喜鹊看到有人过来，“嘎嘎”地抗议两声便展翅飞走了。

赵氏是一个有两只三寸金莲的高个子农家妇女，没有读过书，但肚子里却装了不少尊老敬贤的民俗故事。她看着越飞越远的花喜鹊，便情不自禁地唱道：

花喜鹊，尾巴长，
娶了媳妇忘了娘。

老娘扔进山沟里，
媳妇搁在炕头上。
老娘饿得皮包骨，
媳妇吃得白又胖。

唱完，赵氏笑着问埜石：“五儿，等你长大了娶个什么样的媳妇呀？”

“我要娶个孝顺妈的媳妇！”埜石睁着两只大眼睛表忠心似地说，“到那时，我要把媳妇扔到山沟里，把妈搁在炕头上！”

“你这傻孩子……哈哈哈！”赵氏开心地大笑起来。

笑完之后，赵氏又忽然叹气道：“穷人的命是枣核儿两头尖，幼小的时候能不饿死就万幸了。到老了能不病死，很难。只有中间的一段，年轻力壮，不怕饥饱劳碌，还能像个人儿似的……”

他们戴着蓝天斗笠，披着白云蓑衣，就这样一路说着笑着来到了山下。赵氏让埜石把车停住，把牛拴在一棵树上，自己把绳子扎在腰间，扛起筢子，拿上镰刀，找到干草和树叶多的地方就干起来。野生的柳树一棵挨一棵，或是五六棵挤在一起，中间还有灌木、蒿草、蒺藜狗子等，要想把树叶搂起来很难。于是她就先用镰刀把这些碍事的东西砍下来，然后把它们归拢起来，再用筢子搂树叶，把它们搂成一堆一堆的。

赵氏两手不停地干着，有时会发现一窝鸟蛋，有时会发现一窝蘑菇，她就把埜石喊过来，让埜石拿到车上去。埜石有时帮着妈妈搂树叶，有时用一根长长的柳条穿杨叶。母亲不时地夸埜石能干，埜石高兴得了不得。埜石干累了，就到草里找蚂蚱。秋天的蚂蚱特别肥大，他用狗尾草从蚂蚱的脖子部位穿起来，一根草能穿十多个。

埜石除了逮蚂蚱，就是捉油壳螂。油壳螂是一种指甲盖大小黑色有盖子的昆虫，傍晚时特别多。他把瓶子里的水喝光，然后把捉到的油壳螂装在瓶子里。油壳螂有的在土里，有的从土里爬出来飞到草丛里，或飞到灌木上。埜石用小手一逮一个准，很快就逮了半瓶子。逮油壳螂主要是回家喂鸡，母亲说鸡吃了这些飞虫特别肯下蛋，那样他就能多吃鸡蛋了，或者等货郎来了用鸡蛋换糖吃。

草丛里也有蝈蝈，这需要用耳朵找，竖起耳朵仔细听，然后循声而去，小心翼翼地扒开草，看到绿色大肚子蝈蝈就迅速扑过去，再轻轻地把它捏起来，带回家让爸爸用秫秸皮编一个小笼子，把蝈蝈放到里面，用丝瓜花养起来。不过这东西太娇气，玩不了几天就会死掉。

在草里抓这些东西很好玩，但也要多加小心，因为草丛里时常有蛇出现，这也是埜石最害怕的。这里不光有青蛇，还有红花蛇、黄花蛇等。埜石在草丛里就发现一条一米多长的蛇，它正挺着脖子，抬着脑袋，吐着红红的舌头，来回摇摆着。赵氏听到埜石的惊叫声，就举起镰刀喊道："别怕，快往我这儿跑！"

埜石撒开脚丫子就跑，比运动员跑得还快。他边跑边想，要是爸爸在这里就好了，爸爸是不怕蛇的，他见了蛇敢把它抓起来，从头往尾一捋蛇就死了，而且还敢扎在腰间当裤腰带呢！埜石这么一想也就不害怕了，就又玩起来了。

几只麻雀倏地飞下山坡，落在草丛里，小脑袋左右扭几扭，小眼睛警惕地滴溜溜转几圈，迅速地啄了几嘴地上的草籽，小爪儿跳几跳，像风吹树叶在滚动，翅膀一张，簌啦啦又飞走了。

日头偏西，赵氏准备收工了。她把砍下来的灌木用绳子捆好背到大车上，用来垫底，然后用包袱皮把枯黄的树叶包起来送到车上去，再用灌木等覆盖在上面，最后用绳子煞紧，满满一车。她把盛油壳螂的瓶子盖上盖子，塞在车上的草里，就赶着大车回家了，埜石提着蚂蚱跟着走。

到家后，赵氏把一车柴草卸下来，摊在场院里，等晒干后垛起来，一部分留作牲口饲料，一部分留作冬天烧炕。埜石也把蚂蚱从狗尾草上撸下来，和弟弟一起来玩，玩够了就腌起来，让母亲给他们炒着吃。

有了柴火，过冬就不怕了。在冰天雪地的日子里，崔氏一家人围坐在暖融融的火炕上，喝着热气腾腾、香气扑鼻的酸菜汤，看着窗外美丽的雪景，聊着他们喜爱的话题，那心情就别提有多舒坦啦！埜石也常在炕上看书、习字，有时还和小伙伴在一起讲故事、做游戏。

小小铁匠

埜石的童年，正值中华民国初期。然而名曰“民国”，却依然是帝国主义和封建军阀的联合统治，国家四分五裂，民族备受凌辱，军阀混战不止，人民在苦难中挣扎的煎熬不但没有减轻，反而日益加重。作为资源丰富的战略要地，辽东半岛首当其冲，靠近东北行政中心的奉天、呻吟在沙俄和日寇铁蹄之下的营口更难以幸免。

面对帝国主义的侵略压迫，腐朽的清政府一味妥协屈服。打着“民主共和”幌子的北洋军阀政府同样丧权辱国，特别是以张作霖为首的奉系军阀，穷兵黩武，横征暴敛，甚至为一己之利不惜以出卖民族利益为代价，与日本帝国主义相勾结，给人民带来了深重的灾难。

埜石失学后，热天帮助家里干点农活，冷天就站在塾堂门口听父亲讲课。花开花飞，春来春回，时间过得很快，他不知不觉到了14岁。此时，他的小弟弟广洲也已10岁了。

埜石的三个哥哥都分了家，大哥广文在长春行医，二哥广勋在家乡务农，三哥广岳在外地打工，姐姐凤春已嫁到大石桥慈拉沟易家。崔家由于干农活的人手少，日子更加艰难了。不过，识文断字的崔海东懂得“穷则思变”的道理，他不想让埜石再重复祖辈面朝黄土背朝天的命运，想给儿子开辟一条新的人生之路。

埜石的身高与体力都发展到了他实际年龄的前面：刚到

14岁，已经长得很高很大了，虽然肢体还没被岁月铸成一定的格局，可是已经像个成年人了，一个脸上身上都带着天真淘气样子的小大人。

这年冬天冷得厉害，雪下得也比往年多，西北风发出呜呜的呼啸，扑在人的脸上似刀割鞭抽。屋檐上挂着终日不化的冰溜子，空气中凝聚着瘆人的寒气。冬闲的农民早晚都躲在炕上取暖避寒，有的唠闲嗑，有的打纸牌，有的信口开河地传播一些捕风捉影的家长里短。

光阴似箭，日月如梭，崔家在寒冷中迎来了1925年。这天晚上，崔氏夫妇在低声商讨家中的一件重大事项。见埜石睡着了，崔海东低声对赵氏说："五儿自从下学后，帮助家里干了不少活，但总觉着这样下去不是办法。我想让他出去闯一闯，最好能学点挣钱养家的本事。"

"有什么好办法？"赵氏琢磨着丈夫的话，忽然抬起绾成发髻的脑袋说，"对了，前两天听铁蛋爸说，虎石沟在招工，还说那里给的工钱很高。"

"孩子太小，不能把他送到矿上去。"崔海东知道虎石沟是一个镁矿，就像它的名字一样，那是一个吃人不吐骨头的老虎，每年不知道有多少人被它"吃"掉。

"要不然到大石桥找点事做。"赵氏又出了一个主意。

"大石桥能有什么好做的，又没有熟人！"崔海东摇了摇毛发稀疏的脑袋。

"不妨你去见见五儿的干爹，他在镇上多年，肯定认识不少人，也许能帮助咱们出出主意，想想办法！"女人往往在关键时刻能起关键作用。

“对啊，我怎么没想到这一点！”恍然大悟的崔海东咧开布满胡茬的嘴说，“明刚哥肯定有办法，他认识不少南来北往的人。好，我明天就去画匠铺找他！”

刚过完春节，家里备了不少年货，崔海东挑了几样，就匆匆忙忙地去大石桥了。正在做纸活的李明刚看到崔海东不请自到，知道有事找他，就急忙放下手头的活，带他到里屋坐下。相互寒暄后，李明刚热情地说：“海东，你先喝茶歇一会儿，我去打酒，咱们中午喝两杯。”

“明刚哥，你别忙乎，我坐不住，看看你就走。”接着崔海东挑明了来意，“这次来顺便烦你一件事，五儿今年都14了，老在家里干农活也不是个事儿，我想让他学点手艺，可是又没有路子，你在镇上多年了，认识的人多，想请你帮帮忙。”

“是该学点手艺了，将来好成家立业。你不要着急，孩子的事就交给我吧！”李明刚思索了一会儿，突然说，“对了，街对面有个铁匠铺，我与那里的曲师傅很熟，抽空我找他聊聊，如果他肯收留，去他那儿怎么样？虽说自古就有‘好人不下作坊，好马不上磨坊’之说，但打铁对咱庄户人家来说毕竟是个热门儿，谁家不用锄头镰刀！只是这个手艺累了一点……”

“累一点没关系，哪有干活不累的！”未等李明刚说完，崔海东就表示同意，“只要那里需要人，我就叫五儿赶紧过来。只是太麻烦你了……”

“麻烦什么？这不是应该的嘛！”李明刚开玩笑道，“谁让我是五儿的干爹呢？干爹也是爹啊！”

“时候不早了，我还有点别的事，就不耽误你的活啦！喝酒，以后有的是时间。”崔海东走到门口又回过头来叮嘱道，“你和曲师傅好好商量一下，我听你的信儿……”

尽管大千世界之芸芸众生无论在什么日子也免不了有生老病死的悲哀和绝情失恋的痛苦，但一岁之始还是把欢乐带给了人间，把喜气送到千家万户，就像乌云遮不住太阳、黑夜拦不住黎明一样。

李明刚办事向来干脆利索，很快就传来了口信，说打铁铺的曲师傅同意埜石去学徒。接到这个喜讯后，崔海东非常高兴，因为他总算给儿子找到了一条出路。但高兴之余，他又难过起来，因为他知道这条出路不是怎么好走的。

打铁是一种原始的锻造工艺，盛行于乡镇农村。这种工艺，虽然原始，但很实用；虽然简单，却非易学。

打铁铺也称“铁匠炉”。所谓“铺”，就是在房子或者棚子正中砌个大火炉，炉边架一个风箱，风箱一拉，风吹火炉，炉膛内火苗直蹿。要锻打的铁器先在火炉中烧红烧软，然后用钳子夹到铁砧上，由师傅掌主锤，下手握大锤进行锻打。

上手经验丰富，左手握铁钳，右手握小锤，凭目测不断翻动铁料，使之变成所需要的方、圆、长、扁、尖等形状。铁器成品有与传统生产方式相配套的农具，如犁、耙、锄、镐等，也有部分生活用品，如菜刀、锅铲、剪刀等，此外还有如门环、泡钉、门插之类的小五金。

打铁历来与女人无关，是男人的专利。这是因为没有力气不能打铁，没有胆量不敢打铁，没有吃苦精神不愿打铁。每至炉膛生火之时，都是气温高烧，拉一阵风箱，可汗水满头；抡一番铁锤，便湿透全身。那几十斤重的大锤轮番起落，需要很大的力量与气度。

下午，崔海东从塾堂回到家里，把儿子将要去学打铁的消息告诉了老伴。赵氏感到事情来得太过突然，母子连心，她的眼眶顿时开始潮湿了。俗话说："十七八岁力不全，二十七八正当年。"可是，五儿才14岁啊！小小的年纪离开爹娘去学打铁，他的身体能顶得住吗？

崔海东一边为自己不近人情的决定感到内疚，一边毅然决然地硬着心肠说："让孩子出去学手艺是早了点，尤其是打铁，就怕他吃不消。不过也没办法，谁让咱们家穷呢！俗话说，穷人的孩子早当家，年轻时吃点苦也许有好处。"

"你就别说了，这些道理我懂，这总比一锄榜在田垄里强。"赵氏擦着眼泪说，"话又说回来，人家能收留咱的孩子，就该谢天谢地了！"

天黑了，赵氏划了好几根火柴才把油灯点亮。微弱的灯光把房间里几件普通的家具照得一片昏黄，分辨不出家具的新旧和颜色。崔海东看到埜石从外边走进门来，就喊道："五儿，你过来，我给你说点事。"

"爸，啥事？"埜石睁大眼睛吃惊地看着父亲严肃而慈祥的面孔。

“这个春节一过，你就14岁了吧？”已知天命的崔海东一脸沧桑，额头上的皱纹如古树的年轮一般又深又密。

“是的，是14虚岁。”

“个头长得不算矮，应该有点力气了。”

“我的劲大着呢！”埜石攥了一下拳头笑着说。

“好！”崔海东没有跟着笑，“我和你妈商量了一下，想让你出去闯一闯，混口饭吃！”

话说到这里，崔海东的眼睛潮湿了，站在一边的赵氏竟掉下了泪珠。

然而埜石没有哭，只是两眼瞅着脚尖，随即点了点头。然后问：“到哪儿去？”

“大石桥！”崔海东的话语简练而明确。

“干什么？

“打铁！”崔海东像打铁的一样咬着牙说。

“打铁好啊，围着火炉子，冬天冻不着，还能省下一件棉衣！”埜石没有注意到父亲的表情，忙问，“啥时候动身？”

“找一件事做不容易，何况又是学手艺。”崔海东看了一眼赵氏，“既然人家同意了，我的意思还是早点走，免得夜长梦多。明天就去，怎么样？”

“好，我去！”埜石觉得用力气挣饭吃是天经地义的事，也是天下最有骨气的事，他愿意出去闯一闯。于是便心决如铁地说，“爸爸，你放心，我乐意去！”

“那好，明天咱就去大石桥，让你干爹带着咱去见师傅……”

第二天，在李明刚的引领下，崔海东父子提着两盒点心、两瓶烧酒来到大石桥镇十字街的打铁铺。这是一个简陋狭小的破房子，前面为店铺，后面住人。这个打铁铺生意不错，常年炉火不熄，叮叮当当响声不断，尤其是到了冬天，这里人来人往，围炉相聚，谈天说地，倒也其乐融融。

走进打铁铺，站在火炉旁的是一个穿着大围裙的老汉，黝黑的臂膀和脸庞在火红的炉火映照下，如同军人的雕像沧桑威严。他的下手是一个二十来岁的年轻人，长得膀大腰圆，手持一把大铁锤。只见老汉熟练地打开左手的铁钳，迅速从火炉里夹起一块被烧得通红的铁坯置于一个齐腰高的铁砧上，右手紧握拳头般的铁锤一下下敲点着，年轻人抡起大锤稳准狠地砸在通红的铁坯上，只见火花四溅，飞到了他们的身上，飞到了他们的手上。那炙热的火花与他们身上的汗水相互交汇时，火花总是瞬间熄灭。如此反复抡打数十下，老汉又从容地夹起被打得又扁又黑的铁坯放入炉旁的水池里，池水便“扑哧扑哧”地翻腾着。

这个抡锤打铁的老汉，就是埜石即将拜认的曲师傅，那个年轻人算是埜石的师哥。曲师傅的打铁手艺是祖传的，自祖上从山东章丘迁到这里后，已经是第四代了。曲师傅有九姐妹，他是老小。那时，打铁炙手可热，父亲忙不过来，就对他说：“儿子，不要读书了，学打铁，天下饿不死手艺人。”

曲师傅的父亲希望他们兄弟几个都跟着学打铁，继承这份来之不易的家业。可是后来，几个弟兄终因吃不了这份苦而当了逃兵，只有曲师傅继承了祖业。他从13岁跟着父亲学打铁，到现在已有40多年了。

“曲师傅，崔家的小子我带来了，这是他父亲老崔！”李明刚给曲师傅打招呼。

曲师傅抬起头，见是画匠铺的李师傅，其身后还有一个饱经风霜的老者和年轻得可以拧出水的小伙子，就热情地说：“哦，你们来了！请，请到后面说话。”

他们进屋坐定后，李明刚指着曲师傅说：“五儿，这是你的师傅，赶快给你师傅磕头！”

“起来吧，起来！”曲师傅拉起跪在地上的埜石，转脸又对崔海东说，“把这么小的孩子送来学打铁，你舍得？”

“舍得，舍得！只是给您添麻烦了……”

“不麻烦，不麻烦！”曲师傅打断崔海东的客气，先把自己的丑话说在前面：“打铁是一门很古老的手艺，同时也是一门很辛苦的行业，既脏又累，俗话说‘世上有三苦，打铁、撑船、磨豆腐’。干这行整天就是抡胳膊，一天之内抱着铁锤在铁砧上抡打好几百下是家常便饭，是个纯力气活儿。”

“知道，知道！”崔海东点头说，“请曲师傅放心，我们有这个思想准备。”

“我是说，要打好铁，自身力气要足。初学打铁时，由于技巧掌握得不好，手上经常会磨出泡，或者被砸破皮，后来时间长了，手上磨成了茧子，慢慢积累了经验，就基本上避免砸伤的情况了，所以两手如何协调也是有功夫的。”

“是的，是的！”崔海东对埜石说，“五儿，以后你要好好跟曲师傅学！”

“学打铁不是一天两天的功夫，要有耐心。市场里的刀中看不中用，就是功夫不到。就像蒸馒头一样，折倒的面才好吃。结结实实，一锤锤敲打出来的刀才好使，千锤百炼出好钢嘛！随便敲出来的刀，虽然外形看不出来，但真正用起来，区别就大了……”

李明刚对埜石说：“曲师傅的手艺远近闻名，你跟他学打铁，算是找对了师傅，肯定能学到真本事！”

就这样，埜石真正的劳动生涯便由此开始了……

由于埜石是李明刚的干儿子，李明刚又是曲师傅的好朋友，因此曲师傅就省略了入徒要先挑水、烧饭、洗衣服的潜规则。从第二天起，埜石就一步到位地持锤上岗，正式跟曲师傅学打铁。只见曲师傅手拉风箱，炉膛内炉火通红，火苗直往上蹿。炉膛口放着一把火钳，紧靠炉膛有一个支起来的砧子和一个铁架。铁架上摆放几把对锤、手锤。挨着炉膛和砧子的地方，放着一个铁盆，里面储满了水，这是作淬火用的。

不一会儿，曲师傅左手用铁钳从炉膛内夹出一块火红的铁块放在铁砧上，让埜石和他一块抡锤敲打。只见火星四溅，随着左手铁钳的伸、拉、卷、翻，铁块慢慢变长变宽。然后再加热烧红，再进行锻打，几个回合下来，一把砍刀就像模像样地打好了。

曲师傅一边锤不离手地敲打铁块，一边嘴巴不停地絮叨着：“打铁不能死打，一锤打下去，除了力气和角度，巧劲同样重要。初学打铁的通常是双手死握锤柄、硬打硬敲，不仅累，打不了几下双手就被震麻震裂。所以打铁要有张力，有弹性，一锤打下去，让大锤自然地回弹，这样力气就能省下来不少，手也不会震疼，打出来的效果也好。”

曲师傅把锻打过的由红变青的铁块再次送进炉膛，接着说：“打铁，进火也是最重要的。也就是说，冶炼钢材时要掌握好火候，不同的钢材采用的火候是不一样的。除此之外，打不同形状的铁器，用的锤的重量和打铁的力度也不一样，打锤时的力度和角度都是有讲究的。

“打铁这门手艺看起来简单，其实不容易学，学三年能出师就很不错了。以往打铁学徒三年期满，还要再帮师傅一年工。这最后一年，一是报答师傅之恩，二是怕徒弟打出来的器具顾客不满意，倒了师傅的名声。如果不行的话，师傅是不会让他出师的。”

这时，曲师傅拿来一块铁板，凿开一个丫口，将一条铁丝放进去。然后，放到炉膛里烧熔，夹出来，再锻打、冷锤、淬水、砂磨、回火……他身教重于言教地说：“大凡打造菜刀、屠刀、镰刀、柴刀、斧头等利器，都会放钢，大同小异。其他铁器，不用回火。”

俗话说：“长木匠，短铁匠，不长不短看石匠。”打铁，实质上就是在“短处”下功夫，把一块铁料放在铁砧上叮叮当当地锻打之后，随着铁料的不断变化，器物的花样也就敲打出来了。应该说，经手工打造出来的铁器，每件都是一个艺术品。

“打铁没样，边打边像，打铁不像木匠、石匠那样按图进行。”曲师傅说，“打铁是粗活，产品粗犷，但不粗糙。打铁要认真细致，捶打要匀称，凭‘火眼金睛’，边打边像。要想像模像样，关键要把握火候，全靠用手伸、拉、摆、翻。铁块放正打就伸长，放斜打就伸长又变宽。淬火很关键，铁器伸进水里，随着‘吱啦’一声白烟升腾，淬火就完成了。铁器硬不硬，锋利不锋利，看一看铁器卷黄就行了。若是铁器卷绿、变白，就标志着失败。打铁的技艺，靠边打边看边领悟。”

接下来，曲师傅饶有兴趣地讲起一件流传下来的打铁故事：很久以前，铁匠师傅想将两块铁打在一起，左敲右击，两股铁就是黏不到一起。铁匠师傅很心烦，偏偏店铺门前的树上有一只老鸦不停地啼叫，就气愤地操起铁块击打老鸦。老鸦没有击中，铁块掉到了水洼里，沾上了泥巴。师傅捡回来再敲打，没想到两股铁竟奇迹般地黏合在一起了，而且天衣无缝。这以后打制铁具要打连接筒或连接柄时，两块铁相连的地方就会加点黄泥，因此有人说老鸦也是铁匠的师傅。

埜石跟着曲师傅学打铁，每天拉风箱、抡大锤，手掌磨出了血泡，手臂肿得像发面馒头。到了晚上，疼痛得睡不着觉。虽说这个行当又脏又累，但每天大锤小锤叮叮当当的响，非常有节奏，如同交响乐，倒也有点情调。特别是在打出一件器物时，他还产生了一种从未有过的成就感。

第二章　初涉画坛

垡石：铁匠炉挨着画匠铺，因为我老往画匠铺跑，我就喜欢看画，看他们雕刻、绘画、塑像。有一天看完了画，他们说你这么喜欢画，干脆拜师学画得了。我说那好，于是就磕头拜了师。就这么地，我开始跟师傅学画画，学会了国画，又去学油画。

痴迷丹青

营口，自古以来就是商旅歇宿、豪杰聚义、兵家必争的关隘要地。它在三国时称辽口，两晋时称历抹口，明朝时称梁房口，清代称没沟营，清同治五年（1866年）定名营口，即“没沟营口岸”的简称。

据《中国古今历史地名大辞典》载：“盗船三只闯入没沟营口岸”；咸丰五年（1855年）春二月“拨师船五只驶赴牛庄没沟营口外攻剿”。同年六月初十“复有盗艇三十二只直入口内扑岸。经兵勇轰击，毙匪多名，盗艇仍盘距营口”。咸丰八年（1858年）“九月，英船一艘进入没沟营海口”。同年八月二十七日“法军舰驶入没沟营海口”。

1865年以后，《清实录》的记载则直写营口之名。同治四年（1865年）十二月“拨津郡洋枪队防护营口”。因“营口一无所持，洋枪队驰赴营口后扼要驻扎”。同治五年（1866年）七月二十一日“著费荫魁所带洋枪队五百驻营口”。同年11月“设奉天、锦州、山海关兵备道——即于营口值班”。同治六年（1867年）一月三日，“增设营口海防同知厅”，清政府首次直接以营口命名地方衙门。

中国有很多带“口”字的地名，如蒋介石老家叫溪口，鄱阳湖与长江连接处叫湖口，长城上有古北口、喜峰口、九门口等，还有三江口、张家口、三岔口等。不难发现带“口”字的地名均与河口、山口、道口或城门口相关。三国时的辽口无疑是辽河入海口之意，为何逐渐演变成没沟营？这“营”字又如何产生？《清史稿》在“营口”词条中有如下注释：

> 清初有蒙古人在此张幕而居。据查清《圣祖实录》确实在康熙二十七年（1688年）“拨张家口外巴尔虎蒙古暂驻牛庄一带游牧”，二年后分别安置在熊岳、奉天各地。正如《营口市志》大事记卷记载：“巴尔虎人以窝棚为居室，窝棚相连状似军营，因名营子。又因潮水沟在潮退时沟涸，涨潮时沟没于水，故称没沟营。”

营口即地灵人杰之地，尤其在书画方面更是人才辈出，久负盛名。如金代熊岳（今营口盖县）人米芾的外甥王庭筠，是名垂画史的中国古代书画家；咸丰年间盖平（即盖县）人江苏知府姚正镛，书画篆刻皆名重一时；伪满时期盖籍人司法部大臣冯涵清和奉天省省长金荣桂等都是著名的书法家，他们的书法都广为流传，影响深远。

关外的冬天，白雪皑皑，滴水成冰。屋檐下倒挂下来的一根根冰凌子，如一颗颗狰狞的獠牙，又像一把把倒悬的尖刀，一阵风起，闪烁着白花花的寒光。冬天天短夜长，饥寒交迫的人们都早早上炕休息了，唯独埜石的房间还露出一丝亮光。

热爱学习的埜石白天跟师傅学打铁，夜里便挑灯苦读。夜读之美，尤以冬夜为最。三国时，有人说没时间读书，魏国名儒董遇说可以利用“三余”，即“冬者岁之余，夜者日之余，有雨者时之余也”。埜石冬夜读书，“三余”之中占二，岂非古人“日不足，继之以夜”之意哉！

其实，夜读是一种境界，是一种情趣，也是寻求自我内心对话的一种方法。夜读几乎成了埜石的习惯，好像晚上不读一会儿书就睡不好觉似的。这一天，他借到一本古典小说《封神演义》，便爱不释手地读了起来，一气读到三更子夜。

《封神演义》是中国神魔小说，为明代陈仲琳所著，约成书于隆庆、万历年间。全书共一百回。该书原型最早可追溯至南宋的《武王伐纣白话文》，可能还参考了《商周演义》、《昆仑八仙东游记》，以姜子牙辅佐周室讨伐商纣的历史为背景，描写了阐教、截教诸仙斗智斗勇、破阵斩将的故事。

埜石发现，《封神演义》中写到的“三霄娘娘”好像是他家乡的故事。大石桥迷镇山上有座三霄娘娘庙，至今还供奉着琼霄、碧霄、云霄三位娘娘，小时候他的父母多次带他向三位娘娘跪讨治病的仙方。《封神演义》中不仅写到了“三霄娘娘”，还写到了离营口不远（本溪）的“九顶铁刹山”，叙述了铁刹山度厄真人借“定风珠”的故事。后来，他在听鼓书《金陵府》时，发现里面对铁刹山也有描写，说杨金豹的师傅李长庚就居住在铁刹山上。

生于斯、长于斯的埜石深受家乡传统文化的熏陶，思想潜移默化地发生着变化。古时的历史典故和近代的文化名人深深吸引着他，感染着他，令他对当地文化产生了浓厚的兴趣，一个混沌初开的乡村少年逐渐有了求知渴望。他由识字到读书，由读书到赏画，随着日积月累学问的不断增长，最终使他成为一个超越其父亲的“文化人”了。

日子总是按照季节的顺序一往无前地走下去，而且无形、无声、无色。

由于心灵手巧，埜石跟曲师傅学打铁进步很快，几个月后便能独自打出锄头、砍刀、镰刀等农具了。在铁匠活儿不多的时候，他就四处走一走，去得最多的还是大街对面的李氏画匠铺。因为那里的老板是他的干爹，去他那里如同在自己家里一样无拘无束，想看什么就看什么，想摸什么就摸什么，想问什么就问什么。

李明刚偏重纸活儿，与其说他是画匠，毋宁说是扎纸匠。他扎的那些纸人、纸马、纸轿，色彩艳丽，生动鲜活，在当地很有市场。赶上一年一度的清明节，顾客都挤满了院子，排成一条长龙，甚至排到大街上。

埜石走进李氏画匠铺，发现除了做扎纸活的，还有画棺材头的，画箱子柜的。在那些色彩鲜艳的图画中，除了花鸟鱼虫、山水人物、亭台楼阁之外，还有《二十四孝图》。二十四孝的故事，埜石过去听说过，可没有看到过图画，他被生动多彩的图画深深吸引住了。

埜石站在画案旁，看李明刚在一笔一笔地描绘《谭香哭瓜》。去年春节，他在年会上曾听过这个题目的“二人转”，因此对这幅画的内容有所了解。

埜石来到《王祥卧鱼》的画前，看了一会儿，便问旁边画画的师傅：“赵老师，《王祥卧鱼》表达的是什么意思？”

“这是一个历史典故。”赵师傅边画边说，“古时候，山东临沂城北的河边有一个小村庄，村里有一个贫苦青年叫王祥，他的继母卧病在床，不思茶饭。一日，继母突然想吃鲤鱼，但王祥无钱购买，当时正是隆冬腊月，河水冰封，捕鱼无望。王祥孝母心切，便到村西河内横卧冰面之上，想以体温暖化冰面，下水捕鱼。王祥的举动感动了上苍，待他从冰面爬起时，只见一条红鲤鱼破冰而出，跃然冰上。王祥喜获鲤鱼，回家炖制成熟。他继母食后，病情逐渐好转，不久康复。后人为纪念这位民间孝子，把那个村子更名为孝友村，河为孝河。人们常用‘王祥卧鱼’的典故来教育后人。”

埜石发现，那些画匠师傅不仅工精艺绝，还能讲出好多典故来。民间的新闻琐事，在他们嘴里都能变得妙语连珠，津津有味。“金山竹影几千秋，云锁高峰水自流”、“雪满山中高士卧，月明林下美人来”，这些当时题画的名诗名句，也是他那个时候听到的。这里是个乡村集市，虽然没有京台大戏，但仅仅这些也就够吸引人的了。

埜石被画匠铺里五彩缤纷的图画和栩栩如生的纸制品吸引住了，他眼睛看着，手指便悄悄地比画起来。此时的他确实有点异想天开，对涂涂画画产生了兴趣。他父亲是私塾先生，母亲是农村妇女，贫寒的家庭不可能给他提供深造的机会。但是他人小胆大，居然有了一种非分之想。

埜石到李氏画匠铺，起初是为了散散心，看新鲜。没想到时间长了，他便有了一种想当艺术家的那种模糊而又十分强烈的念头。他不愿意一辈子和那些数不清的铁疙瘩打交道，他想用不知比铁锤要轻多少倍的画笔去画画。回到打铁铺，他就用铅笔有点笨拙却是十分认真地画了起来。虽然还不懂透视，不懂线条，不懂色彩，全凭直感，看到什么就画什么，兴致却特别高涨。

当时有“艺不轻传”和“投师不如访友，访友不如偷艺”之说。埜石画画既无名师指导，更不是祖传家教，只能在李氏画匠铺用心听、用心看、用心记。他的身上蕴含着父亲忠厚本分的血统，更禀赋着母亲刚烈浪漫的性格，因此从小就有一个拧脾气，只要想干的事不干则已，一旦下决心就要干到底。他在画画时也常怀疑自己的努力是否正确，画画究竟该如何下笔？这些盘旋于心中的问号，促使他渴望得到老师的指导。

一种明知不妥却很想试试的大胆与痴迷紧紧抓住他的心，如同小时候用竹竿捅马蜂窝那样新奇、害怕、兴奋，不由自主地要冲过去试试，像有什么魔法催着自己似的。

寒门出贵子，人穷志更高。本来一技在身已是吃穿不愁，可埜石并不满足于日圆三餐，夜图一宿，他是一个志存高远的人。16岁的他终于按捺不住自己跳跃的思绪，向李明刚提出了萌生已久的打算："干爹，我想改行学画。"

"打铁的手艺还没学到手，怎么又想起学画画了？"李明刚不解地问。

"打铁太累，我受不了。"埜石从衣袋里掏出一张纸，"我感觉我比较适合画画，你看，这是我画的一幅画。"

"哦，你画的画？还真有那么点意思。"李明刚看完埜石的作品，然后爽声朗气地说，"要想学画，我这里学不到真本事。只要你父亲同意，我可以介绍你到金泰盛画店去学，那是咱们大石桥最好的画店，那里有个画师叫张松轩，你可以跟着他学。"

"好！"埜石兴奋地说，"我明天就回家和父亲商量……"

春天随着落花流水走了，夏天披着一身绿衣来了。村头大杨树的叶子在阳光下一闪一闪地放着绿光，村外的麦子在不知不觉间由绿变黄，闪着金色的光芒，使无垠大地换了一副模样。不时传来一阵阵布谷鸟的叫声，这是告诉人们“春已归去”，而是初夏的季节了。

到大石桥后，虽然打铁很累很苦，但堼石的身体就像山坡上的松树苗，又长高了一寸多，他自己感觉到仿佛还在往上窜！不错，他的皮肤更加老巴，模样更加固定，而且上嘴唇还冒出了毛茸茸的小小胡须。他的嗓子也开始横声，更接近一个标准的男子汉了。

回家的路上，堼石迈着轻快的步子，吟诵着儿时从父亲那里学来的一首唐诗：“远看山有色，近听水无声。春去花还在，人来鸟不惊。”他在不知不觉中走完了十来里的路程，夕阳正在下沉，暮色好像是画家涂在宣纸上的浅墨，正一点点向四周洇开。他看到被晚霞映照的西两军屯像一幅天然的油画，正是“高歌一曲斜阳晚”的典型写照。

堼石怀着兴奋的心情，呼吸着青苗和野草的清新气息，沿着乡间小道向前大步行进。当他看到河南那个再也熟悉不过的普普通通的农家院时，心里顿时涌现出一种永远也割舍不断的亲情。来到家门口，隔着一道墙就听到了里面有欢快的对话声。从话语中，他知道二老的心情极佳。

“爸，妈，我回来了！”堼石进门后就高声呼喊道。

思儿心切的赵氏对堼石的欢迎仪式竟是抱头痛哭，好像久别重逢，其实是喜极而泣：“我们正在说你呢，你就来了！”

“来了好，来了好……”崔海东嘴角带着微笑，眼角也带着微笑。

走进屋，埜石看到那些熟悉的木床、柜子、方桌在泛着岁月陈旧的光，依然规规矩矩地陈列在各自的原位上。他找了个凳子刚坐下，赵氏就迫不及待地说：“你二婶刚走，她是来给你提亲的，女方是北庄三道岭的，姓李，和你同岁。我和你爸感觉挺合适，就同意了！”

埜石略带羞涩地说：“我听爸妈的……”

尽管到了民国，男人剪辫了，女人放足了，但乡间的婚俗并没有改变，还是父母之命，媒妁之言。乡下这些风俗的奴仆们依然在接受着旧风俗，遵守着旧风俗，子女的婚姻必须经过父母同意后，再经过媒人介绍，男女双方才能定婚。倘若不等到爹娘开口、不经过媒人介绍就和自己喜欢的人私会，那么爹娘和街坊邻居都会轻视他，认为他伤风败俗，不遵守礼教。

对于一个祖宗八代都是头顶高粱花、脚踏黄土地的农村人来说，男大当婚，女大当嫁，儿子能娶上媳妇，善莫大焉。崔海东打断埜石的话，沉稳地说：“咱们是庄户人家，只要人老实厚道，会过日子就行。先定下亲，过两年手里宽绰了，就给你们把喜事办了。”

真是双喜临门，好事成双。埜石也按捺不住内心的喜悦，兴奋地说：“我也有一件喜事要告诉爸妈，我不学打铁了，想改行学画画！”

“学画画？”崔海东脸色一沉，“打铁的手艺还没学到手，又要去学画画，你这孩子怎么连一点毅力都没有？俗话说，吃得苦中苦，方为人上人。再说，认一个打铁师傅就很不容易，到哪里去找画画的师傅？”

“爸爸，你不要着急，干爹答应帮我找。”埜石很耐心地说，“我这次回来就是和你们二老商量的！”

“他爸，孩子要是能学画画也许是件好事。”已坐下把纺车摇得嗡嗡作响的赵氏心疼儿子，“这两年学打铁，你看把咱孩子累的，他才十五六岁啊！”

崔海东眉宇间呈现了那种日积月累不可抗拒的疲倦，略带忧色的脸上表露了对儿子行为的不可思议，但儿子的细心和耐心终于让他的口气从反对过渡到犹豫，又从犹豫过渡到可以商量。

“学画画当然好了！”像天下所有望子成龙的父亲一样，崔海东也想让儿子有一个说得过去的前程。但是，信奉孔孟之道、讲究礼义廉耻的他又担心道，“曲师傅能同意你离开铁匠铺吗？我们不能忘恩负义，你要和他好好说，宁可不去学画画，也不能得罪人家伤了人家的心啊！”

“曲师傅不是那种心窄量小的人，我相信他会放我走的。他曾多次对我说，十七八岁力不全，你还不到18岁。小小的年纪学什么不好，非要来和铁疙瘩打交道！把身体累垮了，看你下半辈子怎么过日子。”埜石满怀信心地说，“请父亲放心，我会好好地和曲师傅说，不会让他生气的！”

“那就好，那就好！”

“曲师傅心眼好，他待我就像待他自己的孩子一样。我把我画的画拿给他看，他说我画得好，应该去画画。我想，只要我提出来，他肯定会放我走……”

崔海东突然发现被他一直担心的五儿长大了，不用再为他担心了，应该像鸟儿一样让他自由自在地飞翔，让他飞到他要去的地方发挥他的潜能。

埜石也从父亲身上发现了他比以往更加坚强，更加亲切，更加开通。岁月不仅煎熬了他，而且也磨炼了他，看到从他那鼻翼到下巴之间两道沟纹中出现的笑意，仿佛还没等自己犯下过错便已得到了宽恕。在埜石眼里，父亲就是一棵大树，遮护他的每一片叶子都完美得无可挑剔。

改行学画

从沉睡中醒来的大石桥，显得格外恬静和美丽。灰色的房屋掩映在绿树中间，犹如一幅可爱的水彩画；苍绿色的迷阵山腰挂着一层白纱似的薄雾，令山上若隐若现的娘娘庙更加神秘莫测。淤泥河的流水清澈碧透，倒映在水面上的树影连枝杈间的鸟巢都清晰可见。大街上已有早行人，有的挑着担子，有的推着车子，开始了他们一天乐在其中的劳作。

在李氏画匠铺的旁边，有一家门楣上挂着“金泰盛”匾额的画店。走进这家在当地规模较大的画店，只见墙壁上挂的、案子上摆的、地面上铺的都是画，有国画、油画，也有书法作品，给人一种浓重的墨香氛围。

历史常常和人开玩笑，本来要进那个门，结果却入了这个门。从铁匠铺出来的埜石跟着李明刚走进了金泰盛画店的大门，看到屋里的窗边案头都摆着一卷卷宣纸，还看到一个中年人正在案子上作画。他画的是一幅山水图，听见有人进来，就放下画笔起身迎接。这个人就是埜石将要拜认的师傅、金泰盛画店的画师张松轩。

张松轩是个大高个，方脸盘，鼻子下一抹胡子弯到嘴角，不胖不瘦，不白不黑。他身着青衿长衫，外罩一件马甲，头戴瓜皮帽。他性情温和，平时举止总是不紧不慢，却是心中有数。

“李老师来了，请坐请坐！”张松轩双手抱拳笑脸相迎。

“上次给你说的那件事，我把人给带来了。”李明刚对埜石说，“五儿，你过来，这就是张老师，你赶快拜一下，跟他好好学。张老师不但画画得好，人也厚道，你跟他学画是你的福分！”

“说到哪儿去了，只要你的干儿子想学，我就教，我们既是街坊，又是挚友，用不着客气。”张松轩曾看过埜石的作品，认定他是个可塑之才，所以才如是说。

张松轩侧重于国画，不仅国画出众，在当地还很有些势力。据说他的父亲张作舟、叔父张洛舟都是辽南知名人士，方方面面耍得动，吃得开，影响面很大。

埜石向张松轩恭恭敬敬地磕了头，拜了师，欢欢喜喜地投入到他的足下。从此，他就跟着张松轩如期如愿地学习国画了。

国画全称中国画，历史悠久，远在两千多年前的战国时期就出现了画在丝织品上的绘画——帛画，所以又叫丹青，主要是指用毛笔蘸水、墨、彩作画于绢、纸、帛上并加以装裱的卷轴画。

国画不仅具有悠久的历史，而且也是具有中国优良民族传统的绘画，凝聚着中华民族的智慧、性格、心理、气质，以其鲜明的特色和风格在世界画苑中独具体系。我国传统绘画题材可分为人物、山水、花鸟等，技法可分为工笔和写意，它的精神内核是“笔墨”。

张松轩对埜石说：“中国画多注重水墨的效果，用色一般比较少，有‘色不碍墨，墨不碍色’的要求。用色方法有以水墨为主，不着色或少着色的水墨法；有称为轻着色，多以花青、藤黄、赭石为主的浅绛色，前两种方法多用于写意画。再就是称为大着色的重彩法，多用在工笔画上，主要是石青、石绿、朱砂、金银等矿物色，一般要多次涂染，厚重而又鲜艳。”

接着，张松轩拿起一张纸说：“这是高丽纸，产于朝鲜。高丽是朝鲜的古称，故名。高丽纸质地坚韧、光洁，受墨微渗有韵，宜书宜画。高丽纸自唐朝由朝鲜输入，号称‘天下第一’。其色白亮如缎，其质柔韧如绵，运笔纸上腻滑凝脂，毫不涩滞，落墨则成半渗化状态，发墨之可爱，别有韵味。”

张松轩边展纸边说：“尽管高丽纸优点很多，但和我们的蔡侯纸相比，尤其和产自江南的宣纸相比，还是有一些差距的。我国造纸业不但历史悠久，而且经验也十分丰富。据说，东汉建光元年（121年）造纸家蔡伦死后，他的弟子孔丹在皖南以造纸为业，很想造出一种世上最好的纸为师傅画像修谱，以表怀念之情，但年复一年难以如愿。一天，孔丹偶见一棵青檀老树倒在溪边，由于终年日晒水洗，树皮已腐烂变白，露出一缕缕修长洁净的纤维。孔丹取之反复试验，终于造出一种质地绝妙的纸来，因产于宣州，故名宣纸。”

张松轩执笔运腕，开始画一幅牡丹花。他用红笔画完一朵朵花束后，就开始画叶子。他蘸着清水越画越淡，然后再用焦墨钩出叶脉，如籀如隶，笔笔扎实。很快，一幅花红叶绿的牡丹就画好了。

埜石认真地听着，仔细地看着，不曾有一丝马虎。由于他具备绘画的天赋，一点即悟，悟此通彼，加上他勤奋苦练，因此入门很快。他一点一滴的进步，都与他天性中的执着分不开，他对艺术的执着仿佛与生俱来。不久，他就画得有模有样了，尤其他画的《梅花图》还得到师傅的赞扬呢！

这幅《梅花图》，埜石是用中号笔的笔尖蘸满已经调好的红色颜料，再在笔尖蘸一点浓墨，便在已经画好的枝桠上开始画一些可爱的梅花，直到笔上的颜料全画完了，他才重新蘸颜料。这样，整幅画面的梅花才有浓有淡，若隐若现。等画在梅花上的颜料处于半干状态时，他就开始用墨色来画梅花的花心。画花心时，他先在梅花的中间画一个小圆圈，再轻轻用内力画出花蕊，最后再用比较大的笔画枝干上的大刺和一些小刺。

站在这幅《梅花图》前，人们仿佛闻到了梅花寒里散发出来的淡淡清香，看到了它背后悬崖上的百丈冰霜，听到了呼啸带响的寒风，不禁眼前一亮，心里却有了几分惊羡。看，在那么寒冷的天气里，而梅花却从不争艳，从不软弱，依然那样坚强俏丽！

埜石对家乡最显明、最美好的印象是春节。这是中国一个古老的传统节日，也是全年最重要的一个节日。东北民间在除夕有守岁的习惯，以对如水逝去的年华含惜别留恋之情和对即将来临的新岁寄以美好的希望。已经长大成人的埜石，对春节依然如孩童一般充满着憧憬。

过年吃饺子是北方人的习俗，尤其在大年三十晚上，一定要吃饺子。“饺子”又名“交子”，是新旧交替之意，也是秉承上苍之意，是必须要吃的一道大餐美食，否则上苍会在阴阳界除去你的名字，死后会变成另册上的孤魂野鬼。

味道鲜美的饺子，相传是东汉河南南阳医圣张仲景发明的，其历史沿革经历了漫长的渐进过程，明末张自烈对此作了很好的注解：“水饺耳，即段成式食品，汤中牢丸，或谓粉角，北方人读角为娇，因呼饺饵，伪为饺儿。”

除夕之夜，埜石全家人坐在一起包饺子，其乐融融。他们还在众多的饺子里包上几个带有硬币的，一个个圆圆鼓鼓的像穿上外衣的狮子头。谁要是吃到了这样的饺子就预示着在新的一年里会交好运，有吉祥发财之意。

半夜子时，埜石按照传统习俗，把一个亲手做好的金元宝模型送到门外，代表在新的一年里会招财进宝。同时点燃一挂炮竹，以驱除“年兽”，祈求新的一年平安。

当新年祥和的微曦照出屋脊轮廓的时候，洗漱完毕的埜石就和兄弟们一起拜天地、拜家神和拜尊长。他和家人吃完饺子后，便开始出门拜年。拜年是不问亲疏的，称为“拜年无大小”。家中来了拜年客，必定再三挽留，以糖果招待。拜年一般拜到初三、初四为止。

人们还有以初一这天听到飞禽的鸣叫声来判断新一年生产情况的习俗。听到五更鸟先叫宜于养鸭；鹊先鸣宜于养鸡；天亮时麻雀噪飞可能是丰年；听到群狗狂吠不是好兆头。

大年初一、初二这两天人们不扫地、不汲水甚至不动火，饭菜都预先弄熟，称为“压岁”。初三才开始挑水，并在井台边烧纸钱以“买水”。门神也要在初二取下烧掉，俗谚称“烧了门神纸，各人寻生理”。如要举笔写字，必须先用红纸写上“新年动蛇笔，万事大吉利”的条幅贴于墙上。

东北人在“初五”这一天也要吃饺子，称作“破五”，就是把饺子咬破，寓意将不吉利的事破坏掉，有驱灾避邪之意。

“破五”过后，到了大年初六。这天早上，太阳在勤快人的期盼中终于懒洋洋地从地平线上冒出，大地仿佛留恋般拖拽着升起的朝阳，将原本圆圆的日头拉成椭圆。西两军屯被朝霞泼上一片红色，家家户户的炊烟又让这红色多了一抹柔和。

这一天，重情重义的埜石要去给打铁铺的曲师傅拜年。当他走进大石桥街上，只见家家户户的大门上都贴上了红对子，这条不知被走过多少回的熟门熟路却有一种焕然一新的感觉。门上的对子多是迎新春的一些老话，如“一夜连双岁；五更分二年”、“爆竹声中一岁除；总把新桃换旧符”、“新春新喜新气象；大顺大财大吉利”等。店铺上多贴着“招财进宝”四字连成一体的红纸斗方，门外的树上贴着“出门见喜”等红条幅。

埜石沿着街道欣赏着每一家门上的对联，品味着其中的含义，但是他更注重对联上的毛笔字，有的是正楷，有的是行书，有的是隶体，有的字写得一般，有的字写得很有功底。

埜石路过一家私塾，只见大门上贴着“多读孔孟之书有仁有义；少饮杜康之酒无是无非”的对联，不禁为之赞叹。这副对联不仅含义深刻，而且字也写得遒劲有力。

一路眼花缭乱，不知不觉来到了曲氏打铁铺。埜石见门上的春联依然红艳，可五彩的吊钱早被风吹碎了。打铁的炉子还没有生火，曲师傅坐在炕上看闲书。

曲师傅虽然没上过几天学，却自学了不少字，看书不成问题。他特别喜欢看武侠小说，埜石跟他学打铁的时候常常一边干活，一边听他讲武侠故事，因此时间感到过得很快。埜石现在回想起来，恍然觉得这可能是师傅对他关爱的一种煞费苦心。

埜石提着一个礼盒走进曲氏打铁铺，进门后就大声喊道：“师傅，我来给您拜年啦！”

“五儿，我好想你啊！”曲师傅放下手中破旧的书本，一把拉住埜石的胳膊说，“前两天，我和你师娘还在念叨你呢！听说你学画很有长进，我们都为你高兴！”

“年前家里事多，没能来看望师傅，我来晚了，师傅不要生气啊！”埜石一边看着师傅那布满沟壑般皱纹的笑脸，一边拉着师傅那如同老榆树粗糙硬实的双手。

“傻孩子，说到哪儿去了，师傅高兴还来不及呢，怎么会生气！”曲师傅向内室大喊一声，“孩子妈，五儿来了，快去做饭，我们爷俩要好好喝两盅……”

这边厢，师徒俩你言我语谈兴正浓；那边厢，师母正在烹炒煎炸。不多时，一壶小酒，四碟炒菜被端上了桌，酒肉的香味溢满全屋。

曲师傅端起酒杯与埜石的酒杯轻轻一碰，说了句祝福的话就往嘴里一倒，老烧锅像一团火顺着食道滚落到胃里。只见他龇牙咧嘴发出“咝咝”的唏嘘声，听起来既痛苦又痛快。

酒饮得慢，话说得长，师徒俩不知不觉都喝多了。他们相对流泪，倾诉肺腑之言，各自都被对方的情绪所感动，唏嘘不已。

酒足饭饱的埜石起身向曲师傅辞行，曲师傅紧紧抓住这个带着乡间粗壮与诚实的小伙子的手不放，眼含泪花半自责半鼓励地说：“孩子，你在我这里吃苦了，师傅照顾你不周。你是个心灵手巧的孩子，又忠厚老实，画画是个好手艺，你要好好学，将来肯定比在我这里打铁有出息。”

“师傅呀，什么出息不出息的！一日为师，终身为父，您是我的恩人啊，我永远忘不了您！”埜石无比激动地说，“大恩难以言谢，我给您老磕个头吧……”

埜石回到金泰盛画店，由于师傅们都回家过年了，店里显得冷冷清清。他觉得这正是练笔习画的好时机，于是脱去外衣甩开胳膊大干起来。他把张老师的画作拿过来反复研读，然后照着临摹，画完了山水画花卉，画完了花卉画鱼虫。

室内很静，毛笔在宣纸上行走的声音都听得很真切。画累了的埜石放下笔歇息，一转头突然发现案子上有一本书，拿过来仔细一瞧，原来是慕名已久的《唐诗三百首》。

《唐诗三百首》是一部流传很广的唐诗选集。唐朝290年间，是中国诗歌发展的黄金时期，云蒸霞蔚，名家辈出，唐诗数量多达五万余首。《唐诗三百首》选诗范围相当广泛，收录了77家诗，共311首，在数量上以杜甫诗最多，有38首、王维诗29首、李白诗27首、李商隐诗22首。

描绘生活中的人物和风景，不仅需要熟知绘画技巧，也需要精通文学。中国书画，尤其是书法，与中国古典诗词的关系密切相关。书法作品的内容，除了“书碑”等特殊情况外，一般应该精练、含蓄，以“少少许胜多多许”。书美与诗美同呈，更加重了书画作品的艺术意蕴。因此，中国古典诗词受书画家青睐就成了情理中事。

然而这是一种表面上的联系，当代著名书画家李苦禅先生在他的《风雨砚边录》上说：“文人画高就高在以诗作画，以文采领画。要以诗词歌赋的胸襟去作画，不仅仅会在画上题诗就算有文学修养了。”此论非常精辟，用于书法亦完全相通。

要以文采领书，以诗之胸襟作书，这自然要求书者的胸中有墨、有诗、有文采。书法家同时也是诗人，或者说书法家至少是一个努力学诗、读诗的诗歌爱好者。古往今来，似乎找不出一位书法大家不通晓诗章的。

晋唐时著名书法家王羲之、颜真卿有诗作留世，只是书名太盛而掩盖了诗名；而一代大诗人李白、贺知章、白居易、杜牧、陆游等，从留存的诗札、书迹看，称他们为“著名书法家”也无愧色，只是诗名太盛而掩其书名。宋代大书法家苏、黄、米均为大诗人，他们留世的著名书作，多数是自己的“诗札”。元代的赵孟頫，明代的唐伯虎、文征明、徐渭、董其昌，清代的八大山人、石涛、“扬州八怪”、赵之谦、吴昌硕、康有为等，均为集诗书（有的还兼画、印）于一身的书法家。

由此可见，书画与诗词均是寄情的手段，是一种内在的显示。诗词重意境，书画也有意境。书画创作者也都希望自己的作品有一种高雅、脱俗的意境。胸无点墨，胸无诗才，其书画很难是“文采”的自然流露，正如人们常说的缺少“书卷气”。就艺术的产生和功能来说，诗、书、画本身都是相同的，在创作与欣赏上时常有“异曲同工”之妙。同一个作者，吟出的诗词、画出的形神、写出的点画，均是突破了空白，创始了形象，从这一笔迹流出万象之美，也就是人心内之美。因为是出自同一个“主体”，或者说是一根藤上的瓜，虽为不同的艺术门类，亦能在艺术意蕴和氛围上相互渗透，相互促成。

书画家善诗，书画又是自作诗章，当然是人生乐事；诗人也有一手好书画，同样令人欣喜。这也是古今杰出的书画家同时也是诗人的一个重要原因。

天黑如墨，万籁俱寂。窗玻璃上满是寒气凝成的奇异窗花，干裂的门缝不停地挤入嗖嗖的寒风，还发出呜呜的尖叫。埜石点亮一盏油灯，柔和的光辉瞬间铺展开来，很快从墙上雕出一个男子汉的轮廓。

在这个撩人情思而又寂寞难耐的春夜，埜石打开《唐诗三百首》自消自遣地读了起来。父亲没有给他留下什么财产，却给他留下了热爱读书的基因。他很早就听父亲讲过“熟读《唐诗三百首》，不会作诗也能吟”，因而想到如果把唐诗三百首都背下来，不是更好吗？于是，他开始往脑袋里充塞一首首唐诗。

埜石没上过一天正规学校，但他父亲给他开的乡土大学比任何学校都来得丰富扎实，尤其是日积月累的深厚国学修养，使他与生俱来的艺术天分疯狂生长。正如一位名人所说：“光阴给我们经验，读书给我们知识。”后来，走出家乡的埜石确实成了一个出口能诗、提笔能画的奇才。

中西美术兼习

画家，是指专精绘画的人，是专门从事绘画创作与研究绘画的艺术工作者，包括中国画、油画、水彩画、水粉画、油彩画等绘画艺术类的创作者。多年的梦想变成了现实，埜石为能从事这个专业并已成为其中的一“家”而感到自豪。

在如愿以偿地跟随张松轩学习国画的时候，埜石被金泰盛画店另一位画师所画的油画深深地吸引着。那是一个博学多才的中年人，叫韩文洲。他画的油画显然借助了西洋画法，在那个年代里，又是在那个小地方，不要说去画，就是能够想到这点，就已经够新潮的了。初次看到惟妙惟肖的油画，令埜石钦羡不已。

油画是以快干性的植物油调和颜料，在亚麻布、纸板或木板上进行创作的一个画种。作画时使用的稀释剂为挥发性的松节油和干性的亚麻仁油等，画面所附着的颜料有较强的硬度，当画面干燥后，能长期保持光泽。凭借颜料的遮盖力和透明性能较充分地表现描绘对象，色彩丰富，立体质感强。

油画是西洋画的主要画种之一。从18世纪开始，油画艺术在社会、文化、科技等多元因素的冲击下有了翻天覆地、摧枯拉朽的变化。更多的流派、更多的思维、更丰富的创作、更深刻且影响更广的理论，令油画激扬、解构、反叛、争奇斗艳、百花齐放。

中国的油画最早出现在棺椁器皿之中。据《周礼》、《汉书》等文献记载，两千多年前的中国已有用“油”绘画的历史。但通常的说法是1581年利玛窦携天主、圣母像到中国后才开始了中国的油画，其中一幅画于木制门板上的《木美人》虽历时500年，仍依稀可见画风的古朴厚重。

清康熙年间，传教士郎世宁、潘庭章、艾启蒙等以绘画供奉内廷，从而把西方的油画技法带入了清宫；雍正、乾隆年间，宫廷的包衣（满语即奴仆）受命于皇上，向传教士学习油画，但并未留下任何痕迹。到了1840年鸦片战争爆发，中西文化大冲撞，民间的画坊、画馆兴起，画技亦得到了改善。但此时由于画工的地位低微，文化素养也有限，使他们的作品未能进入文化的高层而形成一个独立的新文化。

然而在油画画家韩文洲看来，眼下的中国画不及油画前景乐观，似乎只是书斋玩味，笔笔都要仿古，处处都有来由，画来画去的题材也无非是些深堂琴趣、柳溪归牧、水湾独钓、风雨归舟、云关雪栈之类。他认为国画要想有前途，必须融入到世界文化的潮流中，完成自身的丰富和改造。

其实，中国的传统文化是一种无形的精神。中国山水画在视觉再现上，艺术家历来追求的是“你中有我，我中有你”的境界。似乎说起风景绘画就更绕不开“中西”这个命题了，如果要说“看山不是山”是中国绘画最高境界，那么“看山还是山”就已经超越两个不同地域的绘画境界了。

埜石对韩文洲的油画产生了极大兴趣，一有时间就走过去观赏，而且向韩师傅问这问那，甚至打破砂锅问（璺）到底。韩文洲也极有耐心地回答他所提的各种问题，更是喜欢这个聪明伶俐爱动脑筋的小伙子。

由于和画店里的师傅朝夕相处，埜石和他们熟悉得多了，了解得多了，因而说起话来也随便得多了。有一天，韩文洲笑呵呵地问正在欣赏他作品的埜石：“喜欢油画吗？”

“喜欢！”

“想学吗？”

“想学！”一种新的渴望在埜石心头萌生。

“想学，你得给我磕三个头！”韩文洲的话一半假意一半真心。

没想到求教若渴的埜石扑通一声跪地，在没有烧香点蜡的情况下连连磕了三个响头。

“快起来，快起来！”韩文洲不好意思地说，“其实，我要你磕头并不是要你拜我为师，而是希望你能从心底尊重油画这门艺术！”

埜石跟韩文洲学油画，主要是学直接画法，即在画布上作出物象形体轮廓后，凭借对物象的色彩感觉或对画面色彩的构思铺设颜色，基本上一次画完，不正确的部位用画刀刮去后，继续上色调整。这种画法中每笔所蘸的颜料比较浓厚，色彩饱和度高，笔触也较清晰，易于表达作画时的生动感受。

为使一次着色后达到色层饱满的效果，韩文洲十分讲究笔势的运用。常用的涂法分为平涂、散涂和厚涂。平涂就是用单向的力度、均匀的笔势涂绘成大面积色彩，适于在平稳、安定的构图中塑造静态的形体；散涂指的是依据所画形体的自然转折趋势运笔，笔触比较松散、灵活；厚涂则是全幅或局部地厚堆颜料，有的形成高达数毫米的色层或色块，使颜料表现出质地的趣味，形象也得到了强化。

埜石开始学油画之前，韩文洲首先教他画油画的步骤和方法。他对埜石说：“画油画和画国画不一样，要准备很多材料，除油画笔之外，还要有用于调色的扇形油画笔，用于打底和上光油的刷子，两到三把刮刀。调色板也是不可少的，盛调和剂的盒子和一块用来擦拭颜料的布。另外，还要准备一罐酒精，用来洗手、清洗画笔以及擦洗不慎滴落在画稿上的颜料。”

这时，韩文洲拿起铅笔在画布上绘出要表现的景物形状和构图。他边画边说：“画景物油画对光的感觉要求很高，因此初学者在摆放景物时要选择一个比较稳定的光源，一般以自然光为最好。这样才能更好地突出固有色和环境色。光源的选择还要考虑画面大块黑白的安排，要让画面的层次感加强。”

“韩老师，油画有几种画法？”埜石提出一个问题。

“有15种画法：即揉、线、挫、拍、拉、擦、砌、抑、点、划、扫、跺、摆、刮、涂。”

经过反复的钻研和艰辛的练习，埜石左涂右抹，上圈下勾，终于完成一幅风景油画：一轮红日挂在天空，地面是宁静、祥和、美丽的一派景象。云烟缥缈，鸟类飞翔，水流激荡。这幅画是他用汗水染成的，他无比兴奋，而且有一种非同一般的成就感。

埜石捧着他刚刚完成的油画来到韩文洲跟前，心怀忐忑地说：“韩老师，你看这个还行吧！”

“哦，这么快就画好了！”韩文洲指着埜石的习作说，“这幅画属客厅的装饰画，色彩不宜过于低沉，如果过于低沉，会给客人一种压抑感。从整体来说，你画得还不错，各种颜色搭配得也比较合理，就照这个样子画下去吧！”

埜石在学习源自西方的油画时，尽力融入东方的、中国的气派，把洋为中用体现出来，使油画成为现代有民族特色的艺术品。因此，他的作品不但得到了师傅的肯定，也得到了同行的赞誉。

后来，埜石的国画、油画、手工样样都行，不能不说这都源于金泰盛画店。那里聚集着朴实无华、各怀绝技、德才兼备的画师，他们的画技，他们的品行，他们的气质，对埜石都产生了很好的影响。

在金泰盛画店苦练、苦读、苦学的同时，埜石还学着写诗。因为诗歌与绘画之间存在着不可或缺的联系，尤其是中国画，诗中有画、画中有诗，彼此之间密切相关、携手并肩走过了几千年的历史，共同创造了中国艺术的辉煌。埜石认为，作为一名画家，不但要懂诗，而且还应该会写诗。

春风和煦，艳阳高照。西两军村唢呐喧天，鞭炮齐鸣，马铃叮当，花轿迎门。崔家正在红红火火地操办喜事，20岁的埜石和与其同庚的李文琴结婚了。

在崔家的大门上，贴着一副红对联，上书“门楣喜庆生辉彩；秦晋良缘兆吉祥”，大门两侧贴着一对斗大的“囍”字。院子中央的八仙桌上香火旺盛，红烛闪耀，摆着供奉的大白饽饽和果品。埜石头戴红顶礼帽，李文琴身穿大红夹衣，他们并肩挨膀，双腿跪在供桌前的红毡上。随着主婚人“一拜天地，二拜高堂，夫妻对拜”的高唱，正在大行其礼。

拜过天地之后，埜石和新娘步入了洞房。洞房的喜炕在新娘未到之前，曾找一体面的男童在上面打了几个滚，滚滚运气和财源。新人的新房讲究一个“洁”字，因此在新娘未入洞房、未上炕坐福之前，严禁任何人乱坐新床，以防不洁之人坐了把新娘的福给沾了去。而新娘不到花烛之夜的时候，尤其是白天不能随便躺下，从换上踩堂鞋开始一直要站到酒阑人散的深夜，以免日后一年到头卧病不起。

当时人们的“男尊女卑”思想严重，信奉男人是天，女人是地。左为大、右为小。因此，埜石入洞房揭下新娘的盖头后，立马上炕和他的新娘分男左女右，面对面盘腿而坐，而且必须规规矩矩，不能乱说乱动。这叫“坐福贵”，可使婚后大福大贵。民间认为，如果坐而乱动，则会导致婚后受穷。

两位新人坐福时，炕上铺着两床红色和蓝色的被子，一床是婆家做的迎亲被，一床是娘家做的嫁妆被。红色代表红火、兴旺和喜庆；蓝色寓意将媳妇拦住，使之婚后恪守妇道。当地还有“抢福”的说道，新郎、新娘要相互抢坐对方的被子上，俗称“压脾气”。埜石此刻则放下了大男子主义的尊严，借故有事出去，不想在炕上与媳妇抢福。

喜宴之后，娘家人由长辈带领进入新房，语重心长地嘱咐新娘要孝敬公婆，好好过日子，继而又含蓄地说出一语双关的话：如孩子小不懂事，多担量。要好好和公婆相处，少说话、多干活等等。然后亲家母将事先割好的一块四斤六两（寓意“四平八稳”、“一切顺溜”）带肋骨的“离娘肉”（寓意“骨肉不能分离”），另加两捆粉条、两棵大葱，用红线绳系好，由娘家人带回去，即为由红线牵引两家从此结为眷属。

洞房花烛夜，夜晚正是闹洞房的时节，当地人讲究闹洞房抛开伦理之嫌，不分辈分大小或长幼，男女老少齐上阵，瞅准机会将公婆、兄嫂或婶子大娘、亲叔娘舅推至炕上，大家前呼后拥，让两性之间成双成对地上下翻滚，为的是给新郎、新娘做示范。他们还强行让那些不是夫妻的人混杂在一起，挑逗嬉闹，抒发大家的欢愉心情，借以增添新婚的喜庆气氛。

时值子夜，星月明亮。那高悬的弯月，像新娘的一道秀眉，像崔家的一柄禾镰，像湖里的一只小船。这时已等候多时的嫂子开始给新人铺床，炕上同时铺两床被，将一床被子压住另一床被子上至一半，嘴上同时说："扯扯被角，来年生个大胖小；掀掀被边，生个儿子能当官；被头压被头，骑大马住高楼；被边搭被边，生孩子当大官……"

铺完床后，众人退出新房，让一对新人尽享新婚之乐。此时，两人的身子变得很配合地依靠在一起。已订婚多年心头急得像猫抓虱咬的埜石这才真真切切地看到自己媳妇的庐山真面目，并令其出乎意外：青丝掩耳，发髻后拂，细皮嫩肉，秀眉重眼，宛如一朵带露初绽的玫瑰花，可谓一村新娘中的碗头。

一般认为，东北媳妇是热辣辣的，如同黑土地生长的一切，虽然久经风霜雨雪，却火得烫人，辣得出奇。然而，这个新娘子不但性格温和，长得漂亮，而且说话的声音也好听，犹如伏天里剖开一只大西瓜——沙甜。

李文琴虽然也是农村人，却自幼受到良好的家教，是那种坐不动膝、站不摇裙、笑不露齿、怒不高声的传统女子，待人接物十分得体，并不像穷家小户的女子那样缺规少矩，因此深受公婆和邻里的喜爱。这对埜石来说，虽然没有花前月下的浪漫，没有私定终身的新潮，彼此却像前世注定的那样：一见钟情。

人逢喜事精神爽，婚后的埜石怀着喜悦的心情又兴致勃勃地回金泰盛学画去了。结婚后就算成了家，以后就是立业的问题了。因此埜石有了一种责任感，于是学画的劲头更足了。经过三年的艰苦奋斗，他的绘画艺术达到了相当的程度，受到师傅们的一致肯定和赞扬。

可能油画与西洋有亲缘关系，所以油画师傅韩文洲特别关注国际问题和国家大事，而且能从东半球说到西半球。他在讲述时事新闻时从来不向壁虚造，而都是按照报纸言之有据。此时，这位褐衣布履、边幅不整的画家正在手舞足蹈地讲述苏军向中国军队发动进攻的消息。

1929年11月中旬，白桦树最后几片枯黄的叶子像疲惫的小鸟挣扎着飘落而下。在苍苍茫茫的林海里，偶尔能看到一片片针叶林的绿色，那颜色是那么阴沉、忧郁、深邃、孤独和古老，像墓地周围的点缀。

而立之年的韩光第将军曾因作战英勇擢升为奉系十七旅少将旅长，1928年率部戍边，驻扎于满洲里、扎兰诺尔（今属内蒙古）一带守卫中东铁路。

11月13日，苏军步骑炮兵和坦克兵约16000人，越境攻打扎兰诺尔、满洲里阵地，韩光第率部亲临前线指挥，打退苏军多次进攻，敌受重创。

11月15日早晨，苏军的骑兵一师、步兵二师、坦克30余辆、飞机20余架，以三面包围的态势向扎兰诺尔阵地进攻。中方孤军奋战，伤亡惨重，阵地相继失陷。

次日，苏军又以重炮60余门、飞机20余架并坦克20余辆，以两师兵力趁夜偷袭，猛攻扎兰诺尔，一面重兵围困满洲里，一面进袭嵯岗站切断中国军队后援，驻守满洲里的梁忠甲部增援扎兰诺尔未能成功。苏军首先进攻韩旅第十四团一营驻守的秃尾巴山阵地及三营阵地30里小站。

战事一起，极为惨烈，大炮轰鸣后敌又有骑兵拼死肉搏，中国守军1200余人的队伍对抗数万之敌，武器装备陈旧落后，经轮番苦战全数殉殁。黎明时敌又用21架飞机，每架挟弹四枚低空轰炸，韩旅苦无高射炮使得敌机得以猖狂。而敌炮50余门以飞机弹落烟起为目标同时轰击，又以机枪百余架扫射，弹如雨注，血肉横飞。此时战壕内已经积尸累累，但韩旅官兵仍奋力抵抗，无一退缩。

午后1时，韩旅残部在扎兰诺尔车站被敌骑兵团团包围。此时韩旅已弹尽援绝，在残暴之敌的围攻下，激战中旅长韩光第、团长林选青、张德元壮烈殉国。此时韩光第年仅33岁，张学良将军为东北军失去一位爱国、爱兵、爱民的良将而震惊，东北百姓无不为之泪下。

扎兰诺尔一役，中国军队为保卫中东路以一旅抗衡两师之敌，官兵死伤十之八九，敌军死伤亦达4000以上。韩旅以老式武器抵挡重炮、飞机、坦克之围攻，败于敌众我寡、装备悬殊、苦无后援，绝非将士无勇。

对地理较为陌生的埜石以为地处北方的长春靠近中苏边境，把它看作是兵凶战危之地。正当他为在长春的大哥一家担心之时，突然收到崔广文的一封来信。信中除了问候父母双亲和家里的情况外，还说长春是个大城市、人口多、文化市场好，如果埜石学徒已出师，希望能来长春开个画店。

好像兄弟俩心有灵犀一样，大哥的信来得正当其时。因为经过四年的努力，埜石的画技逐渐娴熟，已被人赏识，不再为挣饭发愁，现在可以立铺开业了。

晚饭后，留着分头、穿着长衫的埜石踏着朦胧的月光来到李氏画匠铺，他要向他心目中的先哲——他的干爹讨教方略。李明刚见埜石风风火火地闯进门来，忙问："五儿，有事吗？"

"大哥要我去长春发展。"埜石掏出信说，"我刚刚成家，再说现在兵荒马乱的，去好还是不去好，我也拿不准，想请您老帮助拿个主意。"

"去，带着媳妇去。坐火车去也用不了多长时间，很方便的！"见多识广、博古通今的李明刚不假思索地说，"树挪死，人挪活。我一贯反对'黑瞎子蹲仓'，那是没有出息的！也不赞成'兔子转山坡'，转来转去总离不开自己的窝。"

火车，就是这个呼啸而来又呼啸而去的火车，载着这里女同胞的男人走了出去，有的大富大贵，衣锦还乡；有的悲歌当泣，远望当归；还有的红颜守空，蹉跎余生。于是，埜石不无担心地说：“我刚刚出师，从没出过远门，对外面的情况一抹黑，不知到了那里能不能站住脚。”

“家乡虽好，却不是你的发展之地。长春毕竟是大城市，不比咱们大石桥，人口少，有文化的人，有钱的人更少，那里的市场肯定比咱大石桥大得多。”李明刚说，“你到了那里，该走的门路走一走，该出手时出出手。再说，还有你大哥帮衬你，事儿没有个不成的。不用怕，你就放心大胆地去吧，绝对错不了！”

其实，人生就像是一次探险，有些人在艰难险阻面前畏惧了，退缩了，一生就只能生活在暗淡的芸芸众生之中；而另一些人不畏艰难险阻，迎难而上，闯过险阻，就会开创出一片灿烂的新天地。

“好，我听干爹的，我去！”埜石心里有了底，“我回去跟父母说一声，争取早点动身……”

第三章　求师深造

墊石：我来到白石面前，脱掉帽子，整肃衣袖，跪地就拜："恩师在上，晚生广五在下见礼，前来拜师。从今往后，不会辱老师名声，丢老师门面，坏老师画技。请收为门下，认为弟子吧！不然，我就长跪不起了。"我的诚意终于感动了白石大师。

开设白杨画店

1930年春天，墊石告别了父母和家乡，带着他的新婚妻子和良好的愿望踏上了事业的旅程。他从大石桥车站上车，沿着南满铁路向长春驶去。南满铁路虽然经过他的家乡，他早已听到过火车叫，看到过火车跑，却还是第一次坐火车。

南满铁路原属于由沙俄所筑中东铁路南下支线的长春至旅顺段，1897年与中东铁路干线同时动工，自旅顺向北、自哈尔滨向南同时铺设，1902年完工，转年通车。1905年日俄两国签订《朴茨茅斯和约》规定以长春宽城子站为界，以南的铁路交给日本，改称南满铁路。

埜石坐的是条件较差的三等车厢，尽管车厢里弥漫着旱烟与汗酸搅合而成的怪异气味，令人窒息，但对此前没有坐过火车的他来说，仍然感到新奇而兴奋。他透过明亮的车窗望去，那一排排树木仿佛在与火车赛跑，却总被火车远远地抛在身后。他举目远眺，一座座高山，一条条河流，一处处村落从他眼前掠过，顿感心旷神怡。

埜石发现，火车过了奉天越往北走人烟越稀少，土地越辽阔，气候也越凉爽。后来，火车开进了大森林，就像掉进绿色的海洋，令车上带着离愁和希冀的旅客茫然不知所终。不知又走了多长时间，车窗外出现了越来越多的村庄小镇，这才有了一种重回人间的亲切感。

从长春车站下车，埜石发现这个车站很大，候车室也十分雄伟。大楼平面呈对称式布局，建筑模仿古希腊的人字屋顶，屋脊呈南北走向，建筑顶部带有山花，山花的中间设置一个圆窗，圆窗周围镶嵌着欧式浮雕，内部安装一部罗马数字的大型时钟。在入口处三米高的基座上矗立四根高大的爱奥尼柱，支撑着上部的三层观光台，站在观光平台上可以俯瞰整个广场。

走出车站，埜石发现这个城市果然很大，大的望不到边，走不到头。不但车多人多，而且还有不少外国人，其中以日本人最多。当看到嘴里说着吆西吆西的日本人，再看看他们的个头长相，他不由得想起了民国小学课本中的一段内容："人：中国人，日本人；中国人多，日本人少；中国人大，日本人小。”

由于日本在长春经营的附属地规模越来越大，以致他们的人口也越来越膨胀，已达一万人之多。这里的日本人还拥有相当大的特权，其中有不少冒险家利用特权为非作歹，附属地成了他们走私贩毒、窝藏盗匪、策划阴谋的“天堂”。

在今天胜利大街的这个位置过去曾有一座大桥，叫作日本桥，它是当时满铁附属地内最大也是最重要的桥梁。日本桥曾是中日辖地的分界线，桥北为满铁附属地，桥南属长春商埠地。在中国辖界内，不论是偷盗、抢劫、杀人还是贩毒，只要跨过这座桥就可以逍遥法外。因此，当时的百姓都称它为“阴阳界”。

在桥北面，有一幢红色的砖墙房子，是日本警察的派出所。一些赶马车的、拉人力车的都恐惧这座像鲜血染成的红房子，如果一旦被抓了进去，轻者打一顿嘴巴和耳光，重者要灌凉水、煤油或辣椒水，甚至站着进去躺着出来。

埜石按照信封上的地址，经过一番周折，终于找到了大经路上他大哥的住处。崔广文的中药铺也在附近，他在那里坐堂应诊，兼营中药。

此时，崔广文正在给一位病人切脉。通过“望、闻、问、切”，最后他给病人开出一个药方。案上的香炉里焚了种不知名的线香，线香味和中药味掺合着溢满一室。一排整整齐齐的小黑匣子遮挡了一面墙，每只匣子上都有一个小巧的黄铜拉手。司药熟练地拉着半月形拉手，从匣子里取出一点草药，然后再拉开另一个……柜台上，一只小小的杆秤一上一下地晃动着。

埜石夫妇的到来，无疑给长期离别家乡的崔广文一家带来不小的欢乐。崔广文问了问家中的情况，父母的身体如何，便安排埜石夫妇吃饭休息。第二天，崔广文在北大街四道街以北、二马路以南找到一处房子，将埜石夫妇安置了下来。

原来，长春旧称宽城子，也叫宽街。那时由于老城东西宽南北窄，因而得名。当年的老城地面不大，仅有南北向的由南大街与北大街组合而成的一条大街，统称南北大街。从南北大街向两边伸延，又有头道街、二道街、三道街、四道街之分。由于这四条街道分列南北大街之东西两侧，故又有东西之位。然而南北大街四道街以北，则是以马路相称了。

长春没有头马路，也就是一马路。原来，这里头还有个鲜为人知的小故事：当年主政长春的第二任道台叫颜世清，人称颜跛子，广东连平人。在政界多年，提倡文化最力，不但善于鉴赏，而且也爱画画。他一条腿好使，一条腿残废，为了避讳便取消了长春马路“一”的称谓，而从“二”叫起了。

埜石的新家位于街头巷尾地带，但不背，颇繁华。安顿下来后，埜石每天忙于画店的筹建工作，买画架，买桌椅，买文具，李文琴则在家里忙着买菜做饭洗衣服。晚上，劳累了一天的小两口，望着窗外洁白如镜的明月，常常聊到深更半夜。

这天晚上，大地深沉而朦胧，如水的月色从头顶的天窗漫进来，屋子里像被曼妙轻纱笼罩了一般。君子兰的花香顺着窗户浸入到室内的每一个角落，熏化了埜石夫妇的全身疲劳。李文琴枕着埜石的手臂，贪婪地呼吸着带有丈夫体温的气息，幸福的快感溢满全身。

“喂，我说当家的，我出去买菜时发现这里比咱大石桥大多了，到处都是楼房。”对于长期生活在乡下的李文琴来说，长春的繁华令她叹为观止。

“这里是大城市，比大石桥不知要大多少倍。城市之大，既可容三教九流，又可供藏龙卧虎！”埜石对怀中的娇妻感叹道。

“大哥说这里的生意好做，你感觉咱们办画店能行吗？”李文琴不无担忧地问。

“究竟能赚多少钱，我说不好。不过，我认为肯定比大石桥办画店有前途，因为这里当官的多，有文化的人多，有钱的人也多。”埜石满怀信心地说，“我想，只要我们努力，在这里生存是不成问题的。既然来了，我们就听天命、尽人事吧！”

“好！夫妻同心，泥土成金。以后家里的事你就不用管了，全交给我，你就一心一意地把画店经营好。”

埜石发现妻子来到长春后白净了，也胖了点，但不见臃肿，却显得更加端庄。他半开玩笑半认真地说：“对了，不要忘了给我生个孩子。那样，咱们这个小家才有生气。”

“说着说着你就胡扯了。”李文琴羞涩地说，“现在还不是时候，等有了钱再说吧！到那时，你想要几个就给你生几个，只要你能养得起！”

“好，我这几天就抓紧画画。”埜石兴奋地说，“画店画店，没有画怎么行！开张那天至少也得挂上十来幅画壮壮门面……”

埜石这个少不更事的乡野顽童，在岁月的磨炼中已经铸成一个敢于担当、宽容、豁达的男子汉。然而他没有忘记自己一路走来的艰辛，还依然保持着当年乡居时的生活风貌。因此，他具备着无可限量的发展潜质和动力。

长春北大街不是很宽，却是一条比较繁华的街道。伴随着太阳的升起，街面上来来往往的人多了起来。各种农产品摆满了一街两巷，那货摊儿一个挨着一个，羊肉汤锅散发出扑鼻的香味，偶尔还会发现许多卖艺的人在表演节目，向顾客兜售自己的商品。人们的叫卖声、侃价声、谈笑声，汇成了一曲欢快动听的集市交响乐。

隔壁是一家糖果店，在门外很远便能闻到香甜的糖果味道。粉红色货架的漆面衬托着它本身的糖果诱惑，大大的橱窗里摆着五颜六色的糖果，门口风铃叮当的响声像是在随时欢迎光临的顾客。

埜石在北大街开起了画店，因门口有一棵枝繁叶茂的大杨树，故名“白杨画店”。由于资本有限，这个画店的铺面不是很大，只有三间房子的面积，但里面的摆设一应俱全。在靠近窗口的地方，摆放一张宽大的画案，上面铺着一块画毡。虽说画店非常简陋，但它却奠定了埜石一生的追求，使他由此走上了绘画艺术的辉煌。

有了自己梦寐以求的画店，埜石心里有说不出的兴奋。

他每天一大早就到画店工作，直到天黑才离开，即使是星期日也不例外，始终保持着旺盛的创作活力，犹如火要烧、光要亮、水要流、风要吹似的无法遏制自己的冲动。经过一段时间的努力，他的绘画作品也实现了由少到多、由多到好、由好到精的发展转变。此时他已有意识地摆脱民间画家的习气，主动向疏简、冷逸的文人画靠拢。

然而画店办起来了，生意却不尽如人意。来看画的多，来买画的少。在这些看画的人中，有老年人，有中年人，也有青年人。时间一长，画没卖出去多少，却认识了不少顾客，并与他们交了朋友。

其中有一个身材修长、神采奕奕的中年人来画店最多，待得时间也最长。他看完了所有的画以后就到画案前观看埜石作画，有时还坐下来用他那南腔北调的口音与埜石谈笔论墨。时间一长，彼此熟悉了，埜石问他姓什么，他说姓关。

这一天，埜石在画一幅《渔民晚归图》：夕阳的霞光辉映着一望无际的海面，翻滚的海浪被染成了红色。一群群海鸥伸展开红色的翅膀，一边觅食一边飞舞着。渔船停泊在海边，渔民在一片红色的背景下前往岸上搬运鱼虾。

埜石审视完刚创作而成的作品，一抬头发现关先生又过来看画了。他这次来与以往不同，不是单枪匹马，还带来几个学生模样的年轻人。他像老师一样面对挂在墙上的画作逐一讲评，讲笔法，讲线条，讲色调。

说来也奇怪，自此以后白杨画店的生意突然好了起来。来买画的人络绎不绝，每天都能卖出一两幅，有时还能卖出好几幅。埜石不太看重钱财，对那些懂画、爱画而囊中羞涩的主顾，他常常打个折扣，甚至只收工本费。

埜石手里有了钱，除了补贴家用之外，主要用于装饰画店。为了提高画店的品位，他又添置了一些设备，把自己收藏的字画也挂上一些，窗台上还摆了几盆生机盎然的绿色植物。经过一番修整，白杨画店虽然不能与有雄厚经济实力的那些画店相比，但却比过去明快多了，也丰富多了。白杨画店确实上了一个档次，给人一种耳目一新的感觉。

白杨画店的生意越来越好，由于有了丰厚的收入，埜石在作画之余便开始收藏名人字画，以作临摹之用。他还从书店购买一些古典文学，几乎每天晚上都泡在中国历史的故纸堆里，品味内中的人物、景色和事理，深受启迪。他知道没有一种知识是无用的，但是也很难有一个学科能综合一切有用的知识。最近，他买了一本介绍郑板桥的书，于是又开始潜心研读这本与自己专业有关的图书。

郑板桥（1693~1766年），原名郑燮，字克柔，号理庵，江苏兴化人。其三代都是读书人，曾祖新万，庠生；祖父清之，儒官；父立本，廪生。他幼年丧母，赖后母抚养。乾隆时进士，曾任潍县县令，书画史。客居扬州，以卖画为生。为“扬州八怪”之一，其诗、书、画世称“三绝”。

郑板桥为政有干才，痛恨官场腐败作风，同情底层群众。在潍县任上的头两年，适逢山东大灾荒，出现了“人相食”的惨痛景象，他采取应急措施，不及申报上司批准就动用官仓粮食借贷给饥民，秋后灾情仍重，他又焚烧了所有贷券，采取以工代赈办法修城凿池，招徕远近饥民赴工就食；责令邑中大户开厂煮粥和积粟之家平粜囤粮，使饥民得以度过灾荒。

然而，这些措施却触犯了豪绅富户和贪官污吏的利益，郑板桥被诬罢职。他离开潍县时，囊橐萧然，仅有图书数卷，百姓痛惜挽留，甚至为其修建生祠。由于他性格旷达，不拘小节，喜高谈阔论，臧否人物，当时被人称为“狂”和“怪”。

郑板桥善画兰花和竹子，尤其是他的墨竹无人可比。历代文人画中爱竹的大有人在，竹诗竹画也多得不可胜数。然而无论数量之多，还是格调之高，郑板桥以其辉煌的成就而广受世人瞩目，其诗画的背后无一不是他那刚直不阿、宁折不弯的人格写照。

埜石掩卷沉思，发现郑板桥在创作手法上主张意在笔先。他画竹不拘泥于法，重在观察体悟，写出竹子的君子豪气，不为俗屈的凌云之志，为竹传神，为竹写生，以形写神而独具匠心，不仅写出了竹的清雅飘逸，更表达了一种人格的高清，从“眼中之竹”到“胸中之竹”最后变为“手中之竹”。竹之于郑板桥，真可谓相得益彰，人竹合一。

郑板桥画墨竹，多为写意之作，一气呵成。生活气息十分浓厚，一枝一叶，不论枯竹新篁，丛竹单枝，还是风中之竹，雨中之竹，都极富变化之妙。埜石看着书中的插图，只见竹之高低错落，浓淡枯荣，点染挥毫，无不精妙。

特别引人注目的是郑板桥画竹还讲究书与画的有机结合，“以草书之中竖长撇法运之”。他说：“书法有行款，竹更要有行款；书法有浓淡，竹更要有浓淡；书法有疏密，竹更要有疏密。”这些，人们都能从他的字画中体味到。

郑板桥不但以竹自况，还以“竹”待人。对于后学，他乐于奖掖，尽力扶持，言传身教，寄予厚望。他在《兰竹图》中写道：

乌纱掷去不为官，
华发萧萧两袖寒。
写去数枝清挺竹，
秋风江上作渔竿。

郑板桥自甘淡泊，不攀附权贵，像竹那样“一节复一节，千枝攒万叶，我自不开花，免撩蜂与蝶。”真可谓人竹相合，深谙写竹之三昧。他从竹子的劲节坚韧，比喻和旧势力作斗争的顽强精神。不仅寓有很深的哲理，而且表现了作者对官场黑暗的愤懑之情。

埜石看着郑板桥的画，认为他的作品如人品，画中有情，情中有意，意中有境，境中有灵。从而得出了一个结论：一幅作品的成功要具有一定的寓意和教育以及影响后人的作用。

通过对郑板桥其人其画的研读，埜石认为要想画好画，必先做好人，正如古人所说的“先做人，后做事”。郑板桥之所以成为名家，成为大家，他的画之所以为世人所赞誉，正是因为他会做人。与其说他的画好，不如说他的人好。真是人品可以改变作品，作品又能反映人品。

乱世遇贵人

这年的热天热得时间特别长，已经过了中秋节，但气温依然居高不下，秋傻子还在冒傻气。快到晌午了，不知是天气太热还是该吃饭了，画店里的顾客都走光了，只剩下孤零零的埜石一个人，店堂显得冷冷清清。

闲坐无聊的埜石顺手抄起一张报纸，忽然眼睛一亮，发现报上登载一幅画着两只虾的国画。再一细看，这幅画的作者竟然是大名鼎鼎的齐白石。齐白石的大名，他早已听在耳里，记在心上。不过，这还是他第一次见识齐白石大师的作品。

齐白石，原名纯芝，生于1864年，湖南湘潭人。精通诗画字印，是近代中国著名的国画大师。早年曾为木工，后以卖画为生，擅长画花鸟、鱼虫、山水、人物。衰年变法，笔墨雄浑滋润，色彩浓艳明快，造型简练生动。所作鱼虾虫蟹，天趣横生。其书工篆隶，取法秦汉碑版，行书饶古拙之趣，篆刻自成一家。

俗话说：外行看热闹，内行看门道。埜石用行家的眼光来探究报纸上的虾图，发现齐白石是用淡墨画虾体，用浓墨点睛，使虾看起来通体透明，形象生动。一对浓墨眼睛，脑袋中间用一点焦墨，增加了虾头的重量感，在左右点上几笔淡淡的墨，虾的头部在晶莹剔透中又显得变化多端。虾的腰部用淡墨点出，与头部重墨形成明显的对比，把透明的、游动的、活生生虾的形象表现得淋漓尽致。

埜石深受齐白石虾图的启发，立即把报纸放在画案上，顺手铺上宣纸，抓起画笔，蘸上墨汁，就照着报纸兴致勃勃地临摹起来。他愈摹愈爱，愈爱愈摹，以致忘记了吃饭。功夫不负有心人，后来他的虾图竟成了他所有作品中的一个亮点。

埜石虽然浑身上下都装满了艺术情愫，却天生是一个讷于言而敏于行的人。就在他一声不响、聚精会神地临摹齐白石的虾图时，突然从门外闪进一个熟悉的身影，原来老主顾关先生又来逛白杨画店了。

“关先生来了，请坐！”埜石手笔不停地打招呼。

“怎么改画虾了？”关先生站在画案前没有坐下。

“哦，是这样，今天报上刊登一幅齐白石的虾图，我想照着临摹一下。”

“画得不错，灵动活泼，栩栩如生，还真有点齐派风格呢！”关先生望着埜石笔下的虾图笑着说。

“关先生取笑我了，我在画画上是入门级的，哪敢和齐大师相提并论，我这是向他老人家学习呢！”埜石放下手中的笔，“对了，关先生经常来画店，算是老熟人了，可是我光知道你姓关，却不知道你的台甫大号？”

“我叫关龙甸，关是关公的‘关’，龙是辰龙的‘龙’，甸是桦甸的‘甸’。咱们是同行，我也在画画……”

关龙甸，艺名南屏，生于1900年，浙江钱塘人。上海美专的高材生，时在长春师范学校任教。他是齐白石的得意门生，现为长春画界高手。他不仅画格高，资历深，有造诣，而且品行端正，为人热情。他在长春不仅有许多学子，还有不少画界友人，如著名书画家王庆淮、王慕侠、佟雪凡、佟少千、周昔非等，都与他有很深的交情。

关龙甸并非一般的艺术家，而是一个很有政治背景的人。当时，吉林省有三大富户，即哈尔滨（时属吉林省管辖）的姚锡九，吉林的牛子厚，长春的王荆山。其中，首富姚锡九就是关龙甸的岳父。在那“有钱能使鬼推磨”的年代里，姚锡九在长春、哈尔滨、奉天等地都吃得开，行得通，他的儿子在长春吉野汀（今长江路步行街）还开了一家照相馆。

人生有许多事是不可预测的，有时命运的转折，就在瞬息之间的一个机遇。埜石结识关龙甸，实属机缘巧合。关龙甸见埜石如此痴迷齐白石的作品，又听说埜石的人品好，是一个难得的人才，于是想带他去北平拜齐白石为师。

“临摹名家的书画，也是一种学习路径。”关龙甸看着埜石画好的虾图说，“但是光靠临摹是不够的，还应该师从名家学习，得到名家的真传才行。如果你确实喜欢画虾，我可以带你去北平拜见白石老人。”

得到关龙甸突如其来的关心和教诲，又听说要引见赫赫有名的齐白石，外表木讷、内心丰富的埜石以为听错了。这个其貌不扬的人何德何能，居然要带一个萍水相逢的人去北平延师学艺？埜石既兴奋又惊疑，竟然半晌说不出话来。

埜石知道，学画画和学其他专业一样，起点和基础至为重要。“取乎其上，得乎其中；取乎其中，得乎其下；取乎其下，则无所得矣。”在艺术之帆刚刚起锚的时候，竟然得到贵人相助，这是他过去未曾想也不敢想的奢望，这奇迹般的幸运竟让埜石难以置信。

始料不及的埜石待慢慢缓过神来，确信此人说话无欺无诈，知道自己不是在做梦，这才低声问：“齐白石，那可是中国有名的大画家，他能见我？你不会是在开玩笑吧？”

“我是当真的，只要你愿意，这种可能不是不可能！”

“我，能行吗？”埜石还是不敢相信。

“怎么不行！就带着你临摹的虾图去。”

“我总觉得有点像做梦。”埜石有一种山雨欲来的兴奋，“要是真的能拜齐白石为师，那可太好了……”

苏联文学家高尔基说过：“一个人追求的目标越高，他的才力就发展的越快，对社会就越有益。”志存高远的埜石没有满足于红红火火的画店生意，他想追求更高的艺术境界，渴望在美术专业上有所发展，有所提高，有所成就。他想跳出“雕虫小技”的局限，遨游于浩浩荡荡的艺海激流之中。

当时，埜石还不懂得“伯乐相马”的道理，但从父亲那里听到过这样一个故事：唐朝有个诗人叫贺知章，他虽然名气很大，却爱才若渴。当他在京城身居要职时，李白还是一个初露头角的小诗人。贺知章读了李白的《蜀道难》一诗后赞叹不已，称李白是“谪仙”。两人见面后，虽然年龄相差四十多岁，却成了忘年之交。在他的推荐下，后来李白名震天下，成了人人赞叹的“诗仙”。

有鉴于此，埜石决定不放弃这次天赐良机，跟着关龙甸去北平追求高人，拜齐白石为师。虽说去北平是他久已向往而不敢奢想的愿望，然而事情来得不但突然，而且就在眼前。人生有很多事情让人无法猜度，当你刻意去追求的时候，往往是一无所获；在你不经意间，往往幸福就降临在你身上，就像午后拖在阳光里的身影赶都赶不走。

埜石在他的画店里一边作画，一边做去北平的准备。他知道，学画拜师，又是名家大师，又是初次见面，在那个年头是少不了见面礼的。可是，埜石两手空空，所开的画店刚刚起步，尚无大的进项，这可怎么办呢？

相互馈赠礼物，是人类社会生活中不可或缺的交往内容。中国人一向看重礼尚往来。《礼记·曲礼上》说：“礼尚往来，往而不来，非礼也，来而不往，亦非礼也。”

馈赠，是与其他一系列礼仪活动一同产生和发展起来的。它起源于远古时期的祭祀活动。在祭祀时，人们除了用规范的动作、虔诚的态度向神表示崇敬和敬畏外，还将自己最有价值、最能体现对神敬意的物品（即牺牲）奉献于神灵。

也许从那时起，在礼的含义中就开始有了物质的成分和表现了，即礼可以物的形式出现。关于礼物这个概念，还有人说它最初来源于古代战争中由于部落兼并而产生的“纳贡”，也就是被征服者定期向征服者送去食物、用品、奴隶等，以表示对被征服者的服从和乞求征服者的庇护。

史书中曾有因礼物送得不及时或不周到而引发战争的记载。如春秋时期，因楚国没有按时向周天子送一车茅草，而引发了中原各国联盟大举伐楚的战争。还有人认为，最初的礼就是一种商业性质的物品的有来有往，原始的“礼尚往来”实质上就是以礼品的赠予和酬报的方式进行的产品交换。

俗话说，礼轻人意重。但给名师送礼，既不能太轻，也不能马虎，尤其要对他的心路。埜石和妻子商量了无数次，转遍了长春的大小商店，主意不知换了多少个，就是不知道买什么礼品好。“见面礼”竟成了横亘在他面前的一座大山，他为此整日愁眉不展，思想压力很大。

时间像一个车轮，周而复始地转动很快，一年一度的春节又来临了。这是1931年的春节，各家各户的春联和窗花都是“羊”的题材。这天，李明堂来白杨画店给埜石拜年，发现他的好友和过去不一样，目光迷离，神情忧郁，说话时也总是心不在焉，好像陷入了泥泞不堪的心事里。

“最近发生了什么事？”李明堂望着埜石愁眉不展的脸膛问。

“唉，这两天我在为一件事发愁呢……”埜石漫不经心地说。

听说埜石要去北平拜齐白石为师，苦于拿不出见面礼，李明堂一巴掌拍在埜石的肩头上，安慰道：“这是好事啊！

别着急，别着急，咱们慢慢想办法！”

“说走就走，慢不得！”百思无计的埜石有点心急上火。

“车到山前必有路，活人总不能让尿憋死！”李明堂略作沉思，忽然灵光一闪，激动地说，“有了！天下无难事，只要肯用心。”

“快说，我的好兄弟，你有什么好主意？”

“齐白石是一个名画家，按理说不缺钱花，所以送一般的礼品他不一定看得上。”

“说得是，说得是！那究竟送什么好呢？”

“我想不如给他送点这里的土特产。”李明堂讲出了他的想法，“齐白石老人今年六十多了吧！一个年过花甲的人可能需要补品。依我看，就送给他几根山参。不但拿得出手，而且也不俗气，齐白石也能用得上。你看怎么样？”

“山参，好是好，就是价钱太咬手，而且也不易搞到上等货啊？”

“唉，你忘了我是哪儿人了？”李明堂说，“我老家濛江山高林密，人迹稀少，盛产山参。我的侄子就是一个放山把头，搞几根上等山参不成问题。”

山参是人参的俗称，又叫“棒槌”，被誉为“百草之王”，名列“关东三宝”（人参、貂皮、乌拉草）之首。人参是宫廷和达官贵人的专用品，民间很少用及。小时候，埜石听说过很多关于人参姑娘、人参娃娃的美丽传说，却从来没有见过人参。

接着，李明堂讲起了家乡人参生长和采挖的故事。人参的大小分几品叶，当年生的由三片小叶组成的一枝复叶叫“一品叶”，第二年生的叫“二品叶”，依次类推，到六品以上就是精品了，在民间就有“七两为参，八两为宝”的说法。但是野山参对生长条件要求十分苛刻，生长非常缓慢，一棵成熟的山参少则十几年，多则几十年乃至上百年。

挖人参叫“放山”，放山人要在每年春季进山，带上干粮和工具，还有防身的刀斧等利器，因为长白山也是熊、狼、虎、蛇等猛兽出没之地。到了山上，放山人先搭个窝棚住下来，然后天天出去寻找“棒槌”。放山人也讲究“缘”，人缘不好的或者无德之人不但找不到人参，还可能有生命危险。

据传，放山人除了带必要的工具外，还要准备一条红丝绳，见到人参后要大喊一声“棒槌”，再把红丝绳拴在人参的茎上。据说人参很有仙气和灵性，不拴住它就会跑掉的。然后开始挖，在采挖时必须十分细心，不能损伤一点须根，否则会影响质量，卖不上好价钱。

濛江县（今靖宇县）位于吉林省东南部、白山北部、长白山西麓、松花江上游左岸，东临抚松，南接江源，西靠辉南，北连桦甸。全县平均海拔775米，县城高549米，年平均气温3.7摄氏度，无霜期104天，具有冷凉湿润、雨量充沛、光照适中、四季分明的气候特点，特别适合于人参的生长。

听李明堂如此说，埜石心里如打开一扇窗户顿时敞亮了许多。然而瞬间他又皱起眉头担心道：“濛江山林漠漠，路途荒荒，人烟稀少，野兽横行，现在又是兵荒乱世，胡子遍地，烽烟四起，常有响马出没。再说，由长春到濛江，冰天雪野，山高路远，这事能办得成吗？”

“胡子”，是东北人民对土匪的俗称。这一名称的来历与他们的活动习惯有关，东北的土匪多啸聚深山老林，为的是防止官府和地方武装清剿，隔段时间出来打家劫舍一番，然后又蜗居老巢，时间一久须发长了，又懒于打理，自然就都面带乱糟糟的长胡子，所以当地人一看这种长相的人就知道是土匪。久而久之，“胡子”就成了土匪的代名词。

“你放心，我有办法对付胡子！你就不用管了，这事全包在老弟我身上。”出身于大山里的李明堂说话不仅像山石一样硬气，也像山崖一样直爽，而且身上还有一种与虎狼打交道的探险家气质。

见李明堂心意已决，埜石只好说：“那我就不客气了，一路登山涉水，你要小心，快去快回！”

“行了，都是男爷们，你就别婆婆妈妈的了……”

李明堂身穿大皮袄，头戴大皮帽，在皑皑的雪山、茫茫的雪野、如缎的小河、洁白的山路上急行，终于来到了家乡濛江。他找到侄儿，取了上等山参五根，像转送密码的地下交通一样用椴树皮包好，放入洋铁罐里，上面放些残米冷饭，自己也改换了装束，穿上破衣，扮成乞丐，然后日夜兼程赶往长春。

接到李明堂雪中送炭般的五根山参，埜石心潮起伏，久久不能平静。他连声说道：“谢谢，谢谢……你帮我解决了大难题，只是太辛苦你了！”

“辛苦点不怕，没丢掉命就万幸了！”有惊无险的李明堂笑着说。

“怎么，路上不顺利？碰到胡子了？”埜石吃惊道。

“这次回濛江，差点儿回不来了，我与胡匪遭遇了四十多次。不过还好，毕竟人熟地熟，我穿密林，钻山沟，能躲则躲，能绕则绕，总算平安地将五根山参带回长春。”

“你为我冒了这么大的风险，我用什么来报答你好呢？”埜石捧山参的手激动得打摆子似的颤抖着。

“你说这话就外气了！你没听人家说，为了朋友要两肋插刀嘛！”李明堂浑身上下充满了东北大汉的豪气，“没有什么，不要当回事。只要你能从齐白石那里学到真本事，我为你的一切付出都是值得的！”

“请放心，我会认真学的。”埜石感激涕零地说，“好，来日方长，我不会忘记你的。既然你能为朋友两肋插刀，那么我也会为朋友涌泉相报的……”

跪拜白石

“北平”即北京，位于华北平原西北端，东南与天津相连，其余为河北省所环绕。有三千多年的建城史和七百多年的建都史，贞元元年（785年），金朝皇帝海陵王完颜亮在此建都，称为中都。后来元朝、明朝、清朝的都城均建立于此。

辛亥革命后，中华民国临时政府定都南京，不久袁世凯又将临时政府迁至北京，成为首都。民国伊始，北京的地方体制仍依清制，称顺天府。直至民国三年（1914年），改顺天府为京兆地方，直辖于北洋政府。北伐战争后，中国的首都回迁南京，撤销京兆地方，北京改名为北平特别市。

去年6月，北平降格为河北省辖市，年底复升为院辖市。这一时期，北平虽然江河日下，风光不再，但在文化教育方面仍有关键的优势，被国际人士称为“中国的波士顿”。

这年4月，埜石在关龙甸的带领下，怀揣五根山参进了北平。车站内外，人声鼎沸。这些来自五湖四海、七行八作、各色各样的旅客，大多是穿着长袍马褂戴着瓜皮毡帽的中国百姓和个头矮小的日本生意人，身着黑色西装的西方金融家也点缀其中。

出站后，他们雇了一辆黄包车。埜石还是第一次坐黄包车，让人拉着感觉浑身不自在。他两眼盯住拉车的人，只见那人穿着长袖小白褂，黑裤子，裤筒特别肥，脚腕上系着细带；脚上是宽双脸千层底青布鞋。他四六步儿不快不慢，低着头目不旁视地贴着马路的右侧往前走。

一路上，埜石发现这里的天和地都是灰色的，砖和瓦也是灰色的。他目不暇接，眼花缭乱，不知不觉来到了位于北平市西北海淀区的颐和园。进入这个闻名中外的皇家园林后，穿过蜿蜒曲折的回廊来到飞云阁下的一个画室，他们看到齐白石和他的孙子齐佛来正在会客，而那个客人就是大名鼎鼎的绘画大师徐悲鸿。

齐白石向关龙甸打过招呼后，就挥了一下手，让齐佛来陪关龙甸和埜石到一旁喝茶休息，他继续和徐悲鸿交谈。

人生如茶，静心以待。然而看着绿色的茶叶在杯子里伸展腾挪，水汽袅袅，埜石的心绪也随之起伏躁动，难以平静。他端起茶水轻轻吹了一口，蒸汽拂面，眼前变得一片朦胧。

齐佛来是齐白石的长孙，齐良迟的儿子。

齐白石一生娶了两房夫人，头一房夫人叫陈春君，是他老家湖南湘潭人，比他年长一岁。他到北平从事画业时，陈氏一直留在故里主持家务、抚养儿女，使他能安心在外，毫无牵挂。陈氏生有三男一女，长子齐良元，次子齐良黼，三子齐良锟，女儿齐阿梅。他的第二房夫人叫胡宝珠，比他小37岁，也是湖南湘潭人。原在他的亲戚家当婢女，后来在其原配陈氏的周旋与撮合下与之成婚。他们生有六个孩子，其中四男是齐良迟、齐良巳、齐良年、齐良末；二女是齐良芷、齐良尾。

齐白石自1917年来到北平，曾住过排子胡同、炭儿胡同、法源寺如意寮。两年后定居北平，先后住在龙泉寺和龙藏寺附近、宣武门内石灯庵、象坊桥观音寺、东城帅府园六号、西四三道栅栏六号、跨车胡同15号。此时，他住在左安门内新西里三号一个叫做“张园”的宅子里。

“张园”原是明朝袁督师崇焕的故居。外表看，朱门灰瓦、平和安闲，里面却回廊环绕、别有洞天。在那里，可以西望气势宏伟的天坛和苍翠欲滴的古柏，天气晴和的时候还能看到高耸云际的翠微山峰。远山近林，简直是天开画屏，百观不厌。有时雨过天晴，落照残虹，映得半天朱霞，绚烂成绮。

作为画家，齐白石入住这座古香古色的豪宅里，更勃发了他的创作激情。“未能老懒与人齐，晨起挥毫到日西。”自他住进张园后，从日出到日落，从早晨到夜晚，不是默坐构思，就是伏案挥毫，每天作画不止，从来没有间断过。他在此创作出许多驰名中外的优秀作品，用汗水和心血砌成了他的艺术丰碑。

这天下午，埜石和关龙甸从颐和园来到张园。埜石发现张园是一座非常规整的四合院，磨砖对缝的灰色院墙簇拥着悬山式的门楼，房脊的两端高耸着造型简洁的鸱吻。椽头之上整齐地镶着一排三角形的“滴水”，檐下便是漆成暗红色的大门，厚重的门扇上镶着一对碗口大小的黄铜门钹，垂着门环。

埜石怀着惴惴不安的心情穿过大门来到客厅，如同平民入衙一般。他崇拜齐白石已久，而齐白石对他却一无所知。其实，年近七十的齐白石是一个非常慈祥的老人，加上他刚刚新添一个女儿，叫良芷，老年得“子”的他正喜不自禁呢！

齐白石坐在一把太师椅上，犹如一座威严的山峰。埜石来到这个陌生的地方，心还在咚咚地跳着，两只手似乎没个搁处，只好规规矩矩放在自己的膝盖上。

嘘寒问暖之后，关龙甸首先向齐白石说明来意。其实，就是关龙甸不说齐白石也能猜出八九不离十。此时正逢兵荒乱世，齐白石无意收徒。待关龙甸介绍过后，齐白石重重扫了一眼埜石，发现这个二十来岁的东北小伙子不但人长得帅气，而且两眼还冒着一股精气。

在齐白石的眼中，埜石是个中等个头，苗条身材，两眼清澈，满面诚朴，正值青年，耐力内合，刚毅外露。他暗自惊异，认为面前的这个小伙子也许是个少见的可塑人才。

看过埜石后，齐白石发出一声叹息。无疑，这叹息中蕴含着无尽的悲凉、无尽的清苦和无尽的惋惜。他真想一语回绝，然而见埜石千里跋涉冒着烽烟而来，又有门人关龙甸相荐，到他唇边的话又咽了回去，只是静静地坐在椅子上沉思不语。

关龙甸见状，忙向埜石递去一个眼色。

聪明伶俐的埜石当即起座，像训练有素的士兵一样大步走到齐白石面前，脱掉帽子，整肃衣袖，跪地就拜，连连叩首。然后至诚至敬地祈求道："恩师在上，晚生广五在下见礼，前来拜师，从今往后，不会辱老师名声，丢老师门面，坏老师画技。请收为门下，认为弟子吧！不然，我就长跪不起了！"

其实，这些近乎于"无赖"的诚恳言词都是关龙甸提前教给的。年轻幼稚、涉世尚浅的埜石没有读过多少书，更没有多少社交知识，不但缺少这方面的经验，甚至从未见过这样的场面，哪里懂得这里面的奥妙。

见齐白石抬头一望，关龙甸在一边不失时机地介绍道："广五，少年家贫，没钱读书，先学铁匠，后学画匠，再学绘画……"

"铁匠？"齐白石听说是铁匠，又看了一眼这个小伙子浑身都是抡锤练出来的刚健肌肉，不禁微微一动。

关龙甸又顺势介绍道：“他自看过报纸上您老画的虾图后，一再临摹，久久不放。”

垂眉不语的齐白石听了，微微一震。

关龙甸急忙移身，来到一个包裹前，拿出埜石临摹的虾图，双手托起，呈给老师。齐白石接过埜石的作品一看，顿时面呈喜色。此时他尽管默然不语，其实心里已有定见。

关龙甸呈过画后，又回到包裹前，从里面拿出五根山参。

那五根山参是放在青苔椴树皮里的，关龙甸像展示古董似的一层一层地剥开，一根一根地拿出，放在一个托盘上，然后双手托起，恭恭敬敬地呈上。

齐白石摆一摆手，那意思是说我都看清楚了，不用再往跟前拿了，就放在一边吧！

确实，齐白石看过那不大的包裹，那一片片树皮，知道这是真货，是经过万水千山，冲过艰难险阻，从关东大山里带来的。这礼不但贵重，而且来之不易！

“多大了？”齐白石终于说话了，尽管声音很轻，但对埜石来说简直如雷贯耳。

“二十啦！”埜石仍坐地炮一般长跪不起。

“二十？”齐白石屈指一算，“属猪吧？”

“是的，属猪！”

“1911年的。”同是属猪的齐白石惊异道，“几月生？”

“十一月二十四。”

齐白石也是生于十一月，只是比埜石的生日早两天，真是遇巧逢双。要说天下有缘分，这大概就是缘分吧！

古人云：欲成其事，先正其心；欲正其心，先诚其意；精诚所至，金石为开。齐白石能够收埜石为门下弟子，主要是埜石的真心诚意打动了他。除此之外，还有另外一个不可忽略的原因，那就是白石同这个年轻人一样，都有一个年少家贫、很少读书、砍过山柴、牧过老牛、学过工匠，然后由工匠转为学画的经历。

此际，齐白石想起自己的过去，又看到了眼前的埜石，感触良多。

面若止水、身如磐石的齐白石平静了一会儿心绪，望着这位与自己经历颇多相似的年轻人说："起来吧！"

直到此时，埜石悬着的心才被齐白石和蔼而威严的长者风度所稳住。

齐白石收下了埜石的拜师礼物，也收下了埜石的临摹习作。最后，他出了一个题目："这样吧，你每日画五十只虾，然后拿给我看。要一日一拿，一日一看，不得中断。画画像唱戏一样，拳不离手，曲不离口，就是要天天练。要很熟练才行，熟能生巧，巧能成精。通过一段时间的习练，希望你能有所长进……"

虽说"北京"已不再是"京"，但这里要比埜石所在的"新京"大得多，也时髦得多。这里不但宫殿多、公园多、城墙多，而且人也多、车也多，楼也多，特别令他眼花缭乱的是那些穿着高跟鞋和绸缎旗袍的美貌女郎，她们穿了衣服就像没穿一样，晃着饱满肥实的乳房竟敢在光天化日之下旁若无人地招摇过市。

有人说："女人是美化世界的，男人是创作世界的。"生长在男女授受不亲社会里的埜石现在真正领会到了这句名言的含义，他不再歧视那些摇胸晃臀的女人，并为自己是创作世界的男画家而感到自豪。

北平也有它辽阔宁静的一面，从城外西山之巅可以鸟瞰北平城内外：向东可以看到城内的塔尖；向西可以看到横跨永定河之上的卢沟桥。永定河蜿蜒于广漠的田野之间，像一条沉睡的巨龙，不理会战争，也不理会和平，在那座年代久远的长桥之下，夹裹着黄沙的河水日夜不息地奔腾着。

"永定"是"永远安定"或者"永久和平"的意思。和平真能永维不坠吗？爱好和平的国人满怀着这个希望，因此也就给这条河取了这么个十分吉祥的名字。但是国人并未努力去珍惜和平，去呵护和平，结果和平还是从他们手上溜走了，随着卢沟桥下的河水匆匆而去。

埜石在北平期间，起初住在一家小店，后来付不起钱了，就借宿附近的法华寺。法华寺又称"法华禅寺"，位于海淀区法华寺路（现为中央民族大学附属幼儿园）。据《1928年北平特别市寺庙登记》中有关"法华寺"的情况记载如下：

坐落西郊三分署法华寺村二号，建于明万历年间，属私建。本庙面积东西宽约一百六十余工尺，南北长约一百六十五弓余，内有果园地十二亩，坟地三座约四十八亩余，又西院田地十七亩六，房屋共五十一间，由海静自行管理。庙内法物有天王殿内弥勒佛一尊，天王四尊，铜质，韦驮一尊，大殿内三世佛三尊，罗汉十八尊，东殿菩萨三尊，西殿护法一尊，铜钟一口，大小铁磬五口，小铁得炉两个，木质五供一堂已残，供桌一张。另有柏树两棵，大槐树三棵，大小树八十一棵，石宗牌一座。

长夜过去，寄宿法华寺的埜石又迎来一个黎明。窗前的大槐树抹上了一层淡红色的霞光，几只麻雀在上面蹦蹦跳跳，时而发出几声尖细的啁啾，仿佛在用这种形式表达生命的存在和快乐。

白天，埜石除了在法华寺画画，与和尚品茗论禅外，就徜徉于北平街头。他少年老成，踌躇满志。他的褡裢里装着砚台、画笔和他的辛勤之作，长衫口袋里叮当作响的除了两枚自己亲手镌刻的印章外，还有几块少得可怜的银元。

其实，埜石很怕上街，怕被汹涌如潮的人流淹没，怕被五彩斑斓的店铺招牌迷失方向，怕被琳琅满目的货品羞辱自己干瘪的钱包，怕被各种新奇的诱惑弄得误入歧途。尽管条件艰苦，但他能像愚公移山一样每天练画不止，从未被困难吓倒过。也就是说，他在京数日，也足足练画数日。他沉浸在忘我的激情中，每天工作到很晚才依依不舍地放下画笔。

埜石每天做完作业，就送到张园让白石老师批阅。有时齐白石去颐和园飞云阁下的画室了，他也不怕路远，徒步而去。当时的情景，真有点像老师给小学生批改作业。

白天和黑夜无限循环地你追我赶，勤奋好学的埜石就这样日复一日地临摹着齐白石的“虾”。他每天画的虾又何止五十只，而是上百只，远远超过了老师给他布置的作业。他认为来一趟北平不容易，尤其是每天都能得到白石老师的当面指教，他想利用这个难得的机会尽量从老师那里多学几手。

然而齐白石毕竟是大画家了，事多，画事多，外事也多，拜访的人络绎不绝，应酬的场面接连不断，根本没有更多的时间来细看埜石的习作。对于埜石的习作，他也只是那么一问，就算了事；那么一瞥，就算了之。虽说简单，但他每次都能简明扼要地指出习作的优点和不足。

北平对埜石来说，有点过于薄情，甚至残酷。不过，尽管日子过得艰苦，他知道世事难料，只能随遇而安。他记得司马迁说过这样一句话：“自古雄才多磨难，从来纨绔少伟男。”因此他以此作为创作的警钟和动力，要想出人头地就得焚膏继晷，于是他把“苦药”当作“补药”吃，练画的积极性更高了。

其实，苦难生活的磨炼，鱼龙混杂的社会，形形色色的人物，沧桑变化的世事……这一切也丰富了他对生活的积累，为他以后的艺术实践起到了铺垫作用，也为他今后成为艺术家预作了充分准备。

痛别恩师

在北平期间，埜石希望能在那里多住些日子，不想失去这个平生难得的大好机会。然而，齐白石毕竟是一个画家，他是靠卖画为生的，每天忙于画画和卖画，哪有那么多的时间来陪着他，指导他，关照他。

这一天，埜石做完作业，前来找齐白石批改，结果等到日落天黑灯火满城，仍未见到老师的身影。洒满月光的大街显出几分阴柔之美，五颜六色的霓虹灯光怪陆离地闪烁着，似乎很热闹，又似乎很孤寂。待他返回古庙时已是夜露初凉了，看着吊在电线上发出黄光瘪茄子般的灯泡，怀抱幻想的青年贫侠骤然感到了人生的一丝苍凉。

别人造访齐白石时一般都携着大袋小包，埜石也想给老师买点好用的好吃的东西，甚至想到每次去求他批改作业时都带上一份礼物，以讨老师的欢心。然而囊中羞涩，他实在拿不出那笔钱了。要不是法华寺的和尚间或舍些斋饭，说不定他还要饿肚皮呢！于是他准备告别老师，打道回家。

然而当一来到齐白石跟前，埜石的心里又矛盾起来。老师给了他鼓励，又使他到嘴的话咽了回去，要学画的想法使他固守下来。然而，现实的窘境又让他难以为继，由于老师忙于生计，没有更多的时间接见和指导他，致使他产生了“独在异乡为异客”的孤独之感。

痛下决心后，埜石将自己的想法说给了老师。其实，齐白石也有这个意思。原来，饱经世故的齐白石对埜石的窘境不是不知，早就看在眼里了。他认为，学画非一天两天之功，而是天长日久之力，需持之以恒，一点一点地练，应静下心来，不可急求。

在埜石离开北平的前一天，齐白石没有去画店，也没有再作画，而是停止一切活动对埜石专事指导。他将埜石临摹的《虾图》一张不落地拿来，一张不落地摊开，一一地进行比较，一一地进行讲解、指点、评述。

齐白石还捻来一张宣纸，手握画笔亲自为埜石示范。他说，画虾要用五六支笔，画一只虾是44笔，其中有一笔是看不见的，就是中间有一笔是蘸水的。实际的虾身是六节，虾腿是八只，但为了艺术美观，可以把虾身画成五节，把虾腿画成六只。这就是说它不是现实生活中的虾，而是河虾和海虾的结合体。诀窍就在这里，一般人不掌握，所以他们画的虾就不太好看。

埜石目不转睛地盯着白石老师的画笔，只见他画虾头上的三笔有墨色的深浅浓淡，表现出一种动感。左右一对浓墨眼睛，脑袋中间用一点焦墨，左右两笔淡墨，于是使虾的头部变化多端。硬壳透明，由深到浅。而虾的腰部，一笔一节，连续数笔，形成了虾腰节奏的由粗渐细。虾的尾部也是三笔，既有弹力，又有透明感。虾的一对前爪，由细而粗，数节之间直到两螯，形似钳子，有开有合。虾的触须用数条淡墨线画出……

最后，齐白石将最初收到的埜石从东北带来的那幅《虾图》临摹稿也展示出来，又仔细看了一遍，然后心有感触地说："这幅图，原本不错，有点意思。正是由于看到这幅图，我才收了你这个徒弟的！"

埜石非常感动，但他知道这是老师对自己的鼓励。

这一去不知何年何月才能再见到恩师，埜石顿生留恋之情。也是为着纪慰师徒的感情，也是为着标示画业的真正开始，也是为着对自己的激励，埜石终于道出一句心语："请老师给我起个艺名吧！"

"好……"齐白石也有这个想法，欣然同意。

所谓艺名，亦称号，说成笔名也可以，齐白石一生就用过好多艺名。他本名纯芝，父母唤他阿芝，学木匠时大家都叫他芝木匠。他的号，有渭清、兰亭，是祖父万秉公给取的。齐璜的"璜"字，是老师给取的，老师还给他取一个"濒生"的号。不久，老师又叫起他"白石山人"，他常将"山人"二字略去，所以后来常号"白石"。

如果说"白石"这个号与地名有关，那就是齐白石的故里杏子坞星斗塘附近确实有个地方叫白石铺，是个古驿站。自此，他的白石的这个名号用得多了，便叫开了。除此之外，其他的名号还有不少，如木居士、寄园、寄萍、借山翁、三百石印富翁等。然而最常用的艺名仍是"白石"。

万万没有想到，白石这个"石"字在若干年后竟又用在了埜石身上。这日经埜石请求，齐白石给他取了一个艺名，叫冶石，也作埜石。他说："我当过木匠，我叫白石；你当过铁匠，你就叫冶石吧！冶石，以石炼铁，冶炼成钢。冶的谐音为‘埜’，冶石的谐音为‘埜石’，从今而后，你可以这样称之了。”

埜：据《辞海》解释，为“野”的异体字，与“野”字同音同义，即“郊外”、“村外”的意思。“埜”与“石”，都是指荒野与乡田、平常与平凡之意。来自于荒田大野和平头百姓的埜石马上说：“谢谢老师，我就叫‘埜石’，我本来就是山野之人嘛！”

齐白石不但给埜石起了一个寓意深刻的艺名，还送给他一方石印。奇怪的是这方石印上镌刻的既不是埜石的艺名，也不是埜石的本名，而是令人想象不到的“人长寿”三个篆字！什么意思？是指齐白石本人长寿，还是希望齐派所有的门人都长寿？天机不可向凡人泄露，因此埜石没再向老师打探其中的奥秘。

齐白石还送给埜石两幅亲笔作的《虾蟹图》，还有一幅是埜石自己带去的《虾图》临摹稿。就在这幅临摹的《虾图》上，齐白石阅过后亲笔批下“刻苦磨炼，白发如吾”八个力透纸背的赠语。

俗话说：“当旅程真的接近了尾声，他们才依稀觉出那丝丝缕缕离别的惆怅。”当埜石迈出张园大门的时候，骤然感到脚步沉重了许多。他回过头来深情地看了看满头华发的恩师，并向恩师深深鞠了一躬。满怀离愁的埜石带上白石老师传授的技艺，带上白石老师的谆谆嘱咐，带上依依惜别的情思，眼含泪花搭上了返程列车。

俗话说：到了北京不爬长城，进了全聚德不吃烤鸭，等于白来了一趟京城。埜石没有爬过长城，更没有吃过烤鸭，他不但没有白来北平，而且收获颇丰。他带着精湛的绘画技法和宝贵的艺术知识，以及他的热情和心愿，从北平回到了长春。

此后，埜石一边练画，一边卖画，但他画的最多的还是白石老师留给他的作业。他认真领会齐白石给他题写的“刻苦磨炼，白发如吾”的深刻含义，反复研读齐白石送给他的两幅《虾蟹图》，每天苦练不止，甚至废寝忘食。

人生之路虽然漫长，但关键之处只有几步。齐白石为埜石的人生道路指明了方向，奠定了他的艺术风格，成就了他的艺术道路。作为齐白石的弟子，埜石感到万分荣幸。他深深懂得，一个人的事业发展，光靠自己勤奋努力远远不够，还必须有高人指点和扶助。其实，他的老师白石成名也不是全靠个人奋斗，也是有人提携的。中国近代画家陈师曾就是提携齐白石的第一位大师。

陈师曾（1876~1923年），名衡恪，号朽道人、槐堂，湖南凤凰人。早年入南京江南陆师学堂附设矿路学堂学习，1902年赴日本留学，回国后任江西教育司长。1913年后至北京从事图书编辑工作，并任教育部编纂，参与倡导成立中国画研究会。擅花鸟、人物、山水，作画重创造，喜生动，求意趣，师造化。其花鸟画大笔写意，浑厚绮丽，画风简远雄秀。人物画取材现实生活，带有速写和漫画情趣。篆刻浑古朴茂而又潇洒秀劲。

早在1917年，齐白石因躲避匪患第二次到北京，在琉璃厂以卖画及篆刻为生。当陈师曾于琉璃厂南纸铺见到齐白石所刻之印时，大为赞赏，专门到齐白石所住的法源寺相访。晤谈之下，竟成莫逆之交。齐白石取出《借山图》卷请他鉴赏，陈师曾欣然赋诗一首，劝白石自创风格，不必求媚世俗：

曩于刻印知齐君，
今复见画如篆文。
从蚕束纸写行脚，
脚底山川生乱云。
齐君印工而画拙，
皆有妙处难区分。
但恐世人不识画，
能似不能非所闻。
正如论书喜姿媚，
无怪杜甫讥右军。
画吾自画自合古，
何必低首求同群？

诗中“画吾自画自合古，何必低首求同群”所言也正合白石意。在陈师曾的劝导下，品格不错但画法太似太涩的齐白石准备“衰年变法”。齐白石自称，“余作画数十年，未称己意，从此决定大变”，“师曾劝我自出新意，变通画法，我听了他话，自创红花墨叶的一派”。

陈师曾还对北京大学画法研究会的导师胡佩衡讲，齐白石“思想新奇，不是一般画家能画得出来的……我们应该特别帮助这位乡下老农，为他的绘画宣传。”

1922年，陈师曾携齐白石画在东京参加中日联合绘画展览会，齐白石名声大震于东瀛，画价亦爆增。对此，齐白石在自传中不无欣慰地写道：

> 我的画，每幅就卖了一百元银币，山水画更贵，二尺长的纸，卖到二百五十银币。这样的善价，在国内是想也不敢想的。还说法国人在东京，选了师曾和我两人的画，加入巴黎艺术展览会。日本人又想把我们两人的作品和生活状况，拍摄电影，在东京艺术院放映。这都是意想不到的事。经过日本展览以后，外国人来北京买我画的人很多。琉璃厂的古董鬼，就纷纷求我的画，预备去做投机生意。一般附庸风雅的人，也都来请我画了。从此以后，我卖画生涯，一天比一天兴盛起来。

1923年陈师曾病故，齐白石十分悲痛。他题句哭之：“哭君归去太匆忙，明党寥寥心益伤。安得故人今日在，尊前拔剑杀齐璜。”他对中国史学家张次溪说：“师曾提拔我的一番厚意，我是永远忘不了他的……我如没有师曾的提携，我的画名不会有今天。”

的确，1922年以后，齐白石国际国内名声鹊起。外国人都涌至齐白石家里买画，琉璃厂的老板也热情起来。有齐白石自己的诗句为证：“一身画债终难了，晨起挥毫夜睡迟。晚岁破除年少懒，谁教姓字世都知。”

埜石谨遵恩师的教谕，每天孜孜不倦，练画不止。他不断探索，不断攀登，不断创新，终于凝练出自己清新隽永、平出见奇、俗中求雅的风格。他的画不再生硬干涩，变得润泽流畅了。白石的虾蟹，在他的笔下又飘然游来，游得更宽更阔；白石的草虫，在他的墨底又翩然长起，长得愈鲜愈活。齐派画风，又有了新的传人。

在埜石的画案上，摆着一幅刚刚画好的国画，名曰《群虾聚食图》。他在这幅画上不仅用的功夫最多，而且花的时间也最长。原来他准备把这幅画作为礼品送给他的恩人，也是向恩人汇报他的学习成绩。

这是一个整纸的中堂，图中共有18只虾。下半部相对密集一些，上半部稍微稀松一些。每只虾形态各异，但不呆板，除了有正常游动的、打卷儿弯曲的，还有绷直了身子下冲式游过来的。虾头是用浓墨点染，突出了虾身的透明质感。虾的触须密密麻麻重叠在一起，在水中活泼、灵敏、机警地游动着，很有生命力。虽然没有画水纹，却感觉虾是在水里游动的，并聚在一起争抢食物。

这是一个万里无云的晴好天气，埜石带上一盒点心和他的作品去拜见关龙甸，以报答举荐之恩。他把关龙甸视为贵人，引为知己，如果没有关老师的热心相助，他无论如何也不会见到大师齐白石，甚至连他那高不可攀的门径都无法跨进。

关龙甸和他的夫人（东北师范大学做总务）见埜石从北平回来了，而且是满载收获地回来了，都非常高兴。他们热情地把埜石请进客厅，并迫不及待地想知道埜石在北平的学习情况，以及日后的发展计划。

“我从北平回来一段时间了，因店里积压了很多事情，急需一件件地去处理，所以就没能早点过来看望您。”埜石满含歉意地说，“这次能去北平拜白石为师，多亏关老师帮忙，您的大恩大德，我永远不会忘记！”

“说到哪儿去了！”关龙甸摆手道，“主要是你画得好，齐老师是有眼力的，他不会随便纳徒的。如果你画得不好，就是我再说好话，再作努力也是白费，他是不会轻易接受的。”

“经白石老师点拨茅塞，我受益匪浅。实践证明，有些东西特别是艺术技能，不是自己都能悟出来的，必须有高人指点才行，比如我的虾蟹图经白石老师指导后，尽管是粗学速练，却大有长进。”埜石说完，就把他画的《群虾聚食图》递给关龙甸。

“不错，是不错！不过，你原来画得就很好，经白石老师亲自指导，现在画得更好了。”关龙甸指着《群虾聚食图》说，“看来，你这次进京不虚此行，果然有很大进步，值得庆贺，值得庆贺。”

“如果说有点进步，这要归功于您关老师……”

“这与我无关，完全是你自己勤奋苦练的结果！不过，你有进步，我也高兴啊！”关龙甸笑着说，“好了，已是中午了，你就不要走了，咱们喝一杯，既是为你接风，也是为你庆贺！”

女主人马上站起来说：“广五，你们接着聊，我到厨房做饭去……”

酒桌上，关龙甸根据自己的切身体会，对中国画作了一番理论。他如同在教室里讲画史画论豪气满怀地说：“我们的先人从远古文明开启的时代就在创作图画了，他们在岩洞里、山崖上都留下了许多作品。历史上有仓颉作书的说法，其实人类的文字起源于图画，比如太阳（日）就是画一个圆圆的太阳，月亮就是画一个弯弯的月牙。几千年过去了，我们通过这些早期的文字和图形还能想象到当时人们的生活情景，十分生动，如在眼前。可以说，图画是人类文化最初的足迹。”

埜石听得认真，不时插上一两句话。

他们倾心对饮，把酒畅谈，不知不觉酒至酣处。关龙甸又呷了一口酒，吃了一口菜，大着舌头说：“绘画还可以启发我们的想象力和创造力，很多在现实生活中还不可能出现的理想事物和景象，人们可以用想象力创造出来，给人以鼓舞，让人去追逐梦想。这梦想就是希望，而希望是人们前进的动力。因此可以说，中国画有它独到的特点。”

这个小小的家宴虽然比较简单，却充满了真诚和真情，整个气氛就像一家人一样。关龙甸停箸凝眸，注视着埜石：

“广五，你还年轻，既然入了这个门径，就要脚踏实地地跟着白石老师好好学啊！”

“请关老师放心，我一定好好向白石老师学习，绝不让您失望。”埜石端起酒杯站起来，“关老师，我借花献佛，用您的酒敬您一杯，感谢的话都在酒里了……”

交上一年的作业

这一年是农历辛未年，即中国的羊年。俗话说：“羊马年，好种田。”然而，正当辛勤的中国人民满怀喜悦心情看着即将成熟的“满山遍野的大豆高粱”，中华民族却“到了最危险的时候”。

9月19日凌晨，各家闩门闭户，沉浸在茫茫的梦乡之中。突然枪声震荡着晨星，硝烟遮挡了月华。被枪声惊醒的埜石出门观望，发现响声来自城北宽城子兵营附近，而且越来越激烈。他不知发生了什么事情，赶紧去画店把几幅名画尤其是白石老师送给他的几幅作品匿藏起来。

原来昨天夜间，以日本军官河本末守中尉为首的七名日军炸毁了南满铁路柳条湖一段。以爆炸声为号，早已磨刀霍霍的日本侵略军迅速向东北军精锐第七旅驻地北大营发起了进攻。而此时，位于沈阳北郊北大营的中国驻军仍在酣睡中。

当时，东北军的总人数有三十万左右，除参加中原大战随张学良进关的十一万人之外，留守东北的尚有二十余万人，另有公安、警察部队若干。而日本关东军在东北的兵力只有一万余人。由于执行了蒋介石政府的“不抵抗”政策，导致在兵力上占绝对优势的东北军将士对突如其来的进攻毫无戒备，致使日军偷袭得逞。

就在柳条湖爆炸声响过一个半小时之后，驻守长春的关东军第三旅团长长谷部照俉少将接到满铁社员的电话，得知沈阳发生了冲突。于是长谷部随即命令第四联队第二大队长黑石武城少佐指挥所属两个中队前去攻击南岭兵营，任务是破坏东北军炮兵十九团的36门野炮，以免其对四公里之外的日本附属地的炮击。而此时日军旅团主力四个中队则正在进行集结，准备上车增援沈阳。

当黑石少佐的部队于凌晨3点10分出发之时，长谷部接到了关东军司令官本庄繁中将下达的命令，命其负责长春警备，并暗中准备攻击中国军队。与此同时，长谷部又接到沈阳日军打来的电话，知道沈阳局势对己非常不利。因此长谷部同样采取了专断措施，以身处包围必须果断出击为由，没有召回刚出发的黑石大队，而是进一步下令第四联队长大岛陆太郎大佐指挥主力四个中队前去进攻长春北面的宽城子兵营，并下令公主岭的日军也迅速赶往长春。

由于距位于二道沟的宽城子兵营较近，结果出发较晚的大岛联队率先赶到。第四联队赶到宽城子是19日凌晨4时30分，不曾休息便迅速包围了中国兵营。

当时驻守宽城子兵营的是东北军二十三旅六六三团三营，约有600人。营长傅冠军已经知道沈阳出了事，但由于电话线被日军割断，外界不知道沈阳的局势究竟如何。见日军包围营区，他当即来到营门口探望。

这时，一名日本军官要求对话，被门卫放入营内。傅营长看了看这名日本军官，只见他眼泡臃肿，双眼陷在里面，像是暗堡下的枪眼，便问他要做什么。这个日本军官竟蛮横地要求中国军队“缴械”。

傅营长愤怒地说：“退让可以，缴械不行！”

遭到中方拒绝后，日本军官突然肆无忌惮地掏出手枪抵近射击，当场将傅营长打成重伤。

得知自己的营长中弹倒下了，中国士兵们怒火万丈，纷纷拨开营房山墙上的枪眼，向外面一齐射击。霎时间，鬼子兵如同一根根木桩纷纷栽倒在地。日军见连续出现伤亡，只好将原本设想的奇袭改成强攻。

日军以第一中队为左翼、第二中队一部居中、第三中队为右翼，同时向东北军据守的三座营房发起冲击。

宽城子兵营是俄国人所建，主体牢固，设计精巧，便于向外射击，而且营区周围没有遮蔽物，日军攻击非常艰难。

大岛见强攻不成，又生一计，让刚被俘获的长春军警稽查处处长孙任轩进中国兵营劝降，以停止对日军的反击。

孙任轩毕业于旅顺师范学堂，日语流利，素有亲日倾向。他混入营房后，即用电话向东北边防军驻吉林副司令长官公署参谋长熙洽请示，熙洽传达张学良指示，命令守军停止抵抗。而此时傅营长已伤重而亡，士兵听到“不抵抗”的命令，群情激昂，打伤了孙任轩，继续对日军猛烈射击。

经过数小时激战至早上8时30分，日军第一、第二大队方才突破兵营的东南一隅，但因入口狭窄，被东北军封锁无法深入。在密集的火力网下，日军伤亡不断，迂回到营房背后的熊川小队长也被守军击毙。联队长大岛非常着急，干脆下令打起联队的军旗，一直迫近到散兵线后100米处督战。然而此举并没起到多少作用，日军仍然被死死压制住难以扩大战果。

钢铁和炸药酿造的雷霆风暴持续了一夜，上午10时10分，赶来助战的日军三门山炮到位，迅速向宽城子兵营猛烈炮击，致使中国军队伤亡惨重。在日军的强攻之下，部分不愿缴械的官兵被迫于11时半开始突围，向乌拉街方向撤退，其余386人被日军缴械。

据战后统计，为了攻占宽城子营房，日军死24人，伤33人。宽城子中国驻军以一营兵力，在营长战死的情况下拒绝执行上级不抵抗命令，与日军血战七个小时，严重地挫伤了日军的淫威和锐气，表现出东北军广大官兵的爱国主义精神。

这一夜对敌我双方而言都是漫长的，当清晨的阳光如约而至，却没有人能够松下一口气。长春在一夜之间就被笼罩在太阳旗的阴影之下，而埜石和当地的老百姓还不知道中华民族已到了最危险的时候，更不知道他们已糊里糊涂地当上了亡国奴。

1932年的早春，大雪像从天上倾泻的面粉，纷纷扬扬地飘洒在东北大地，长春街头一片银装素裹。没有一点声响，没有一点动静，寂静得令人心寒，好像要人不知鬼不觉地把世界埋藏。

车轮碾着大街上的积雪，留下两条长长的黑色印痕。白杨画店门口的白杨树，片叶不留的枝条上缀满了雪团，像是一树怒放的白梅。

元宵节过后，埜石的画店又开张了。年味儿还没有完，人们都在忙着走亲串友，无人来逛他的画店。室外北风呼啸，室内寒气袭人。平时一心扑在画案上两耳不闻窗外事的埜石，最近有些反常，不时为日益严峻的政治局势特别是长春已沦为日本殖民地而担忧。他坐在画案旁无意作画，心比冬天的严寒还冷。

3月上旬，在日本军队的支持下，清废帝爱新觉罗·溥仪迎着寒风从北平辗转来到东北，成立了傀儡政权“满洲国”，并将长春定为“国都”，改名“新京”，成为东北的政治、军事、经济、文化、社会中心。溥仪就任伪满洲国执政，年号为大同。

3月9日15时，身穿西装、头戴礼帽的溥仪以“满洲国”执政身份，由赞礼官前引、四名武侍从和四名文侍从护卫，走向道台衙门起居室门前就任伪满执政典礼的会场。全体人员向溥仪三鞠躬，溥仪躬身还礼。从这一刻起，溥仪的傀儡生涯正式开始了，道台衙门也因此成了伪满历史的起点。

道台衙门的正式名称是“吉林西南路道衙门”，1908年由清政府设立，管辖长春府和伊通州等地事务，是当时长春的最高官府。道台衙门为欧式建筑，占地25000平方米。大堂是道台衙门的主要建筑，正面14根水泥圆柱冲天而起，显得颇有气势，这里曾是衙门长官司办公之地。大堂北侧有精致讲究的四座洋房，是衙门长官生活起居的地方。

虽然这个小小的衙门与北京的紫禁城无法相比，但是热闹的场面还是令这个被冷落多时的昔日皇帝兴奋不已。不过，他在这里只住了24天就搬走了。

伪满地区的行政机构为“国务院”，其首长为“总理”。“国务院”下辖外交、民政、财政、司法、实业、交通、文教、军政八个部。各部长官为“部长”，但实权却掌握在由日本人担任的各部次官手中，由日本人驹井德三担任的“国务院总务厅”长官为实际上的“总理”。各部的日籍次官每周二举行例会，商讨并决定“国家”政策和各种具体事务，被称为“火曜会”。

伪满的立法机关称“立法院”，首任“立法院长”为赵欣伯，而实际上的立法权却掌握在关东军手中。伪满洲国没有成文宪法，而是由各项专门法律来替代宪法。咨询机关称“参议府”，其首长称“议长”。首任“议长”由臧式毅担任。伪满洲国的最高司法机关是“最高法院”。首任“最高法官”是林棨，“最高检察厅长”为李盘。宫廷机构为“宫内府”，伪长官为熙治。

从此，日本在中国东北实行了长达14年之久的殖民统治，使东北三千万同胞沦为亡国奴。日本侵略者实行“日满一体”的经济政策，使该地区的经济沦为日本经济的附庸及掠夺的对象，从而使东北人民的生活陷入极端贫困与痛苦之中。

此时的东北大地，到处都能看到日本国旗，到处都能听到日本歌曲，日本竟然把侵略东北美化成从军阀和西方列强手中“解放”了东北人民，把“满洲国”吹嘘成“王道乐土”、“五族协和”，与日本“共存共荣”。看到这一切，埜石的心情无比沉重，无比痛苦，无比愤慨。尽管他事业有成，却无法沉浸在一己满足之中。

关外的天气变化快，夏季刚刚过去，天就凉下来了。一进入秋季，太阳的光芒温和中微带寒意，景物越发清疏而爽朗。秋天的风如同画家的笔，轻轻一扫枫叶就变红了，草地就变黄了，一切光景美到不可形容。不过在长春城里，既看不到火焰一般的枫叶，也看不到黄毯一般的草地。

中秋节快要到了，夜空挂着一轮不太圆的明月，但不是人们常说的那种皎洁的月亮，天上有层浮云，如烟似雾，弥蒙在月光下。月晕恰恰是这圆月与浮云的红娘，牵手于二者之间，淡淡的点上一圈，既不喧宾夺主，又有万般娇态。

“床前明月光，疑是地上霜。举头望明月，低头思故乡。”这首诗来自于唐代诗人李白的《静夜思》，抒发了对故友的思念。月亮自古至今都是思念、温柔、恬静的象征，尤其是中秋圆月，多少诗人睹物生情，写下传世之作，给离别的亲人增添了多少惆怅。而此时的埜石也想起了故乡，想起了故乡的父母，同时也增添了对白石老师的思念。

“喂……”这是埜石对爱妻李文琴的称呼，“月饼买了没有？”

“买了！前两天我还给大哥送去一盒月饼、两瓶长春大曲！”李文琴以女主人的口吻说，“过节用的东西都备齐了，我们两个人也吃不多，再买一些青菜和鱼虾就行啦！”

“明天我和你一块去菜市场……”

“嘿，太阳从西边出来了！”李文琴不解地问，“你这个大忙人怎么突然有时间陪我去买菜了？真是新鲜！”

埜石只是笑了笑，没有再说什么。

第二天，难得“浮生一日闲”的埜石和他的妻子走进了菜市场，只见那里黑压压的一片，大家你推着我，我挤着你，摩肩接踵，人头攒动。小摊上各种蔬菜琳琅满目，应有尽有。店家的吆喝声此起彼伏，发出的声音抑扬顿挫，分外动听。随着一个商贩的高声吆喝，顾客都纷纷挤到那人的摊位前。那人喜不自禁地一会儿称菜，一会儿收钱，忙得不亦乐乎。

手提篮子的埜石和李文琴一前一后不紧不慢地穿行在人群中，左顾右盼如酒家的采买，一副十分专业的样子。来到洋溢着鱼腥味的水产摊，埜石在一个卖虾的地方蹲了下来。然而他却不问价，也不挑选，只是两眼盯着活蹦乱跳的青虾出神。

李文琴在丈夫后面轻轻推一下，不耐烦地说：“买不买？要买就快一点，我还得回家做饭呢！”

“别急，别急……”埜石像没事的一样。

原来，埜石逛菜市场的目的不在买菜，而是看虾。因为，他听说齐白石在其《石井螃蟹》画上有过这样的题词：

“借山馆后有石井，井外尝有蟹横行于绿苔上，余细观九年，始知得蟹足行有规矩，左右有步法，古今画此者不能知。”为此，已不满足于坐在画室临摹虾图的埜石，想到市场观察各种各样的活虾。

埜石发现青虾体形粗短，整个身体由头胸部和腹部两部分构成。头胸部各节接合，由一大骨片覆盖背方和两侧，叫头胸甲或背甲。头胸部粗大，腹前部较粗，后部逐渐细而且狭小。额角位于头胸部前端中央，上缘平直，末端尖锐，背甲前端有剑状突起，上缘有11至15个赤，下缘有二至四个齿。

埜石还发现青虾的体表有坚硬的外壳，起着保护机体的作用，其整体由20个体节组成，头部五节，胸部八节，腹部七节，有步足五对，前两对呈钳形，后三对成爪状。其中雄性虾第二对步足特别强大，第六腹节的附肢演化为强大的尾扇，起着维持虾体平衡、升降及后退的作用。这种虾额角的基部两侧有一对复眼，横接在眼柄的末端，其复眼可自由活动，称为柄眼。青虾的尾节尖细，其背面有两对活动的小刺。除尾节外，每节附肢一对。

末了，埜石买了一斤活虾，带回家放在盆里，继续观察虾怎么游动，怎么伸腿，须子怎么长的。然后坐在画案前急忙摇动手中的画笔，很快就把他所观察到的东西落实到宣纸上，眼前便出现一幅惟妙惟肖、逼真传神的虾图。

锦州失守以后，日本侵略军如日食一般将东三省遮盖得一片黑暗，唯有天上的星星在闪烁泪光，恰似墓地上的磷火。一列火车愤怒地喘着粗气，喷吐一簇簇火星，冲破黑暗，沿着两条铁轨驶向夜色苍茫的远方。这列始发于长春的火车，载着埜石又一次来到北平。

时隔一年，除了大街上匆忙行驶的军车和面带忧色的行人之外，北平几乎没有什么变化。

埜石来到左安门内新西里三号，走进张园，看到那里也一切如旧：所有的东西仍像去年他所看到的那样原地摆放，包括窗外墙下用防雨油布遮挡得严严实实的一个令人猜疑的东西。

对于这个神秘的东西，有的说可能是齐白石作画用过的画案，有的说可能是齐白石家祖传的珍贵木箱，有的干脆将其说成是齐白石的宝贝。当时，直闹得北平城沸沸扬扬。其实说白了却十分可笑，原来那是齐白石自备的一口寿木。

埜石来到这个他曾来过无数次的院落，但院子里充满了祥和的喜气，原来古稀之年的齐白石得了一个曾孙，取名耕夫，是其长子良元的次子所生。家中已是四世同堂，齐白石怎能不为之欢欣鼓舞呢！

埜石急切而惶恐地走进画室，正在作画的齐白石从他的画稿上抬起了头：“哦，你来了！”

“是的，老师好！”埜石恭恭敬敬地说。

“坐下说话呀，这么拘束干什么？坐下吧！”齐白石放下手中的笔，“你的画稿带来了没有？”

“带来了，带来了……”埜石像小学生交家庭作业一样递给齐白石十来幅画稿，“这些都是我从比较好的上百幅画中挑选出来的，不知怎么样？请老师点评！”

齐白石把埜石的画稿往案子上一放，用双手戴上老花眼镜，随后就一幅一幅认真地审阅起来。看完后，他把眼镜摘下来，却久久闭口不语。

看到齐白石的眉头皱了起来，埜石的心也跟着提了起来。

沉吟片刻的齐白石突然睁大了眼睛，脸上露出满意的笑容：“画得不错，进步不小啊！看来这一年你吃了不少苦，受了不少累……”

齐白石对埜石一年来的勤学苦练表示满意，同时也提出了不足，对个别画稿还亲自提笔修改。其实，埜石对白石老师的画从模仿渐得真传，现在已达到乱真的地步。“学我者生，似我者亡”，迷时师渡，悟时自渡，在白石老师醍醐灌顶的点拨下，他已开始跳脱出来，走自己的路，形成了自己的风格。

在北平期间，埜石除了专心向老师学画外，还对发生在齐白石身上的一件事感叹不已，钦佩不已，而且念念不忘。

那一天，梅兰芳来探访齐白石。他提及在一个朋友家看到一幅老师的《春耕图》，并大大地赞赏了一番。齐白石很是纳闷，心想自己50岁时确实画过一幅《春耕图》，后来就再也没画过，怎么现在又冒出来一幅呢？他让梅兰芳把那幅画拿过来看看。

第二天，梅兰芳把《春耕图》拿来了，齐白石一看，当即说是伪作。于是问梅兰芳：“你的这位朋友与你交情如何？”

“我们关系很好，是生死之交的朋友。他对您的画非常崇拜，所以才花重金买下了这幅画，想不到竟然被人骗了。他要是知道这幅画是赝品，肯定要被气个半死。”梅兰芳对他的朋友深表同情。

“不能无端让人受损失呀，我画一幅送他吧！”说完，齐白石展纸摇笔，很快又画出一幅《春耕图》。画完后，齐白石将画交给梅兰芳，风趣地说：“假画我就收下了。”

“谢谢，谢谢！”梅兰芳边致谢边说，“老师，为了一幅假画，您没必要如此啊！”

“完全有必要！”齐白石认真地说，“我愿留得真迹在人间。”

齐白石的所作所为，是一种情怀和境界，更是一种素质和智慧。以史为镜，可以知兴衰；以人为镜，可以知得失，埜石被齐白石的行为感动了。齐白石教给埜石的不只是画技，还有中国人历代承传的道德与人品。埜石将齐白石的人格力量融入了自己的血液，其实他早已下定决心，不仅要把齐白石的绘画艺术学过来，而且还要把齐白石的做人风范也学过来。唯其如此，方能算是齐白石真正的弟子。

此时，齐白石已经68岁了，虽未垂垂，却也行将老矣。埜石与恩师告别，在互道“再见”的那一刻，那份伤感使他久久不能释怀。说是再见，其实就是永诀。此刻，他只好把老师的恩情珍藏在心底，揣着老师赠与的珍贵画作依依不舍地返回千里之外的长春。从此，天各一方的师徒俩再也没有见过面。

第四章　崭露头角

垫石：老板崔鸿民拉着我的手兴奋地说："你可把我救了，由于你的布景画得好，《美人计》一下子走红，不仅还清了以往的债务，还大有赢利，大家都能吃上饭了。直到现在还场场叫座，天天满员。你是我的恩人啊，我得好好报答你！"

艰苦创业

时光像一列风驰电掣的火车，把世上心态各异的芸芸众生不容分说地拉进了1933年。

春风不刮，杨柳不发。在一阵暖似一阵的南风吹拂下，白杨画店门前那棵光秃秃、干巴巴的大杨树像"女大十八变"的大姑娘一天天光泽油润了，鼓苞发芽了，枝叶伸展了。随后，整个长春市乃至东北的崇山峻岭和平原大地都被醉人的绿意浸染了、淹没了、美化了。

可惜再美的景致也无法改变垫石此刻复杂的心境。为了画店，他喜悦和惶恐并存，压力和责任同在。也许是春来喜事多，一个偶然的机会竟驱散了埜石心头的愁云，还给画店带来了意想不到的好运。

这是一个风和日煦的上午，白杨画店迎来一位特殊的客人。说他特殊，是因为这位风流倜傥的年轻人来到店里一不买画，二不看画，却大大方方地一屁股坐在画案前的椅子上。埜石边斟茶边打听，原来这个年轻人是哈尔滨的首富姚锡九的公子。

姚锡九（1881～1946年），山东黄县人。在原籍读过两年书，后随家迁至吉林省滨江厅傅家甸（今哈尔滨市道外区）。他从小本生意起家，稍有积蓄后，凭借与政界、商界的关系，做起了投机生意。

1898年，沙俄以哈尔滨地区为中心全线动工修筑中东铁路，姚锡九乘修筑松花江大桥之机当上了大把头。在发了横财后，他到处置房购地，哈尔滨道外太原街、桃花巷、七道街、十道街、十三道街、十四道街、十五道街等几乎道外所有主要街巷都有他的房产。南岗大直街、巴陵街也有他的房产，甚至远在大连的夏家河子也有他的房产。

姚锡九在民国时期做过警察巡官，伪满时期投靠日本人当上了哈尔滨市道外大水晶街三分区区长，还以重金买到特务机关和宪兵队的嘱托职衔，参加了“防谍委员会”。他还花上百万元买了一个官会局，与李九鹏合办。不仅如此，他还在马家船口开设烟馆、妓院和赌局，攫取了大量的不义之财，成了哈尔滨的富豪。

“崔老师，近来生意可好？”姚公子跷起二郎腿摇晃着身子问。

“承蒙关照，还过得去。”埜石以和气生财的口吻问，“客官贵姓，府上哪里？”

“免贵姓姚，家住哈尔滨。”姚公子端起茶杯吸溜喝了一口，然后呸呸吐出几片茶叶。

“哦，稀客稀客，欢迎欢迎！”埜石又问，“在长春有生意？”

“串亲戚，来看我姐。”姚公子笑着说，“我姐夫认识你。”

“认识我？”埜石甚为诧异，“你姐夫的大号是……”

“关龙甸！”

“哦，是关老师啊！”埜石马上起身绕到画案对面抓住姚公子的手，“越说越近了不是……”

“崔老师，我看了你的画，不愧是齐白石的弟子，都是精品呀！”姚公子发现埜石的画已经卓然有成，颇有大家气势。

“过奖，过奖……”

“我说的是实话，确实不错。”姚公子打断埜石的话说，“为什么不到哈尔滨去发展呢？哈尔滨经济比长春发达得多，照相业更发达，特别是那里有许多俄罗斯人、塞尔维亚人、日本人以及其他一些外国人，还有附近海参崴的、西伯利亚的、远东伯力的。这些人往往思想新潮，都有照相之好。我看，目前照相是个时尚的行业，你会画画，去那里给照相馆画布景是个很好的来钱之道。”

摄影术自1839年法国政府公布《达盖尔银版摄影法》以

后，日渐传播开来。在中国，1844年签订臭名昭著的《南京条约》时，那个清朝官员耆英曾把法国外交官于勒·埃及尔给他拍下的"小照"分赠给英、法、美、葡四国使臣。这个用达盖尔银版法拍摄而成的耆英小照当属中国第一张摄影照片，至今仍保存在巴黎法国摄影博物馆里。

后来，在1890年春天，号称大清国圣母皇太后的老佛爷慈禧被宫廷西洋女画家卡尔说动，端坐龙椅拍了一张玉照，也叫"写照"。这应该说是西太后这个老太婆的"处女作"。

自此，"写照"在宫内悄然流行，连光绪帝的珍妃也穿上男装拍起照来，以为兴趣与戏闹。"写照"之风亦传出内廷，首先是王公贵族、文武百官，然后是乡绅士佬、黎民百姓，他们也都纷纷站到了照相镜头的前面。

中国的照相术大概就是这样开始的。

有照相术，就要有照相馆；有照相馆，就要有照相布景。特别是在20世纪30年代前后，那时的照相机还比较笨重，不容易随便搬到街上去拍外景，用的多是室内布景。聪明的埜石看到了这步棋，他在继续临摹白石老师虾图的同时，又开始按照油画画法画起了新潮的照相布景。

茶水清香，谈话融洽。埜石看了看眼前这个既有钱又有闲的纨绔公子，心智大开，于是很自信地说："画布景，对我来说不是什么难事。我学过油画，其实布景就属于油画那一类。"

"俗话说，做事不如做市，做市不如乘势。哈尔滨的照相业比长春火得多，那里的市场大，凭你的画技，你要是去那里画布景，肯定能打响。”姚公子不假思索地说。

“现在兵荒马乱的，遍地起胡子，到处是难民，到哪儿都不大好混。再说，哈尔滨离这儿虽然不远，但我对它不熟，从来没去过那儿……”

“你去吧，有什么困难找我，我来帮你解决。”

“谢谢你的好意！”埜石婉转地说，“你看这样好不好，我先在长春画布景试一试，如果行，而且有了积蓄，再往哈尔滨发展。”

“这样也好。”英俊中透着强悍、文静中带着潇洒的姚公子说，“需要我帮忙，你就说话……”

在这个被布谷鸟叫醒的春天，就像燕子北飞那样，埜石怀着憧憬新生活的新的希望动身北上。隆隆作响的火车如龙卷风一般，把他吹到了从来没有到过的更北边更寒冷的城市哈尔滨。“不入虎穴，焉得虎子。”几经风雨和历练，他有足够的能力、信心和勇气走自己不熟悉的路了。

哈尔滨是金、清两代王朝的发祥地。公元1115年，金代在上京（阿城）建都。19世纪末，哈尔滨已出现村屯数十个，居民约三万人，交通、贸易、人口等经济因素开始膨胀，为城市的形成与发展奠定了基础。

哈尔滨具有中西合璧的城市风貌，粗犷豪放的北方民族性格。由于外国人的大量涉入，不仅使城市的街头充满了浓郁的奶油味儿，刺鼻的香水味儿，而且更使得这座城市的建筑、饮食、文化，包括宗教、时装甚至市井上流传的玄疑传说等等，都蒙上了一层华丽的欧陆色彩，因而被誉为“东方小巴黎”。

庄严雄伟的东正教教堂，造型奇巧的俄罗斯木屋，典雅别致的欧式建筑，雅洁明快的中央大街，灯红酒绿、繁华如锦的都市风貌，处处折射出“东方小巴黎”的独特魅力。

中央大街始建于1898年，初称“中国大街”，意为中国人住的大街。后来由于埠头区的建立，俄人的铺子一下子多了起来，牌匾多用俄文书写。大街两侧多为欧式建筑，商业也多为外国人经营，犹如外国城市一般。鉴于这条街道逐渐成为哈尔滨的中心地带，因此在1925年改称“中央大街”。

哈尔滨的城市建设在中国各大城市中尤其别具风韵，不仅有林林总总时尚的欧式建筑，也有十分传统的中国古典建筑。凡是初到哈尔滨的人，均有穿越时空的感觉。漫步在中央大街，你会看到方石铺就的百年老街两侧，一座座哥特式、巴洛克式、拜占庭式、折衷主义、新艺术运动、法国先锋派和后现代等各种风格的建筑，在向您诉说着自己的历史。

下火车后，走出车站的埜石融入熙熙攘攘的人群和车流中，顿感洋风扑面，仿佛来到另一个世界。他怀着审美的情趣目不暇接地观赏着街景市容，发现哈尔滨的确很美，比长春漂亮多了，也别致多了，尤其是那座他慕名已久的圣索菲亚教堂，在这位具有审美观的画家眼里简直就是一个精美绝伦的杰作。

这座教堂始建于1907年，原为沙俄东西伯利亚第四步兵师的随军教堂。同年，由俄国茶商出资，在随军教堂的基础上重新修建成全木制结构教堂。1932年重建，成为远东地区最大的东正教教堂，以其精美的建筑艺术和丰富的历史文化内涵享誉中外。教堂巍峨壮观，直冲云霄的尖顶犹如伸向天堂的天梯。她历尽风雨，饱经风霜，是沙俄入侵东北的历史见证和重要遗迹。

人生旅途中都会遇到拐点，有的人成功了，有的人失败了，有的人知难而退，这就看你在拐点处是否有高人开悟，有贵人相扶。其实，对埜石来说姚公子就是一个高人。看来，姜不一定都是老的辣，这个有先见之明的年轻人不但指点埜石来哈尔滨发展，而且还答应帮助他解决难题。

此时，埜石腰里只剩下五块钱了。庆幸的是，这个好心人每逢危难之时总有贵人相扶，在哈尔滨也不例外。埜石在南岗的一个小旅店住下，就到姚公子介绍的一家照相馆去画布景，不但凑足了旅费，而且还得到他们的热情关照，使他这个外乡客感受到了寒冷中的温暖。

按照计划，埜石要去素有“东方莫斯科”之誉的边城佳木斯。在伪满时期，东北划分为14个省（安东省、奉天省、锦州省、吉林省、热河省、间岛省、黑河省、三江省、龙江省、滨江省、兴安东省、兴安西省、兴安南省、兴安北省）和两个特别市（新京市、哈尔滨市），佳木斯为三江省省会。

称谓奇特的“佳木斯”其名字来源于满语，是“驿丞”的意思，一说意为“巫师祈祷之处”。地处中国东北边陲松花江、黑龙江、乌苏里江汇流而成的三江平原腹地，隔乌苏里江、黑龙江与俄罗斯哈巴罗夫斯克（伯力）、比罗比詹相望，是中国最早迎接太阳升起的地方，被称为东方第一城。

埜石到达佳木斯的时候，城里正沸沸扬扬地传播一个惊天动地的新闻，说桦川县有一个叫祁致中的英雄拉起了队伍，竟敢在光天化日之下打死了几个小鬼子，还缴获了几汽车的战利品，为中国人民解了恨出了气，佳木斯的老百姓无不为之欢欣鼓舞。

佳木斯东南部的桦川县有个驼腰子金矿，今年2月14日夜，伪吉林省“剿匪”司令于琛徵派参谋长杨玉书，带领步骑炮兵各一个连，另有日本武装移民一个中队、日军常胜队和东宫少佐指挥的永丰镇保卫队，将守卫金矿的李杜自卫军击退，金矿的沙金和七虎力河、八虎力河两岸的粮食都被“膏药旗”上的那张血盆大口无情地吞噬了。

不久前，这里发生了一起矿难，砸死两名工人，砸伤三人，伤者之一就是后来的抗联十一军军长祁致中。

祁致中（1913～1939年），原名祁宝堂，山东曹县人。两年前的春天闯关东来到驼腰子金矿。他头脑活络，为人厚道，在工人中很有威信。矿难发生后，他组织矿工打死七名驻矿日军，夺取武器，成立了东北山林义勇军，被推举为首领，报号“明山”。明山队在桦川杨麻子店伏击日军汽车队，击毁汽车七辆，缴获大批军用物资。明山队不仅打击了日军的嚣张气焰，祁致中也因此而名震佳木斯，乃至东北大地。

埜石深受祁致中抗日壮举的感染，有一种人心未死、火种未绝、烈火终将熊熊燃烧的鼓舞。于兴奋之中，他在位于中央大街的晓鸣照相馆落了脚。照相馆老板姓王，是一个规规矩矩的生意人。还没等王老板安排，埜石手下的伙计便买了画布，钉了架子，手援画笔大干起来。

埜石在佳木斯一炮打响，特别是听说他是齐白石的弟子，“崔老师”的大名很快在佳木斯四处飞扬，几乎妇孺皆知，老少称奇。这是误打误撞，抑或佛缘天定，没想到西林街的照相馆老板赵风岗也急忙登门拜访，要把他请过去画布景。铁匠出身的埜石习惯于趁热打铁，他不顾连日工作的疲劳，为风岗相馆一连画了三个布景。

埜石有一股拼命三郎的劲头，在朋友的介绍下，他不顾连日的辛劳，又毅然起身南下。沿途风光无限，四面青山相拥扑来，到处流淌着浓郁的绿意和勃勃生机。看到这如诗如画的景色，这位画家身上的疲惫和疼痛顿时消失殆尽。

牡丹江也是一个省城，它是松江省的省会，位于现黑龙江省的东南部，地处中、俄、朝合围的“金三角”腹地，是一座历史文化积淀非常厚重的城市，早在3000多年前，满族人祖先肃慎人的一支在这片土地上揭开了牡丹江流域人类历史的最早篇章。

牡丹江市因松花江上最大支流之一的牡丹江横跨市区而得名。“牡丹”在满语中称“穆丹乌拉”，“穆丹”汉译为“曲曲弯弯”，“乌拉”为“江”之意，即弯弯曲曲的江。此江在唐代称“敖罗河”，以后又称“忽汉河”；金代称

“胡里改江”；元代称“窝多里江”，又称“忽尔哈江”；清代称“库尔堪江”、“忽尔哈河”，后称牡丹江。上述所涉及的“敖罗”、“忽汗”、“库尔堪”、“忽尔哈”等在满语中的含义均是“围网”的意思。

在牡丹江市一住下，埜石便起早贪晚、风雨不停地工作，画秀峰，画凉亭，画湖景。这一天，突然有一个穿戴讲究的人走进屋来，主动自报姓名：“崔老师，我是你的本家，也姓崔，叫崔鸿民！”

“哦，是崔老板，幸会幸会！”埜石放下手中的画笔惊异地看着这个不速之客。

“崔老师，你府上哪儿？”

“辽宁营口。本家来贵地谋生，请多多关照。”懂得在家靠父母在外靠朋友人生哲理的埜石与崔鸿民呼起了本家。因为他知道要想在这一带立足生根，发展壮大，不能不借鉴当年刘备的成功经验：人和。

“看你说到哪儿去了，像你这样的高人，我请还请不来呢！”

“客气了不是！”埜石忙问，“崔老板，找我有事吗？”

“俗话说：无事不登三宝殿。”崔鸿民说明了来意，“是这样的：我是集贤县戏院的，我们那儿正在排练《美人计》，需要上好的布景。听说你画的照相布景好，特来请你帮忙，为我们画一画舞台布景。我们那儿是小地方，不知你愿不愿意去？”

“不用客气，我就是干这个的。不分大地方小地方，哪儿有活儿就到哪儿去……”

堃石跟着崔老板来到集贤县城，看完戏院的舞台，就去购买绘画材料，一连画了五套布景，足足忙了半个月。为赢得用户的信誉和扩大影响，为日后发展、打开局面奠定基础，他对每套布景都精心绘制，从不敷衍马虎。

在走投无路的倒霉关头被素不相识的热心人拉了一把，崔鸿民被堃石感动得无以复加。但是他眼前还没有收入，不能马上付给工钱。于是便不好意思地说：“崔老师，我暂时还有些困难。我想和你商量一下，你先去忙别的，过段时间再来取工钱怎么样？请你放心，我绝不会少你一分一文！”

“没问题。佳木斯那边还有点活，我先去那儿。不着急，你何时有钱何时给我！”慷慨大度的堃石把钱看得很轻，也从来不要欠钱人的字据，全凭口头协议，把牙齿当金子使。

堃石在佳木斯晓鸣照相馆忙了几天，画了几幅布景，又返转集贤。听说堃石回来了，一贯履约践诺、诚实守信的崔鸿民便主动上门，拉住堃石的手兴奋地说：“崔老师，你可把我救了。由于你的布景画得好，《美人计》一下子走红，不仅还清了以往的债务，还大有赢利，大家都能吃上饭了。”

“不是我画的布景好，是崔老板你经营有方。”堃石自逊自谦地说。

“人要有良心，不能过河拆桥。你不光是一个话好说、事好办的好人，而且你画的布景确实好，直到现在还场场叫座，天天满员。”崔鸿民坚持道，“你是我的恩人啊，我得好好报答你！”

“言重了，言重了！”埜石摆手道，“一笔写不出两个崔字，既然是一家人，就不要说两家话了。以后需要我做的就招呼一声，我随叫随到。”

“这是你的工钱，请你收好。我还有点别的事，就不多待了，后会有期！”崔鸿民起身离去。

埜石数了数钱，不禁大吃一惊，共800块，比他们起初议定的工钱不知要高出多少倍。他从来还没有一次挣过这么多钱，顿时有了一种做富翁的感觉。800块钱，在那个年代就是一笔巨款，可以买五石高粱米，能足足拉上一马车。

埜石在集贤戏院画完布景后，没有其他的活儿，就又回到佳木斯。那会儿，佳木斯还有六家照相馆要画布景。晓鸣照相馆的王老板也是一个知恩图报的义气君子，他见到埜石后，就不容分说地拉他去喝酒。酒桌上，王老板兴奋地说：“崔老师，你画的布景太好了，招来了很多顾客。自从你走后，我们的照相机就没有闲着……”

搞实用美术

长春没有春天，用“春寒料峭”四个字来形容长春的气候是再合适不过的了。这里的早春有时比冬天还冷，北风呼啸，雪花飘飘，水面上仍然结着厚厚一层冰。这层冰冻结了东北大地，冻结了人们的情感，也冻结了长春的宁静与祥和。

自“满洲国”成立后，伪满总理郑孝胥与日本关东军司令官兼第一任驻“满洲国”大使武藤信义签订了一份《日满议定书》，把“满洲国”的国防、治安全部委托给日本，日本不仅管理“满洲国”的铁路、港湾，而且有权开发矿山和向“满洲国”移民，“满洲国”则负责向日本军队提供所需的各种物资设备。

爱新觉罗·溥仪出任“满洲国执政”不久，日本政府就制订了一个庞大的移民计划。按照这个计划，日本将在20年内向中国东北移民一百万户，并声称“向满洲大规模移民是根据日本帝国军事政治需要产生的，它是充分利用满洲土壤的日本政府的国营事业”，后来这个计划又被广田泓毅内阁列入日本政府的七大国策之一。

年内，日本第一批“开拓民”到达了佳木斯，他们的名称是“佳木斯第一屯垦大队”。但是这些屯垦者既不去垦荒，也不去种田，而是在佳木斯城里担起了挂羊头卖狗肉的军事警戒任务。五个月后，第二批、第三批以至越来越多的“开拓民”相继到来。

1934年3月1日，西北风鞭子似的把长春这座城市抽打得狂乱不安。在这个天茫茫地荒荒一片肃杀萧条的季节里，埜石同长春的所有市民一样被一件可憎的事件所震惊，并为之而义愤填膺。

这天清晨，狂风大作，尘土飞扬。溥仪穿上梦寐以求的龙袍，在前引后扈的簇拥下来到长春郊外的杏花村。这里临时用黄土堆起一个祭坛，他首先在红布和黄布围挡的幔帐里洗手净脸，然后在郑孝胥、张景惠、臧式毅等大臣陪同下，爬上了这个不能再简陋的土台子向天神行三拜九叩大礼。

爱新觉罗·溥仪（1906～1967年），乳名“午格”，字耀之，号浩然，清朝最后一位皇帝，也是中国封建帝制历史上的最后一位皇帝，年号为“宣统”，故后世称之为“宣统皇帝”。1911年辛亥革命时逊位，清王朝正式结束了在中国的统治。之后他经过了短暂的帝制复辟，1917年7月12日复辟帝制宣告失败。

埜石从报纸上得知，在天津日本租界待了六年的清逊帝溥仪是两年前来到其“祖宗发祥地”东北的。当时，长春月台上挤满了身着各式服装的人，几乎每个人手里都摇晃着一面小旗，鼓乐声、鞭炮声和喧闹声此起彼伏，像杂鸟闹林一般也算轰轰烈烈。

“日日望着、月月盼着”的场面终于出现了，溥仪恢复了原有的精神状态，而且情绪变得十分激动。在躁动的人群中，一队身穿长袍马褂、手举黄龙旗子的人吸引了溥仪的眼球，伪满吉林省省长熙洽悄悄告诉他：“那些都是旗人，他们盼皇上已经盼了20年了。”

听到这番话，溥仪被感动得热泪盈眶，他似乎又看到了大清王朝的希望。

卡尔·马克思说过：“一个人所谓为王，是因为他周围的人愿意称他为王。”然而溥仪此时称“王”，却是在日本人的操纵之下，他们是在互相利用，并非推诚相与。

去年5月31日，南京政府军事委员会北平分会派中将总参议熊斌与日本关东军副参谋长、陆军少将冈村宁次在塘沽签订了停战协定，将冀东、察北和绥东地区划为“非武装区”。在这种形势下，那些热心复辟的家伙误以为时机成熟了，一时之间关于复辟帝制的声浪又变得喧嚣起来。

与此同时，日本政府认为在中国东北的殖民统治体系已经确立，为进一步控制溥仪，把“满洲国”建成“日满一体”的傀儡国家，也正在考虑“满洲国”由“执政体制”改行“帝制”的方案。

10月，新继任的关东军司令官菱刈隆正式通知溥仪，日本政府承认他为“满洲帝国皇帝”。听到这个消息，溥仪为梦想成真而感到心花怒放。为了堂而皇之地当上这个傀儡皇帝，他想到的第一件事就是马上准备一套中国皇帝不可缺少的龙袍。

一件荣惠太妃保存了22年的龙袍是光绪皇帝生前穿过的，溥仪对自己能穿上这身龙袍接受百官朝贺的情景展开了充分的遐想。然而，关东军司令却明确告诉他日本承认的是“满洲国皇帝”，即“满蒙汉日朝五民族的皇帝”，并不是大清帝国的皇帝，因此溥仪不能穿清王朝皇帝的龙袍，而只能穿关东军指定的“满洲国陆海空军大元帅正装”。

在那最黑暗的日子里，在那最寒冷的地方，溥仪仓仓促促地举行了“告天即位”仪式。他极不情愿地脱下还未焐热的龙袍，无可奈何地换上关东军指定的正装，然后在勤民楼举行正式“登基”典礼，改伪满洲国地区为“满洲帝国”，改年号为康德元年。

这是溥仪第三次当皇帝了，也是世界历史上唯一经历三次登基的帝王。此时距离他第一次在紫禁城登基已经整整26年。尽管这个皇帝当得很不体面，而且也知道其尊严的虚假性，但当时他还是觉得“借助外力以求恢复”的愿望实现了，至少在仪式上他还是把这次登基大典认真地操办了一回。

面对日益高涨的抗日热潮，日本关东军把“治安第一”作为伪满国政的重点，强制推行“分区联县”“归屯并户”的政策，他们把居住在小村庄的中国人强行迁到指定的部落，并对原来的村庄和敢于反抗的百姓一律实行惨无人道的“三光”政策，借此阻断东北人民对抗日联军的支援。

今年12月，伪满洲国民政部发布《集团部落建设文告》。伪满标榜以“王道乐土，五族协和”为建国方针，实际上其军事、政治与经济均被日本控制，由日本实行实质上的殖民统治。日本将大批武装以“满蒙开拓团”的名义迁入我国东北，侵占中国农民的土地，并将无地农民和关内输入的农民作为矿工，大量掠夺开采东北的矿石和木材运往日本。

建立伪皇宫扶植溥仪傀儡皇帝，是日本军国主义为了侵略中国而精心策划的。日本侵略者为了占领整个中国，巩固其统治地位，对伪皇宫进行了多次扩建，但仍然作为溥仪的临时宫殿。日本侵略者策划在长春近郊杏花村一带为溥仪修建正式宫殿，后来因太平洋战争爆发而停工。

溥仪已经完全成了关东军的一个政治木偶，直接操纵他的是“满洲国”帝室御用挂吉冈安直。“御用挂”是日本人的叫法，这个职务相当于大清王朝的“内廷行走”，也就是皇帝的秘书。这个矮个子、高颧骨、小胡子的日本鹿儿岛人的另一个身份是关东军司令部高级参谋。显然，关东军把这样一个人物安置在溥仪身边，充分表现出了他们的“良苦用心”。

在伪满时期，埜石在长春又开辟一条新的生意途径——美术装潢。没想到，通过此径，他竟然阴差阳错地走进了社会上层，进入伪满皇宫作墙壁画、天棚画、装饰画，当然这也是他极不情愿的。

伪满皇宫位于长春市东北隅，今光复路三号。前身是民国时期管理吉林、黑龙江两省盐务的吉黑权运局官署，占地12公顷。溥仪自1932年4月3日迁入后，在这个“盐仓”里居住了14个年头，过着荒淫无耻的生活，干着卖国求荣的勾当。

埜石走进伪皇宫一看，只见红砖绿瓦，亭台楼阁，小桥流水，戒备森严，的确像一个“天子”居住的地方。它虽然不能与北京的紫禁城相比，也算是一座富丽堂皇的宫殿了。对于这个被异化了的“皇家禁院”，埜石却出入自由，不但知道它的建筑布局，而且还能说出它的建筑格式。

伪皇宫的正门叫莱薰门，是专供溥仪和日本关东军司令官出入时使用的。西侧大门叫“保康门”，为宫廷人员的出入通道。整个宫廷分为外廷和内廷两部分。外廷是溥仪办公理政的场所，主要建筑有勤民楼、怀远楼、嘉乐殿。内廷是溥仪及其眷属日常生活的区域，主要建筑有缉熙楼、同德殿。此外还有花园、假山、游泳池、养鱼池、书画库、网球场、跑马场、高尔夫球场以及防空洞等附属建筑和设施。

溥仪在“新京”当皇帝，虽然是听日本主子的旨意，但对皇城的设计和生活习惯还是按照老祖宗康熙的遗训办理的。他处理政务的办公楼之所以叫“勤民楼”，是遵照“敬天法祖，勤政爱民”的祖训，以“勤民”二字来命名此楼，以粉饰其投敌卖国的丑恶面目。

勤民楼有四个大房间，分别为溥仪的第一、第二、第三、第四候见室。东南侧有一小房间，是日本军国主义警卫官吉冈安直的办公室。勤民楼的二层东南有一个大房间，就是正殿。这是溥仪接受朝贺、给伪满官吏颁发委任状和授勋的场所。正殿里垂挂着丝帷幕，中间设置一张特制的单人高背沙发，靠背上装饰着兰花徽纹，这就是溥仪皇帝的“龙椅宝座”。

伪皇宫里的缉熙楼，是一座青砖铁皮房顶的欧式二层楼房。原为吉黑榷运局办公楼，建筑面积1036平方米，始建于1914年，1932年经改建维修后成为溥仪及其后妃婉容、谭玉龄居住的寝宫。溥仪取《诗经·大雅·文王》“於缉熙敬止”句为此楼命名，其意思是崇拜康熙皇帝，幻想复辟清王朝。一楼西侧原为溥仪的会客厅，1937年谭玉龄入宫后，改为谭玉龄生活区；一楼东侧为宫女、太监生活区；二楼西侧为溥仪生活区，东侧为婉容生活区。

溥仪的卧室是棕绿色绢裱墙，银灰色地毯，放置着咖啡色席梦思双人钢丝床、日本黑漆木架围屏、大衣柜、保险柜、穿衣镜、转椅、写字台，还摆放用黄色缎子罩着的模拟真人尺寸的男女模型各一个，反映了溥仪豪华的生活方式和浪漫生活。楼内天井中有一棵只开花不结果的杏树，既暗示着婉容的“红杏出墙”，又隐喻着溥仪的“四面被困”。

伪皇宫里还有一座嘉乐殿，是溥仪根据《诗经》中“以宴家宾”之句取名的。嘉乐殿是举行大型宴会的场所。每逢节日，溥仪在这里给伪满政府中地位较高的文武官员赐宴，以表彰他们卖国求荣的功绩。

这天早晨，冉冉升起的太阳把伪皇宫里的楼台亭榭照耀得如贫血般苍白，令这处神秘莫测的建筑群更加神秘和安静。突然响起一串震耳欲聋的机关枪似的声音，令正在画壁画的堃石大吃一惊。经打听，原来那响声是为庆贺怀远楼竣工而燃放的鞭炮。

怀远楼是溥仪根据《四书》中“柔远人则四方归之，怀诸侯则天下畏之”一句命名的，其意是幻想巩固溥仪的帝王专制。这是一座两层青砖楼房，建筑面积1483平方米，作为溥仪祭祀先祖之用。一楼为侍从武官处及宫内府帝室审查局、近侍处、掌礼处办公室。二楼除溥仪祭祖的奉先殿外，还有尚书府办公室和清宴堂。

有一天，“宫内府掌礼处”的一个主管找到堃石，用软中带硬的口气说：“来年二月七日，是康德皇帝的大寿，想请你画一幅象征皇帝权威的《九龙图》，届时作为贡品呈献给皇上。”

“龙”是中国的专利，但中国人对龙的解释多种多样，其中《辞源》云：“龙是古代传说中的一种善变化能兴云雨利万物的神异动物，为鳞虫之长”；《辞海》又云“龙是古代传说中一种有鳞有须能兴云作雨的神异动物”。因此对龙的定义为：传说中的神异动物，特征是有鳞、有须、能兴云作雨的生物。

传说中的人类始祖伏羲、女娲皆龙身人首，又被称为“龙祖”。华夏民族的先祖炎帝、黄帝，传说中和龙都有密切关系，“黄帝龙轩辕氏龙图出河”（《竹书纪年》），相传炎帝为其母感应“神龙首”而生，死后化为赤龙，因而中国人自称为“龙的传人”。

汉族传说中龙能隐能显，春风时登天，秋雨时潜渊。又能兴云降雨和腾云驾雾。龙后来成为皇权象征，皇帝又称为真龙天子，皇宫使用器物也以龙为装饰。

据考证，正式把皇帝称为龙的是秦代，如说秦始皇是“祖龙”；龙袍指定作为皇帝的正装，源于六百年前的明朝。在此以前，其他的贵族也可以穿“龙袍”。进入明代，中国封建社会确立了等级森严的服饰制度，龙袍被指定作为皇帝正装，他人不得穿戴。

“宫内府掌礼处”交代的事情，埜石虽不情愿，却不敢怠慢。经过反复思考，他用了一个月的时间终于画出一幅《九龙图》。

此画中的龙深得变化之意，整个画面九条龙分置于密云浓雾和狂风怒潮之中，迥异之状跃然纸上。画面的中上部是一条腾空飞翔的黄龙向海里喷水，它的两侧各有一颗发光的明珠；其他八条龙，或在云间，或在海里，都面向中间的黄龙。左边从乌云里冒出的是两条火龙，翘首摆尾龙口大开；右边在云雾里翻腾的是两条青龙，双目炯炯正视前方。水里的四条龙在巨浪中奋力挣扎，口喷长长的水柱。

埜石在构图形式上，令龙与龙之间虚实相映，犹如琴弦弹奏有张有弛，气势逼人。整幅作品迸发出龙的无穷变化之神力，粗犷迅驰的线条勾勒，凸显了龙的电光乍现、威猛布空的气势，细腻的水墨烘染出云起水涌之状，更加有力地揭示了龙的精神内涵。整幅画面浓淡墨色的渲染恰到好处，干湿变化也达到了浑然一体。

在埜石心目中，溥仪现在已经不是中国真正的皇帝了，因此在他构思时不准备给溥仪画十全十美的《九龙图》。经过一番冥思苦想，他在九条龙不为人注意的地方做了一些手脚。鉴于《周礼》一书中有“五爪（趾）天子，四趾诸侯，三趾大夫”的说法，他就给《九龙图》上的每条龙都画了四个脚趾，而不是象征天子的五趾足的龙。

五趾缺一的《九龙图》被送到勤民楼，溥仪非但没有看出破绽，反而“龙”颜大悦，为了表示谢忱，特将他登极时照的身着“满洲国陆海空军大元帅正装”的相片赏赐给埜石。趁着“龙”兴，“皇妃”李玉琴也将她刚刚创作的一幅书法赏赐给埜石。当时，埜石把这些相片和书法作为名人的赠品都收藏了下来。

“名人”可以指著名人物，也可以称作名流。狭义上的名人，是指知名人士、杰出的或引人注目的人物、显要人物；广义上的名人，是指一定范围内有高知名度的人。这里的范围是相对的，小到邻里、单位部门，大到国家、世界，在其相对的范围为众人熟知的都可称之为名人。

名人可以是好人，也可以是坏人；可以是英雄，也可以是丑角，只是因为他的行为吸引了公众眼球而已。然而成为名人也未必是好事，有句俗语叫作“人怕出名猪怕壮”，当然臭名昭著的名人更是为众人所排斥。一个人的名气，还是要能够体现积极的社会价值并且与他的实力相称比较好，这样的名人才会为世人所尊重。

不管怎么说，溥仪毕竟也是一个名人，而且是一个与众不同的名人。埜石当然知道溥仪是前清的末代皇帝，当今的头号汉奸。但埜石进“皇宫”为溥仪搞美术装饰，那是以一个普通劳动者为了生计所为；他接受伪满皇帝溥仪的相片，接受伪满皇妃李玉琴的书法，那是作为一个美术家在收藏一份文物资料。至于政治层面上的问题，那时他还没有考虑这么多。

震撼“新京”的号外

顺天大街（今人民大街）是长春当年比较重要的一条街道，不但两侧高档建筑多，绿化好，而且街道也宽阔，10米宽的人行道，然后是各12米宽的双向车道，中央是16米宽散步绿带。沿着宽阔的顺天大街南行，在路的两侧可以看到一些新落成的风格别致的高楼大厦，人们习惯上称之为“伪满八大部”中的四个部都在这条街道上。

顺天大街二号是一栋模仿日本国会大楼设计建造的塔式

屋顶、瓷砖贴面、呈“王”字形的建筑，这就是伪满洲国的“国务院”办公大楼。

堃石对这座大楼太熟悉了，他曾在里面做过美术装饰。他还听说，伪满政府曾在这里颁布了几经修改的《政府组织法》，其中规定伪满政府实行立法、司法、行政三权分立制，皇帝是统治伪满的元首，行政权由国务院统辖，国务院内设总理大臣、总务厅长官及各所属部大臣。在此后的几年中，本着所谓“简素化”、“一元化”的原则，伪满政府机构做了几次重大调整，但结果也只是强化了由日本人控制的总务厅权力。

看到这座精美别致的建筑，堃石又想起了“国务总理”办公室及其主人张景惠。除了任期多了几年，这位“总理大臣”的境遇与前任郑孝胥并没有什么不同，都是在总务厅的严密控制下，谨慎地行使着有限的权力。当年不知这位被日本人誉为“好宰相”的张景惠是怀着怎样的心态在自己的办公桌前批阅文件、发布命令的……

张景惠（1871～1957年），字叙五，辽宁台安人。青年时代跟随父亲卖豆腐，善于结交朋友，经常出入赌场。甲午战争后，清朝统治在东北陷于瘫痪状态，各地草泽枭雄乘机而起，他也拉起了大排，由商务会长出面在八角台镇成立了自卫团，自任团练大，为本镇的商号富户看家护院。

清末，“胡子”出身的张景惠与“东北王”张作霖一起接受改编，为张作霖的结拜兄弟。历任奉天巡防营帮带、骑兵营管带、陆军第二十七师旅长、奉天第一师师长、奉军副总司令、察哈尔都统等职。

“九一八”事变后，张景惠公开投日，先后任伪参议府议长兼东省特别行政区长官、伪军政部总长、伪满国务总理大臣等职，成为日本的最忠实走狗。此人长于书法而无节，曾厚颜无耻地题写“日本之兴，即满洲之兴”登于邮票之上。

作为受日本帝国训化多年的“总理大臣”，把“使命”永远排在第一位。因此他被关东军司令官称为“好宰相”，为“日满亲善身体力行者”。从流传中的“警句”即可得知其深得主子的赏识：

有一次总务厅长官在国务会议上讲“日满一心一德”的鬼道理，作为日本掠夺工矿原料行为的“道义”根据，临末了请“总理大臣”说几句。张景惠便厚颜无耻地说：“咱是不识字的大老粗，就说句粗话吧：日满两国是两只蚂泠（蜻蜓）拴在一根绳上。”这“两只蚂泠一根绳”便被日本人传诵一时，成为教训“满”籍官员的“警句”。

日本在东北实行“拓殖移民”政策的时候，要在“国务会议”上通过法案，规定按地价四分之一或五分之一的代价强购东北农田，有些“大臣”害怕造成“民变”和失去自己拥有的土地而表示反对。这时张景惠又出来说话了：“满洲国土地多的不得了，满洲人是老粗，没有知识，让日本人来开荒教给新技术，两头都便宜。”不仅提案就此通过了，而且“两头便宜”这句话又被日本人作为“警句”经常引用着。

后来，日本人推行“粮谷出荷”，东北农民每季粮食被征购殆尽，有些“大臣”因征购价过低损害到他们的利益，便在“国务会议”上借口农民闹饥荒吵着要求提高收购价格。日本人自然又是不干，张景惠于是对大家说：“日本皇军卖命，我们满洲出粮，不算什么。闹饥荒的勒一下裤腰带就过去了。”“勒腰带”又成了日本人最爱说的一句“警句”，当然不是对他们自己而言。

就是这位伪满国务院的总理张景惠，听说齐白石的弟子埜石美术装饰做得好，便不甘落后地立即派人请埜石给他的官邸做美术装饰。位于德惠路的张景惠官邸（今八一军人招待所），以及健康胡同31号的一栋小楼，内里的绘画装饰布置，都出自埜石之手。

埜石在给张景惠家做美术装饰时，曾听到这位“总理大臣”的许多风流韵事。张景惠一生娶了七房太太，素有“官升一级纳妾一房”的说法，至于生了多少南腔北调的孩子，那就不得而知了。中国人造出了一个“安”字，意思是说屋檐下只能有一个女人，如果多了就不是“安”字了。张景惠的屋檐下有七个女人，可以想见他的家庭是何等不安宁。

1935年，张景惠出任伪满总理大臣以后，只有六夫人张树卿、七夫人徐芷卿最为受宠。这两位夫人年轻貌美，又会来事儿，所以很得张景惠的喜爱，常年陪侍张景惠住在北平。七夫人还曾担任过“国防夫人会”的会长，经常在公开场合抛头露面，为日本帝国主义的侵华战争摇唇鼓舌，为日本侵略者推行殖民政策服务。

张景惠的其他几位夫人就没有那么幸运了。她们要么住在老家固守田园，要么留在奉天看家护院，一年也难得见到张景惠一面。尤其是四夫人史喜卿，正值少妇之年情欲旺盛之时，每日独守空闱倍感冷落，强忍孤独寂寞之苦。长期的抑郁寡欢、积怨愤懑，竟至身染沉疴。

张景惠在六夫人的劝说之下，为了表示夫妻情意，派出一名男仆和几名女仆前去奉天伺候照料四夫人，其实也有一半是监督四夫人。女仆中有一个年逾五旬慈祥善良的老妈子，男仆是一个年轻英俊、忠厚勤快的小伙子。

老妈子很同情四夫人的处境，视四夫人如同己出。男仆视四夫人如同姐妹，也是关爱有加。长此以往，三个人不但相处甚笃，而且日久生情。老妈子就暗中牵线，促成了男仆和四夫人的孽缘。于是，两个人便朝夕相伴，如胶似漆，同床共枕，宛若夫妻。

俗话说："若要人不知，除非己莫为。"男仆和四夫人私通的事情很快就在奉天传开了，一时之间关于"总理大臣"的艳闻一哄而起，街头巷尾都把"戴绿帽子的总理大臣"当作茶余饭后的笑料。没过多久，这些消息就传到了"新京"，也传进了张景惠的耳朵里。

精通字画的张景惠总觉得爱情和字画不同，在字画上盖的钤印越多字画越值钱，而在爱情上就容不得别人先占有过，何况自己又是个位高权重的"国务总理"。其实，这种所谓的贞操观主要来自男人本性中的占有欲，他们希望自己的女人完全属于自己，绝不允许被别的男人改造或插足。

后来听说在一个凌晨，"老钦差府"——伪满总理大臣在奉天的私人公馆里——传出一声沉闷的枪响，四夫人倒在血泊中。据关东军有关方面调查，此乃一个叫辛福盛的人所为，该人供认是受总理大臣派遣，事情也就不了了之了。男仆带着四夫人给的金银细软亡命他乡，从此再也没了音讯。

除了给“皇宫”、“总理”官邸做过美术装饰外，埜石还为“外交大臣”韩云阶及其女儿家，于镜涛及其妹妹家，“立法院”院长刘恩阁家和冯涵清、于静远等伪大臣家作过美术装饰。这些人都是挥金如土的官宦之流，埜石因此从他们那里也获得了自己应得的十分丰厚的报酬。

时值盛夏，暑气蒸腾，埜石冒着烈日暴晒去拜访一位好友。当他来到顺天大街伪满中枢机关“国务院”的隔壁，看到门口站着木桩子一般的卫兵，不禁心生懊恼。

这座建筑是伪满军事部，建于1935年，钢筋混凝土结构，占地面积五万平方米，主体为四层，地下一层，具有中西折衷主义的“兴亚式”风格，平面整体呈“个”字形。门厅由四根方柱支撑，门厅内墙均以赭色天然大理石装饰，雨棚平台设有花岗岩栏杆。深褐色瓷砖贴面，屋顶及木檐都采用绿色琉璃瓦装饰。主体顶部采用民族式建筑风格，并有部分浮雕装饰。伪满军事部是指挥伪满军队的机关，其职能是掌管军务用兵事宜，是日本关东军镇压抗日力量的帮凶。

再往前走，就是顺天大街五号，那是伪满财政部。该建筑建于1935年，整个建筑平面呈F形，钢筋混凝土结构。建筑主体为五层，两翼为褐色瓷砖贴面坡屋顶及檐部采用深色硫璃瓦装饰。占地面积43200平方米，建筑平面呈长方形。伪满财政部后来改称“经济部”。

与伪满财政部相邻的是伪满司法部。该建筑建于1935年，整个建筑呈“十”字形，正门朝西，主体三层，地下一层，正中建有塔楼。主楼中上部配以歇山、马尾、重檐。门厅宽大敞亮，门厅前部，每侧由三根圆柱呈L形排列，天棚上部用宝蓝色琉璃瓦装饰，单城面护栏。主楼第一层为拱形窗。整个建筑用赭色瓷砖贴面，中间部分高出主体三分之一，用洁白瓷砖贴面。塔顶、屋顶及檐部均以宝蓝色琉璃瓦装饰。总建筑面积为16328平方米。司法部设有总务司、法务司和行刑司，掌管法院、检察厅及狱政等司法行政事务。

坐落在顺天大街七号的是伪满交通部。该建筑建于1935年，整个建筑平面呈“凵”形，钢筋混凝土结构。楼的主体为四层，两翼为三层，地下一层，山花头为“人”字形面对大街。在坡屋顶边缘雕有花纹，四层楼窗顶装有半坡檐做点缀，其下有四条突出墙面的装饰柱。整个建筑用浅褐色寸条瓷砖贴面，用深红色琉璃瓦铺顶。伪满交通部管理东北境内的公路、内河航运及邮政。

除上述伪满四个部坐落在顺天大街上外，其他四个部的位置相对比较分散。如：

坐落在至圣大路（今自由大路）八号的伪满实业部，原建筑为硬山顶二层建筑，正门朝北，平面呈“弓”字形，建筑面积为9871平方米。实业部内设总务司、农矿司、工商司。1937年将实业部改名产业部，三年后撤销产业部改设兴农部，主管农业、林业、畜牧业、水产、矿产、工业、开拓殖民以及其他资源的开发利用等事项。

坐落在至圣大路10号的伪满文教部，该建筑原为二层楼房，正门朝北，钢筋混凝土结构，无其他附属建筑，占地面积为一万平方米。伪满文教部主要负责常务、宗教、社会教育以及思想文化的统治。

坐落在中央通（今人民大街）77号的伪满民生部，整个建筑平面呈F形。主楼二层，地下一层，正门朝东。在五级台阶上有六根圆柱支撑着挑檐，挑檐与四坡屋顶间设一夹层。在中间四根圆柱后方，门的上部有半坡檐做点缀。第二层楼全部为拱窗，在一、二层窗之间有双柱浮雕。民生部原名“民政部”，曾改称“厚生部”。其职能是掌管教育、礼教、保健、民心振作、民生安定事宜，强制征集劳动力为日本侵略战争服务。通过“地籍整理”大肆掠夺东北农民的土地，并积极策划成立了“满洲拓植株式会社”，负责“移民现地指导和获取土地”等事项。

坐落在兴亚大街与大庆路交汇处东南角（现普庆路一号）的伪满外交部，为砖木结构建筑，主体二层，地下一层，建筑面积9700平方米。主入口处高大威严，似古城门楼，后部建筑转角处立一圆楼，整个建筑为欧洲庄园城堡式，具有西方建筑特点，由法国普拉士莫班公司设计和施工。

除了“伪满八大部”之外，为了泯灭东北人民的民族意识，使之成为“顺民”，日本侵略者在伪都“新京”还设立了“建国大学”、“陆军军官学校”和“大同学院”等一批高等学校，以培养日伪“中坚官吏”。

作为一名画家，埜石除了画花鸟鱼虫、山水人物外，也画各种建筑。因此，他对“伪满八大部”及上述学校的地理位置和建筑风格曾进行过多次考察，虽然没有支起画板公开对它们写生，但却默记于心，经久不忘，始终把它们当作日本侵华罪恶史和民族耻辱史的见证。

1936年12月中旬，长春街头像刮起一阵旋风，一个报童手摇着报纸大声呼喊：“号外号外！蒋介石被张学良抓起来了，蒋介石被张学良抓起来了！”很快，被日本人称为“新京”的长春城像开了锅，人人都在议论张学良，家家都在评说蒋介石。

这个世界充满了意外，越是没料到，越是出意外。

正在作画的埜石，被窗外的叫卖声惊扰，也赶紧买一份报纸，并一口气读完，知道这不是捕风捉影的传言，而是有根有据的事实。

这年11月，坚持“攘外必先安内”国策的蒋介石趁解决“两广事变”的余威，把他的嫡系部队约三十个师，从两湖调到平汉线汉口—郑州段和陇海线郑州—灵宝段，准备入陕，达到一举消灭红军的目的。

12月4日，蒋介石携张学良由洛阳到西安，并向张学良、杨虎城摊牌，提出两个办法，要他们作最后抉择：一个是服从命令，把东北军和十七路军全部投入陕北前线，在其嫡系部队监视之下积极“进剿”红军；一个是如果不愿“剿共”，就将东北军调闽，十七路军调皖，把陕甘让给其嫡系部队。

蒋介石所提出的这两个办法，都是张、杨所不能接受的，他们既不愿再替蒋介石打内战，也不愿让自己的部队离开西北这个根据地为蒋介石所消灭。出路只有一条，就是迫使蒋介石停止内战，联共抗日。

为了最后争取蒋介石同意联共抗日的要求，张学良在12月7日还向蒋介石进行了一次“哭谏”。不料蒋介石听后勃然大怒，骂张学良年轻无知，受了共产党的迷惑。张、杨忍无可忍，这才下了“硬干”的决心。

当时西安各阶层的广大人民都积极拥护中国共产党提出的团结抗日主张，中国共产党通过西北各界救国联合会在知识青年中进行的抗日爱国教育，有力地激发了学生们的爱国觉悟和革命热情。

12月9日，西安一万多学生为纪念“一二·九”抗日救亡运动一周年举行示威游行，要求停止内战、一致抗日。国民党的特务警察竟开枪打伤了游行的小学生，激起广大群众的义愤。为了挽救国家危亡，群众当即决定前往临潼华清池向蒋介石请愿。

蒋介石闻讯后令张学良严行镇压，“格杀勿论”。张学良急忙赶往十里铺劝说学生回去，学生们群情激愤地向他请愿，他深为学生们的爱国热情所感动，更加坚定了逼蒋抗日的决心，他当场对游行群众说：“我与你们是站在一条战线上的，你们的要求也就是我的要求，再往前走就要被机关枪扫射，我不忍看到你们遭受伤亡。你们现在回去吧，一星期以内我一定用事实答复你们。”

12月8日，张学良和杨虎城商定扣押蒋介石，并作了适当的分工：临潼归东北军负责；西安归十七路军负责。

12月12日，当窗外惨白的月光变成血红的曙光时，各部队开始行动了。约7时半，大部分蒋军被解除武装。到8时，西安的军事行动全部结束。9时许，蒋介石被押送至西安，住在绥署大楼。南京政府驻西安的军政大员在蒋介石到西安前已全部被扣押。

埜石看完报纸，心情久久不能平静。他极为兴奋地对妻子说："文琴，我们东北人又做了一件惊天动地的事，张少帅把天捅了个窟窿。你看，他把蒋介石抓起来了！"

"蒋介石是总统啊，这不是犯上作乱吗？"李文琴不解地问，"这个姓张的为什么抓蒋介石？"

"张少帅想报家仇国恨，蒋介石不让他打日本人。"

"蒋总统为什么不让他的将军打日本人？"

"他怕日本呗！"埜石不无感慨地说，"部将把总统给抓了，这可是历史上从来没有过的事……"

独特的装饰方式

"九一八"事变之后，长春成了"满洲国"的首都，幻想吞并中国的日本甚至把它更名为"新京"。日本人按照巴黎和柏林的标准建设这座城市，以使其超越东京成为亚洲第一大都市。于是，在长春城里，一条条马路纵横市区，一座座高楼拔地而起。大街上，赤橙黄绿青蓝紫，艳丽得如伞花毒蘑菇般盛开着。从此，殖民统治带来的东洋文化与当地固有的传统文化在这里遭遇着激烈碰撞。

快速的市容变化虽然带着浓厚的殖民色彩，但在一个画家眼里却把它看作是一种艺术现象。因此，埜石经常利用外出散步的机会观看宽阔的大街和新落成的建筑，回到白杨画店后就把默记下来的模样描绘在宣纸上。

这一天，观看市容后的埜石回到画店，正在聚精会神地描摹他所看到的一座建筑时，突然听到门响，进来一个穿戴讲究的年轻人。经询问，原来是于芷山派来的管家于兴泉。由于听说埜石壁画画得好，又是齐白石的弟子，于芷山的三夫人便派他来请埜石给于公馆做美术装饰。

于芷山（1879～1951年），原名于世文，字澜波，辽宁台安人。出身于地主家庭，早年在杜立三处从匪。1903年到奉天投效清廷，历任正兵、什长、哨长等职。1912年任步兵排长，后任辽中县河防营上尉副官。1914年入奉天讲武堂学习，毕业后任水上警察局局长。1920年后任步兵上校团长、少将旅长、师长兼张作霖侍从武官长。1927年任东北军第三十军军长。第二年调任东边道镇守使。“九一八”事变后公开降日，先后任伪“东边道自治保安司令部”总司令、伪奉天省警备司令官、伪第一军管区警备司令官。

投靠日本后，正当这个仪表堂堂、颇似男子汉的“治安部大臣”在不遗余力地招兵买马、扩充军队的时候，没想到后院起火竟上演了这样一个闹剧：

那一天，于芷山的夫人令家人前往首都警察厅报案，说家中失盗。首都警察总监于镜涛为慎重起见，亲率刑事科日籍科长及刑警多人来到于公馆查看现场。据于夫人说，她的东西放在内室箱里，只有使女知道。随即掀翻使女的衣箱，果然发现失物所在。

于夫人不依不饶地指着使女说："显然是她偷的，这个女人不正经。"

使女摆出不妥协不屈服的架势，哭诉着说："冤枉啊！我不但没偷太太的东西，就连说我不正经也不对……"

"又想当婊子，又要立牌坊，人赃俱在，谁还信你的鬼话！"于夫人含酸带怒的语言恶毒而冰冷，句句话都像蛇吐出的信子。

"长官请相信我，我说的都是实话！"使女进一步辩解道，"至今我还是个处女，不信你们可以查验我的身子！"

听使女如此说，站在一旁的于芷山表现得很是得意。而于夫人却瞪大了金鱼眼，露出一脸脑溢血加心肌梗塞的表情，在场的人也都不言自明个中的隐情。原来，这个使女是于家托亲戚从乡下雇来的，很有几分姿色。于夫人怀疑老公与其私通，又没有抓到证据，不好无缘无故地辞退，便耍了这个栽赃诬陷的把戏。

于镜涛本来就不是多事之人，知道案情中充满着妒情和醋意，自己却被于夫人提线木偶似地戏耍了一把，便心生闷气。他把那孔武有力的胳膊一挥，叫了一声"于大臣，再见"，就率警回衙了。

有人说，女人唯一能依靠的就是身体，至于智慧那是男人才该有的东西。然而于芷山的三夫人却不是这样，她不但有胸脯，而且也有头脑。她要收拾自己的屋子，活计是画壁画，但她的要求很高，换了五拨人都未能使她满意。于芷山最心疼这个“小三”，又听张景惠说埜石的手艺好，于是就派家人请埜石过来。

来到于公馆，埜石把房子的里里外外看了一遍，果然不同凡响。客厅里布置得文文雅雅，除摆放一些红木家具外，还悬挂不少名人字画，只是那些国画过于平庸，书法也不够遒劲。

一番虚伪的客套之后，于芷山问埜石：“听你口音很熟，你府上是……”

“辽宁营口。”埜石答道。

“营口的哪疙瘩？”

“大石桥！”

“哎哟，原来我们还是老乡啊！我家台安离你们大石桥不远……”

埜石没兴趣和于芷山拉扯老乡关系，急于把这个工程定下来，可是一等二等就是不见请他来装饰的三夫人，于是就耐不住性子问：“于大臣，三太太呢？”

“装饰的事咱们定就行了，没必要叫她过来。”于芷山一向门风肃然，管束甚紧，不愿让水性杨花的三夫人抛头露面。他知道三夫人像兔子一样不老实，何况年轻的埜石又长得漂亮，更是多了一层戒心。

"不行！见不到三太太，这活儿没法做。"埜石口气强硬地说。

"这么说非她来不可了？"

"是的。"埜石态度坚决，"不仅我要见见她，还要请她把这房门的钥匙交给我。"

于芷山无奈，又找不到更好的装饰画家，这才差人将三夫人唤来，同时也想看看这个姓崔的家伙要要什么鬼把戏。

埜石走出客厅，只见三夫人款款而来。银灰地粉红小花旗袍把她的身材勾勒得曲线毕露，楚楚动人。脸上敷着浓厚的脂粉，仿佛是刚刚下台还未卸妆的戏子。她左手拎着一个包，右手夹着一支烟，香汗淋漓地暴露在骄阳之下。对于她来说，吸烟并不完全是为了过瘾，而只是一种姿势，一种象征，一种生活状态。

三夫人一脸妩媚的笑容，那眼神不断地闪烁着一缕缕电光。她看到埜石头发梳得有形有款，明亮的眼神熠熠生辉，知道这是一个精明强干的画师，于是莞尔一笑，轻启朱唇："崔老师，烦劳您啦！"

埜石长着一双孙悟空的火眼金睛，只要瞟上一眼三夫人，就能知道这个女人的思想品位、个人爱好以及对装饰的要求。他懂得"干活不由东（家），累死也无功"的道理。

"不客气！"埜石望着这个似乎天生适合做姨太太的女人说："好，把房门的钥匙交给我，你可以走了。"

"那就拜托崔老师了。"三夫人示意管家把钥匙交给埜石。

埜石接过钥匙，"咔叭"一声将房门锁了。

看看姗姗而去的于夫人，再看看被埜石锁住的房门，众人无不愕然。

其实，不用愕然。埜石看过于夫人的衣着打扮和举止做派，便明白了她的喜好。他将门锁了，是怕于家人过来看他作画，人多眼杂，随意指挥，不便施工，更不好集中与发挥主观的审美观点，以及设计技能。

果然，一个工程下来，当房门打开，三夫人非常满意。三夫人乐了，于芷山当然也乐在其中。

这段时间，在为伪满的文臣武将做美术装饰的过程中，埜石确实认识了不少名人，如张作霖的大女儿张冠英，据说她嫁给了营口独立旅的鲍旅长。由于鲍旅长既是张作霖的姑爷，又是张学良的大姐夫，所以他在埜石的家乡势力很大，无人敢惹，无人敢碰。尽管如此，这个鲍旅长在他的夫人跟前仍唯唯诺诺，鲍夫人说啥是啥。

说来也巧，埜石与张冠英还有点缘分，按辈分他还是张冠英的师哥呢！张冠英和埜石一样也喜欢绘画，鲍旅长曾给她请了一个师傅，这个人就是埜石初学绘画时的老师张松轩。他给张冠英画了一套国画《红楼梦》，被镶在屏风上，天天观赏，逢人就夸，赞不绝口。

但是，埜石也只是认识一下这些官僚幕府中的人，却从不与他们深交。因为他从《论语》中学会了一句话："道不同，不相为谋。"意思是说走着不同道路的人，就不能在一起谋划，也就是说意见或志趣不同的人就无法共事。埜石是一个有主见的人，他始终按照自己的原则走自己的人生之路。

1937年夏天，长春的天气和往年一样晴朗少雨。伪皇宫里的荷花开了，那一片片粉红色的花瓣，还有那嫩黄色的小莲蓬组成了一朵朵鲜香艳丽的荷花，好似一个个低着头红着脸在相亲一样害羞的大姑娘。蜜蜂和蝴蝶绕着美丽的花朵转来转去，花朵发出一阵阵清新的香气，真是让人如痴如醉。

然而在这美丽如画的环境里，正在做装饰的埜石听说这里最近发生了一起令溥仪十分尴尬和恼火的“护军”事件。

所谓护军，就是溥仪自己出钱豢养的队伍，它不同于归属“军政部”建制的“禁卫军”。溥仪当初建立它不单是为了保卫自己，而是想借此培养自己的军事骨干，为建立自己所掌握的皇家军队做准备。这支300人的队伍全部是按照军官标准来训练的，由宫内府警卫处长佟济煦负责管理。

佟济煦（1884～1943年），字楫先，生于福建福州，满洲镶黄旗人。1909年回到北京，1924年在紫禁城内务府任职。溥仪被逐出紫禁城后，跟随到天津。1932年“满洲国”成立后，任执政府内务处内务官。1934年后任宫内府警卫处长兼护军总队长。

6月28日，宫内府的几个护军到公园去游玩，因租借游艇与穿便衣的日本人发生了口角。这时一群日本人蜂拥而上，不容分说举手就打。他们被逼急了，便使出武术来抵抗。日本人见不能奈何他们，就放出狼狗来咬。他们踢死狼狗，冲出重围，逃回队里。可怎么也没想到，这一来却闯下了大祸。

没过多会儿，一些日本宪兵来到宫内府，命令佟济煦把今天去公园的护军全部交出来。佟济煦吓得浑身发抖，忙把那些护军交给日本宪兵带走。日本宪兵逼他们承认有“反满抗日”行为，那些护军不肯承认，于是便遭到各种酷刑虐待。到这时那些护军才明白过来，这一事件是关东军蓄意制造的：那些穿便衣的日本人原是关东军派去的，在双方斗殴中受伤者有两名关东军参谋，被踢死的狼狗就是关东军的军犬。

溥仪听说自己的护军被捕了，忙请吉冈安直代为向关东军说情。吉冈去了一趟，带来关东军参谋长东条英机的三个条件：一、由管理护军的佟济煦向受伤的关东军参谋赔礼道歉；二、将肇事的护军驱逐出境；三、保证以后永不发生同类事件。溥仪按照东条的条件一一照办之后，关东军接着又逼溥仪把警卫处长佟济煦革职，由日本人长尾吉五郎接任，把警卫处所辖的护军编制缩小，长武器一律换成短枪。

日本人使了一个小小的计谋，溥仪的一番苦心便化为乌有，他的“禁卫军”就这样轻而易举地被扼杀了。

7月9日，在亮堂堂的月光下，埜石的心比隆冬的黑夜还要黯淡。这天晚上，他从报纸上获悉两天前北平发生了卢沟桥事变。日本军不但占领了中国的东三省，如今又攻打到天子住过的中国都城，这使埜石对中国的前途命运充满着忧虑，继而又牵心动腑地挂念起师傅的安危来了。白石老人的安全会不会有问题，他仰望明月，遥牵北平。

卢沟桥事变，即“七七事变”。7月7日，日军在北平西南卢沟桥附近演习时，夜间日本军队以己方士兵失踪为借口，要求进入宛平县城调查。遭到拒绝后，日本军队于7月8日凌晨向宛平县城和卢沟桥发动进攻。国军予以抵抗，驻守在卢沟桥北面的一个连仅有四人生还，余者全部壮烈牺牲。卢沟桥事变是日本全面侵华开始的标志，也象征着第二次世界大战亚洲区域战事的起始。

正如埜石所担心的那样，卢沟桥事变确实使齐白石老人受到了惊吓。

一天，日本人控制下的北平某敌伪机关派人把齐白石接去，强迫他宣传所谓“中日共荣”的强盗理论。齐白石坚决拒绝，宁死不答应，因而被恼羞成怒的敌人扣押了三天，后来被人保释回家。

齐白石到家后愤然挥笔写下“子子孙孙不得做日本官”的遗言，表示自己抗拒到底的决心。当时日本侵略驻华北地区的军事指挥官土肥原贤二曾多次派人到齐白石家，诱劝他去日本，加入日籍。齐白石断然拒绝：“齐璜是中国人，不去日本。你们要齐璜，可把齐璜的头拿去。”

齐白石不但没有被日本侵略者吓倒，在民族危亡之际，这位老艺术家还作出了一个果断的决定，在他的自传中曾记述了这段经历：

> 这从来没曾遭遇过的事情，一旦身临其境，使我胆战心惊，坐立不安。怕的是，沦陷之后，不知要经受怎样的折磨，国土也不知哪天才能光复，那时所受的刺激，简直是无法形容。我下定决心，从

此闭门家居，不与外界接触。艺术学院与京华美术专业学校两处的教课，都辞去不干了。

齐白石这位年过古稀的老人用自己的方式表现了高尚的民族气节和民族自尊。在齐白石的影响下，王雪涛、李苦禅等白石的弟子也都纷纷辞去了教职。崇拜齐白石的京剧大师梅兰芳，后来也以“蓄须明志”的方式，维护了自己的尊严。

齐白石高尚的民族气节和民族自尊，在另一事例中亦有见证：

伪华北政务委员会委员长王克敏封存了齐白石在银行的全部存款，威逼其为他作画。齐白石义愤难平，于是裁纸研墨，挥毫作画一幅，亲自加封，派人送至王宅。恰好当天王克敏在家举行宴会，敌伪华北头面人物集聚一堂。王克敏自以为齐白石“就范”，送画祝贺，喜出望外，当众将画展开。

原来齐白石画的是一张《群鼠图》，画上题词云：“群鼠群鼠，何多如许？何闹如许？既啮我果，又剥我黍，烛炮灯明天欲曙，寒冬已换五更鼓。”观者无不目瞪口呆，王克敏羞恼得说不出话来。

“七七事变”之后，东北的生产、生活被纳入了日本的战争体系，东北人民从此生活在水深火热之中，特别是日伪政权对中国劳工的奴役和盘剥更加野蛮和残酷。为了巩固其后方基地的统治，日本对东北人民的抗日爱国活动进行了全面镇压。他们还调来大量队伍，用大约20个日本师团的兵力来对付只有4500余人的抗日联军。

为了扶植伪满皇帝溥仪，镇压长春人民，日本侵略者在铁路沿线修筑了一座座炮楼和地堡，监视反抗的爱国民众。在长春市内，环形有轨电车的轨距比正规铁路窄，比其他城市有轨电车的轨距宽。其目的就是一旦长春人民起来暴动反抗，日军的有轨装甲车可以通过电车轨道快速开进市区，用他们的机枪和炮弹镇压中国人民。

扶贫济危

苍天有眼，大地襄助，埜石的生活就像三月里刚刚吐蕊的桃花，孕育着希望和美丽。他是个勤奋人，当城里的男子汉还在梦中搂着娇妻癔语的时候，当乡间的婆娘还在床上伸懒腰打哈欠的时候，他就起来了。他把白杨画店经营得风生水起，十分红火，每天看画买画的人络绎不绝。

这是一个星期日，白杨画店刚刚开张，就进来一个个头不高的男人。他身体胖胖的，笑起来很像一尊大耳垂肩的弥勒佛。圆溜溜的秃顶，完全可以用“中间溜冰场周围铁丝网”来形容。穿着西服革履，扎着花纹领带，鼻梁上夹着金丝眼镜，留着一撮仁丹胡子。

那人进门后就来一个90度的大鞠躬，从长相、打扮和做派上一看便知他是一个日本人。不过，他的汉语说得非常地道，不但能如数家珍地引用中国的历史典故，就连中国的方言俚语也能说上几句。

这个日本人走进画店后，就像走进自己的家里一样，熟门熟路地径直向一幅仕女图走去。那幅画上的仕女在冲着他发出凄婉的叹息，好像在瞅着一个负心郎。只见他站在画前一动不动地观赏着，嘴里唧唧咕咕，犹如在向他的情人忏悔过错。

仕女图是以中国封建社会中上层妇女生活为题材的绘画，魏晋南北朝是仕女图的早期发展阶段，描绘的女子主要是古代贤妇和神话传说中的仙女等，这类形象的原型一般来自于诗、赋等文学作品和民间传说。画家在表现这些远离现实生活、带有理想化色彩的女性时，最为关注的是如何通过对女性外在形体的表现，张扬出其内在的精神气质。

唐代作为封建社会最为辉煌的时代，也是仕女图的繁荣兴盛阶段。画家们以积极入世的行乐观密切地关注于丰富多彩的现实社会，尤其热衷于表现贵族妇女舒适闲逸的生活方式，单调而优越的生活情调。

宋代作为政权相对稳定、经济发达、文化昌盛的一个时代，在仕女图的创作上承袭了唐、五代兴盛之势而又有所创新，尤其是在题材方面，其表现范围已扩展到前所未有的宽泛地步。除宫廷贵族妇女、神话传说中的女子仍被描绘外，生活中最底层的贫寒女子也开始为画家们所关注。

到了蒙古贵族统治的元代时期，特殊的社会现状和民族冲突，令画家们避居山野，倾心于抒发隐居情怀的山水画创作，由此而导致元代仕女图呈衰退之势。画家们在题材的选取上，没有继承宋代积极地表现各个阶层、各种身份、各样处境下诸多女子的传统，而是游离于现实生活之外，在历史故事和文学作品中寻找表现题材，人物造型上则继承了盛唐人物“态浓意远淑且真，肌理细腻骨肉匀”的遗风。

明代是封建社会的政权稳定时期，仕女图在文人画家的积极参与下获得极大的发展。在题材上，除肖像外，戏剧、小说、传奇故事中的各色女子则成为画家们最乐于创作的仕女形象。人物的造型由宋代的具象写实逐渐趋于带有一定唯美主义色彩的写意。仕女身材婀娜匀称，面容端庄清丽，举止间流露着女性文雅恬静之美，尤其她们怡情于亭台之间，身着贴体紧身的明服，更增强她们体姿的修长与典雅的风致。明代作为仕女画的艺术成熟阶段，这一时期不仅涌现出了众多杰出的仕女画家和他们所创作的作品，而且在表现技法上亦丰富多彩，取得了较高的成就。

清代作为封建社会的最后一个朝代，仕女图发展至此被抬高到居山水、花鸟诸表现题材之上的至尊地位。这时期的仕女图在创作上日益脱离生活，成为一种概念化、程式化的表现题材，画作中的女子无论是贤妇、贵妇、仙女或从军习武的花木兰、梁红玉等皆拥有着修颈、削肩、柳腰的体貌，长脸、细目、樱唇的容颜，风露清愁、黯然神伤的小家碧玉般韵致等。

纵观历史，仕女图从起源、形成到发展，历经两千多年漫长的演变过程，成为中国优秀的文化遗产，为我们今天的绘画创新提供了丰富的经验。

埜石创作的这幅仕女图，皓月当空，水波无际；芦荻丛中，芙蓉伸露；花前月下，一女子低眉笼袖，悄然伫立，似在沉思，又似在对月祈祷。画面简洁凝练，以大片空白的背景烘托出寂寞清凉的气氛。人物用白描勾勒，衣纹细劲飘洒，姿容静穆秀美。画面虽然十分简洁，内涵却十分丰富，不仅刻画了女子亭亭玉立之态，而且披露了她略带凄婉的心境，给观者以诗意、美感和强烈的感染力。

良久，这个立于侍女图前的日本人好像睡醒了似的突然一惊一乍地自言自语："太棒了，太棒了！"

正在作画的埜石被日本人的神经质吓了一跳，于是放下画笔，朝他瞅了一眼。

日本人转过头来问埜石："画中的花姑娘是《红楼梦》里的林黛玉吗？"

"不是的，但她也是一个清代仕女！"埜石朝日本人有礼貌地笑一笑。

"太棒了！"日本人问，"你为什么不画一个面带笑意的美人呢？"

"美人是不能随便笑的！"埜石调侃道，"晴雯一笑撕坏了几把扇子，杨贵妃一笑死了几匹驮荔枝的马，秋香一笑疯魔了一个唐伯虎，褒姒一笑不仅要了周幽王的老命，还断送了西周350年的江山……"

"你讲得太棒了！"日本人点头道，"这幅画的规格有大一点的吗？"

"如果你需要，我可以给你画一幅大点的。"

"太棒了！"日本人问，"需要多长时间？"

"一个星期就行！"

"太棒了！"日本人又问，"能用日元结算吗？"

"可以。"

"太棒了……"

三十而立，四十而不惑，埜石介于两者之间，已经过了轻狂的年纪。不待埜石眼里冒出兴奋的光彩，这个日本人便向他深深鞠了一躬，然后转身向门外走去。埜石望着这个浑身被紧绷绷的西服箍着又带有几分武士道野性的男子，这才恍然大悟："太棒了"，原来是这个日本人的口头禅。

送走了日本人，埜石坐回画案继续作画，他正在画一幅山水画。他先在画面中间偏左的位置画出一块巨石，再用浓墨画出石头的轮廓和纹印，然后用淡墨擦出石头的立体感，于是石头就画好了。他又用浓墨在巨石左边勾出台阶，在台阶的左边画出一些石头，在石头上面画出一些树。他先用浓墨画出树干，然后分枝，接着用淡墨围着树枝点出树叶，树就"长"在石堆上了，这样画的左边部分就完成了。

埜石放下笔，喝口水，审看了一会儿画好的那部分，然后又提笔在画面中间偏左的巨石上画出一座石拱桥，用浓墨画出桥的底部，再蘸浓墨用笔尖勾出石桥的扶手，在石拱桥的另一头又画两块巨石。

画好巨石，埜石开始画瀑布。他换了一支笔，在桥下面画出几块小石头。然后调出淡得不能再淡的清墨，绕着小石头勾出瀑布的水纹，瀑布就倾泻而下了。

最后，埜石在最右边的巨石上，用浓墨勾出一叠小石头，在小石头上面画出房子，在房子周围画上一些树，在水中画出几个小沙丘。这样，一幅山水画就完成了！

就在这时，白杨画店又进来一位穿着学生装的年轻人。埜石感觉这个年轻人似曾相识，其实他已经来过两次了。他每次来画店，都把店里所有的画浏览一遍，然后走到一幅虾蟹图前就驻足不动了。

一回生，二回熟，何况这个小伙子都来三次了，应该算是老主顾了，于是埜石走了过去主动和他打招呼："如果我没猜错，你是个学生吧？"

"是的，崔老师！"年轻人微微颔首道。

"哪个学校的？"

"长春师范的！"年轻人笑着说，"听关老师说您是齐白石的弟子，画画得好，所以就过来向您学习了。我已来过两次了，打扰您了吧？"

"没有，没有！"埜石高兴地说，"你是关老师的学生，那么说你也会画画了？"

"我们全家人都喜欢画画，只是画得不好。"年轻人快言快语地说，"我父亲是个私塾先生，从小就爱画画，由于家境不好，没有人教导，最终也没画出什么名堂。他特别喜欢齐白石的画，前两年报纸上发表过齐白石的一幅虾图，我剪下来寄给他，他如获至宝，天天照着临摹。"

"私塾先生"，"喜欢齐白石的虾图"，"关龙甸的学生……"埜石不禁为之一惊，感觉这个小伙子学画的情况和自己有相似之处，也许是一种缘分吧，他对这个小伙子更加亲近了，于是就语重心长地说："你父亲属于无师自通，没有名师指点，你比你父亲幸运多了。你跟关老师学画，要珍惜这个机会，一定要好好学啊！"

"说实在的，我父亲不太支持我学画。"

"为什么？"

"他认为画家是神圣的，但不是人人都能成为画家的，那是千里出一，万里出一，像咱们这样家庭的人画画只能是一种爱好，想当画家那是可望不可及的！"

"你家在农村？"

"是的，经济条件不是太好。"年轻人指着墙上的画说，"你这幅虾蟹图画得好，我每次看完了回去就赶紧临摹。通过向你学习，我的绘画水平大有长进。"

"为什么不买回去临摹？"

"不瞒你说，我拿不出那么多钱。"

"哦……"埜石略作沉吟，"这样好不好，你要是喜欢的话，随便给点钱拿走吧！"

年轻人不敢相信，但看到画店老板是认真的，就不好意思地实话实说："我手里只有五块钱，太少了。"

"五块钱就五块钱，拿走吧！"埜石对年轻人鼓励道，"穷不可怕，有钱难买少年穷嘛！只要你肯吃苦，肯用心，将来一定会有出息的！"

太阳落山了，透过白杨画店的窗户，可以看到天上的彩霞。落日对于有的人来说是悲惨的，凄凉的，也许会是死亡的，但乐观向上的埜石从来不把落日看作是死亡的象征。他只会认为第二天是新的开始，是好的开端，甚至认为明天更美好。

天色越来越暗，画店里的顾客都走光了，饥肠辘辘的埜石关上窗户，放下帘子，准备打烊回家。就在这时，匆匆闯进一个手拿布包的中年人，只见他灰头土脸，好像是从炮火硝烟中冲杀出来的。埜石定睛一瞧，原来是“满洲宫廷”里的一个衙役，名叫李明山。

出入皇宫的人不知凡几，但值得埜石敬佩的实在屈指可数。埜石在皇宫画壁画时认识的这位小老弟，因其与好友李明堂同村同姓同宗同辈，所以对他怀有好感，一直和他保持着良好的关系。

衙役虽说是宫里人，其实也是一种苦差事。李明山在宫里吃的是最坏的高粱米，穿的是破旧的衣服，每天要干十五六个小时的活，晚上还要打更守夜。冬天，因为又冷又饿，又累又困，有时在干活的时候不知不觉伏在暖气上就睡着了，以致烤得皮焦肉烂。因此，埜石对李明山非常同情。

埜石一边请坐让茶，一边热情地说：“稀客稀客！怎么有时间到我这个小店来？”

“无事不登三宝殿，我还真有点事儿要麻烦你。”李明山笑着说。

“多日不见，家里可好？”

“长春的家里没问题，可是老家的弟弟出了点事，已被关进濛江县城的号子里。”李明山收敛了笑容，“这几天搞得我焦头烂额……”

“哦，怎么回事？”埜石惊异道，“你弟弟是干什么的？”

“抗联的，还是个小头头呢！”李明山压低声音实话实说，“老家来信说被鬼子抓去了，要砍脑袋。父母都急病了，要我赶快想办法。你说，我这个普普通通的衙役能有什么办法？这不，找你来了。”

“我也没有什么办法。不过，你要是需用钱的话，我倒可以帮帮你。”盛世藏古玩，乱世买黄金，此时的埜石不仅收藏古玩，也积攒了一些黄金。

“我就是为钱的事来的。”李明山从布包里掏出一个红色的瓷瓶，“不瞒老兄你说，这是宫里的东西，溥仪的心爱之物。没办法，人穷志短，才出此下策，为了救弟弟的命，我也顾不得那么多了。把它卖给生人，我又不放心，所以找你来了。”

埜石看了看红宝瓶，虽然他不懂瓷器，却觉得确实是一件珍品，不但形制好，而且釉色也光亮。于是就问：“这个东西很值钱吧？”

“这是一件珍宝，据说价钱不菲。它是溥仪从北京带来的，究竟产于哪个朝代，我也说不好。我们是老朋友了，你要是喜欢它，随便给点钱就行，我急着用钱啊！”

李明山没有说瞎话，这个红宝瓶产于明代，不但珍贵，而且稀有，它是景德镇的名贵色釉祭红瓷瓶。一般认为，钧红是中国最早出现的铜红釉品种，从明朝开始，景德镇大量生产钧红瓷。明代永宣年间，景德镇瓷工继钧红之后，创造了祭红。

祭红娇而不艳，红中透紫，色泽深沉而安定。古代皇室用这种红釉瓷做祭器，因而得名祭红。因烧制难度极大，成品率很低，所以身价特高。古人在制作祭红瓷时，使用很名贵的原料如珊瑚、玛瑙、玉石、珍珠、黄金等都在所不惜。

祭红瓷瓶凝聚着景德镇陶瓷艺人的智慧和汗水，也曾有过一个年轻姑娘为它献出过生命。相传明宣德年间，宣宗皇帝突然想要用一套鲜红色的瓷器祭奠日神，于是诏令设在景德镇的督窑官加紧烧制。但是，窑工们多次试验，就是烧不出令朝廷满意的祭器来。督窑的太监每日督促、鞭打窑工，并且把一部分人关进监狱，声称再烧不出皇帝催要的红釉瓷器，就要杀人了。

一位老窑工的女儿翠兰，听到消息后非常担心。她跑到御窑厂，发现她的父亲已被督窑官投进大牢。悲愤难忍的翠兰纵身跳入熊熊的窑火当中，用自己年轻的生命抗议督窑官的暴行。两天后，当窑工们打开翠兰焚身的窑炉时，惊奇地发现烧成的陶坯呈现出鲜血一样的红色。

红色的祭器烧成了，人们说这是翠兰的血染红了陶坯，于是就把这种红色的陶瓷称为祭红。

为了纪念以身祭窑的翠兰，窑工们后来在封窑门时用砖砌成少女的形象，这个习俗一直延续到今天。从那以后，历代皇帝都曾不惜财力烧制祭红，但是这种殷红色的瓷器，如同神话中的宝物一样，非常难得。

听李明山如此说，埜石问：“这么贵重的东西，你真想卖？”

“不卖不行啊……”

“我家里只有十根金条，不知道能不能买下这个东西。”埜石从无隐瞒的习惯，“如果行，明天一手交钱一手交货。”

“十根金条？太多了，太多了！朋友之间，我不能要你这么多钱……”

“就这样吧，十根金条！这不是救急吗？人命关天！你拿回去疏通一下关节，赶快把你弟弟救出来。钱算什么，钱花完了还可以再挣，命可只有一条啊！”

“谢谢你，你是我家的大恩人！”李明山又说，“你看这样好不好，这东西你先拿过去，回家和嫂子商量一下，如果她不愿意要，你也不要勉强，我再想想别的办法……”

埜石把红宝瓶带到家里，向老伴讲述了来龙去脉。李文琴接过红宝瓶仔细看了看，然后拧着眉头怀疑道，“就这么个小东西，能值那么多钱？你不会上当受骗吧？”

“不会的，不会的！”埜石连连摆手道，“都是好朋友，他哪能骗我，这是皇宫内府里的古董，确实是个珍品。再说，他弟弟为了打鬼子危在旦夕，如果有钱疏通关节，也许还能保住一条命，这样的抗日志士我们不能见死不救啊！俗话说，救人一命胜造七级浮屠，我们也积积德行行善，就当作我们帮帮他吧！”

其实，李文琴也是一个心地善良的贤妇，见丈夫如此说，也就不好再多说什么了。于是从箱子里取出十根金条，十分慷慨地交到埜石手里。

为抗战胜利而欢呼

长春的冬天，风特别硬，如刀子一样砍在人的脸上。这里的雪下得既勤且大，扬扬洒洒地很快就能覆盖整个屋宇亭楼、大街小巷。由于天气异常寒冷，这些雪花在树枝上黏住以后就会产生一种晶莹剔透的东西，这就是东北人所说的雾凇。早晨推窗俯瞰市区，好一个冰清玉洁的世界！

跟关内不一样，这里的冬天冷得人实在受不住，最低温度可达零下30多摄氏度。夸张点说，人们在室外擤鼻涕，鼻涕马上可以变成冰锥；男女之间接吻，嘴唇马上会结冰。出门办事，你得全副武装，大衣必须过膝，帽子必须过耳，围脖要加厚，手套要加长。长春人爱吃肉，因为各种各样的肉食能增强抵御寒冷的体质。

这天下午，从西伯利亚过来的寒流再一次袭击长春，早早打烊的埜石冒着严寒往家里走。只闻其声不见其形的老北风不时扯着他的衣角，掀翻他的帽子，羁绊他的脚步。回到温暖如春的家中，他一眼看到饭桌上摆着一瓶白酒和一个酒杯，还有三个菜碟，其中一个碟子里盛着香气四溢的酱肉。

“酱肉！喂，我说，从哪儿搞来的酱肉？”埜石一边搓着冻僵了的手，一边惊异地问他的老伴。

“在头道沟买的！听说那里开了一家酱肉铺，老板姓胡。他做的酱肉都说好吃，我就去买了点来尝尝，不知怎么样？”李文琴缺少知识女性那样的浪漫，她给丈夫的爱多以味道来表示。

这个姓胡的酱肉铺老板叫胡运昌，生于1916年，山东长清人，高小毕业。1930年开始在济南学做买卖，1937年来到东北投奔舅舅董云祥。董云祥是胡运昌的亲娘舅兼老丈人，当时在长春头道沟开了一家酱肉铺，经过多年的拼搏小有名气。同年，胡运昌同两个姨哥武氏二兄弟一起来到长春，在董云祥开的大灯笼酱肉铺学艺。

据说，当时武二哥（武鸿坡）在铺前切墩儿，武五哥（武鸿海）主管财务，胡运昌在后面主灶。由于胡运昌心灵手巧，刻苦钻研，敢于创新，酱肉质量不断提高，还增加了不少酱菜花样品种，买卖十分兴旺。

后来，由于同行竞争激烈，胡运昌被迫分股自立。当时，胡运昌认为要想让买卖站稳脚跟红火起来，在市场上打开销路，就必须多开发新品种。他走访当时的伪皇宫御厨，探讨技艺，又到北京、天津、济南、德州等地求师学艺。他把“南甜北咸”加以中和制成独特的南酱食品，如南酱牛肉、南酱腊肠等。

后来，胡运昌在南关区桃源路挂出“胡记真不同酱肉铺”招牌，专卖各种熏制熟食，兼卖烧饼、稀饭。这是一家眷铺，胡运昌经常告诫家人“我们是以真货卖钱，不以假物取利”，并以“本店讲究卫生”“不收小费”宣告顾客。在烹调技艺上，他将山东德州扒鸡、北京天福园酱肘子、天津酱肉、广东腊肠等取其所长，结合起来形成了“真不同”独特风味。

胡运昌上灶时讲究卫生，从来都是黑裤白衣、黑鞋白袜，上面从来不沾一个油星。他用过的脚踏板、煤铲从来都是木见纹、铁见光，其一贯整洁利落的工作作风一直被传为佳话。胡记真不同酱肉铺生意日益兴旺，真不同酱菜闻名长春。

埜石呷了一口酒，用筷子夹起一块酱肉放进嘴里咂摸，随后连声说：“不错不错，味道确实好！”

“好吃你就多吃点。”李文琴笑着说，“过几天，我再多买些。”

“好吃也不能多吃呀！这一时期进项不多，得节省着过日子。”埜石一直保持着中国传统的那种一粥一饭“粒粒皆辛苦”的美德。

“你是一家之主，再难也得让你吃饱吃好啊！”温柔娴淑的李文琴说。

“这就很不错了，对咱们这样的家庭来说有口饭吃就行了！”埜石看着妻子逐渐隆起的肚子若有所思地说，“明年又要多一口人吃饭，你我家里还有四位老人，我们得攒点钱啊！唉，局势不安定，兵荒马乱的，买画的人越来越少了……”

“对了，过年就要生了，你给咱们的宝宝起个名字吧？”李文琴摸着隆起的肚子说。

“明年是己卯年，孩子应该属兔。起个什么名字好呢？”埜石思索了半天，突然抬头笑着说，“嗐，瞎胡闹！是男是女还不知道，怎么起名字呀？”

“凭我的直觉，是女孩的可能性大。”李文琴颇为自信地说，“酸儿辣女，最近我老是想吃辣椒。再说，你看我的肚子，扁平扁平的。错不了，你就起个女孩的名字吧？”

“古人把梅兰竹菊称为四君子，千百年来以其清雅淡泊的形象一直为世人所钟爱。”堃石看到墙上挂着的一组《梅兰竹菊图》说，“要真是女孩的话，就叫雅君吧！‘雅’是清雅的雅，‘君’是君子的君。我认为，这个名字比较适合于女孩。”

“好，我喜欢这个名字！”李文琴笑着说，“你看得书多，你起的名字错不了，我们的闺女就叫雅君……”

从1931年长春沦陷到1945年长春光复，日本帝国主义统治长春达14年之久，使之变成了地上建筑宏伟，地下密道棋布，安防疏密有致的现代化城市。由此不难看出，日本侵略者在“满洲国”及其“国都”建设上的煞费苦心。在此期间，尽管长春的城市面貌日新月异，但当地老百姓却生活在水深火热之中。

伪满洲国出笼后，在长春建立了庞大的中央机构。从溥仪“登极称帝”的伪皇宫，到伪国务院及其所属各部，特别是日本关东军大本营，均裹以威严雄伟的近代化建筑，竭力显示伪国都的政治尊严和殖民统治气势。

夏天来了，天气变得越来越热，太阳火辣辣地照在地上，发出耀眼的光芒，照得人睁不开眼睛。草木也长得特别茂盛，枝繁叶茂的大树为人们撑起了一支支浓厚的绿伞。大街上，不时可以看到穿着黄皮的日本兵，犹如美女华丽的服装上趴着几个苍蝇，令人生厌。

“月晕而风，础润而雨”，凡事都有个起因，都有一种先兆。到了1944年，“伪满八大部”进出的车辆和人员比以往频繁，看着那些平时骄狂不可一世的日本人变颜变色的模样，埜石预感到这里可能要有大事发生。

身陷重围的人最先想到的就是垂死挣扎，最容易做到的蠢事就是异想天开。为了挽救行将灭亡的日本帝国主义，这时“满洲国”又进行了一次搜刮，挤出食盐3000担，大米30万吨，送到日本国内去。经过十几年的搜刮，东北人民已经衣不蔽体，食无粒米，再加上几次“粮谷出荷”、“报恩出荷”的豪夺，把农民也弄得求生无门了。

此时的长春，冰雪比别的地方更多更深，寒风比别的地方更狂更烈，冬天也比别的地方更长更冷。长春人民在日本军国主义的铁蹄下嚎哭悲吟，在漆黑的夜幕下盼望着黎明。

1945年8月8日，这是一个建树纪念碑的时刻，也是一个挖掘坟墓的时刻。这一天，根据《雅尔塔协定》，苏联向日本宣战。当宣战通告还没来得及转到日本时，苏军的全线进攻就已开始了……

8月9日凌晨1时许，正在酣睡的埜石被强烈的爆炸声惊醒。随后电台广播响起：“可能是B-29型敌机数架侵入首都上空，投弹后向东逃窜。望市民做好灯火管制，保持镇静……”天亮之后，埜石才知道长春监狱、二道河子、南岭等地均遭到苏联空军的零星轰炸。

关东军最后一任司令官山田乙三大将，当时正在大连忘情地观看歌舞伎表演。这是一个其貌不扬的小老头，黄呢军装裹着他那短促的身体，大盖帽的帽檐遮住了他那强盗的嘴脸。当他在下午1点乘飞机抵达已被苏军炸得弹坑累累的“新京”机场时，战争已经爆发了十几个小时。

此时的“新京”已被虚张声势的日本人渲染得有些火药味了。市内的日本居民及一般职员都被组织起来了，在主要的街道挖防坦克壕。埜石发现在南广场就有几十个日本娘们包着白头巾，穿着紧袖口短上衣和灯笼裤，在吃力地挖掘战壕。这支挖壕队伍多为日军眷属、女学生、侍女和艺妓组成，她们自称为“参战勇士”。

当时，埜石在大同大街和其他一些主要街道上还看到不少日文标语，其中的“皇国兴废，在此一战”八个字格外引人注目。电台还连续播放日本陆相阿南唯几的“致海外官兵书”，垂死挣扎地号召日本军民“一心一意，击灭宿敌”。

随后，防卫司令部按照关东军的要求，组织动员在长春的日本人，不分男女只要是成年人都一律发放枪支。以町会为单位组成“日本商民决死队”，町会所在地成了军事指挥部，企图与苏联红军进行巷战。

从8月14日开始，这些日本人在儿玉公园（今胜利公园）集中，风餐露宿，枕戈待命。后来又下令动员中小学生参加，一群群穿着白色校服的孩子，头上缠着“膏药”状的头巾，手拿竹制扎板，在“新京”神社跪祷日本“武运长久”。

8月15日中午，铅灰色的云彩堆满了天空，像一团团凄惨破败的棉絮。日本居民，特别是妇女，突然都脱下防空劳作服，穿上整洁的和服到儿玉公园收听广播。无线电收音机喇叭里播出了日本天皇裕仁昭和二十年8月14日宣布的实行无条件投降的诏书。

听完这个撞击耳膜更撞击心脏的广播后，公园里一片哀声。日本男人如遭五雷轰顶，都阴沉着脸一声不吭；女人则像失去伴侣的母狼嗥叫着小跑回家。随后，关东军和日本人开始他们史无前例的总溃败、大逃难。

8月16日，中国人还像往常一样该上工的上工，该上学的上学。相反，日本人惶惶不知所措，有的已开始收拾家当准备逃离，关东军和伪满政府大部分机关也都撤离了长春。

由于连降大雨，逃难的日本男女落汤鸡般蹲在雨水中，大人把孩子紧紧地搂在怀里，不敢挪窝儿，唯恐轮到自己时上不了车，被扔在这昨日的天国今日的地狱里。

中国的古典小说《红楼梦》里说："三春去后诸芳尽，各自需寻各自门。"在此五天前，"先知先觉"的"天子"溥仪像爹死娘嫁人一样，早已逃之夭夭了。

据说，那天有四辆汽车直驶长春东站。溥仪等人登上逃难的专车，只见车厢的一半地方摆放沙发和办公桌椅，另一半地方仍是座位。溥仪坐在沙发上，他的侄子毓嵣和毓嶦等人守护在车厢门口。其他车厢可就乱营了，孩子哭，女人叫，一片凄惨的溃逃景象。

看到大势已去，溥仪在通化县大栗子沟的临时行宫宣读了他当伪满皇帝后的第七个也是最后一个诏书："本人基于日满一德一心之大义，现在退位……"宣读退位诏书的第二天，溥仪在沈阳机场被苏军俘虏，从此踏上了比他当康德皇帝还要长三年的新生之路。

“新京”火车站已不是“人满为患”所能形容的了，全是日本人。客车、罐车、篷车……不管什么车，只要能挤上去，就是天照大神的“佑护”了。一列列火车开走了，更多的人又涌来。大批日本妇女和孩子喊叫哭号着拥向火车，向拦阻她们的宪兵苦苦哀求着。在站台的尽头，日本士兵和宪兵厮打了起来……

日本国旗叫“日之丸”，一般称为“日章旗”，也叫“太阳旗”，在被日本侵略过的国家和地区，则被叫作“膏药旗”。这个曾经令中国人既恐惧又憎恨的“日之丸”，纯白的底色，中间一轮红日。当美国飞机在日本投下两颗原子弹、苏联红军出兵东北后，从日本到东南亚、朝鲜半岛和中国，“大日本皇军”举着的旗杆上便丢掉了“太阳”，只剩下一块惨不忍睹的白布。

中国元代戏曲《犯长安》中有一句著名的台词：胜者为王，败者为寇。“寇”，据《辞海》解释：盗匪或外人侵犯国境者。侵略中国的日本鬼子被中国人称为倭寇，现在他们失败了，被中国人赶回老家去了，更成了一个货真价实的“寇”。

西方有一句名言：上帝要让你灭亡，必定让你先疯狂。这几天，长春的日本人都在撤离，他们像霜打的茄子一样，昔日趾高气昂的野性不见了。垫石认为这是他们的报应：恶有恶报，不是不报，时候未到。现在他们作孽作到头了，该受到上帝的惩罚了。

其实，早在五个月前，侵华日军已露出途穷日暮之相。那次在“新京军人会馆”召开的长达10天的秘密会议，主持会议的山田乙三司令官和伪满总务厅长官武部六藏就制定了从长春撤军的计划。

后来，苏军的先遣人员在长春空降，向日本人递交了最后通牒，敦促日军立刻全线停止抵抗，准备尽快撤出长春及附近地区。面对战败的事实，山田乙三按照苏军要求通过广播发布了立即停火、向苏军投降的命令，并签署了无条件投降书，长春市区15000名日伪守军由苏军押往指定地点。

除了看到日本人在撤退外，埜石还听到了枪响，几乎每天都能听到，时而稀疏，时而激烈。后来他才知道，那是这片黑土地上的主人对侵略者的愤怒、报复和惩罚。

长春市郊拉拉屯军官学校的学生全体反正，就地据守，用他们手中的武器打击往来于长春、吉林之间的日本军警人员。伪满的禁卫军步兵团樵铭远所部打死了驻团日本人，在长春东部隔伊通河与日军对峙。

此外，伪满高射炮部队和伪满军官学校学生会合于安全桥一带，构筑了阵地，于8月15日拂晓与日军交火，爆豆般的枪声响彻长春上空。反正起义的军警戴着白臂章，上面写有“中国军队”字样，在老百姓的欢呼声中巡逻于大马路、大经路一带，维护社会秩序和治安。

当时的长春市面还出现一种情况：西三道街的中国银行

率先挂出中国国旗，日本兵一见先是震惊，继而开枪射击，但国旗岿然不动；南广场全城旅社的窗口也挑出一面中国国旗，周围人们一见，立即欢呼，都聚拢过来看国旗，一时之间这里被人群拥堵，水泄不通。

8月16日以后，在长春日本人中流传着“天明而治，日中大正，日落昭和”的谶语。日本人绝望了，他们受到“战败”现实的打击和深受皇道思想的毒害，抱着“倘负咎于天皇，唯当自殒以谢之”的念头，有的人开始自杀，栽倒在自己创造的血泊中。

8月20日，苏军外贝加尔方面军机械化部队开进长春。同日，苏军长春卫戍司令部在伪满协和会中央本部旧址成立，并用中、日、苏三国文字发布文告，对长春实行军事管制。

8月21日，关东军司令官下令将其“军威兵魂”象征的军旗烧掉。中午1时整，在长春关东军的练兵场，42面军旗如花圈般堆积在一起，像举行葬礼似的在日本国歌声中倒上汽油点燃焚烧，总司令官山田乙三率148名将官抽泣着向军旗的灰烬行军礼。

日本这个民族的守旧和创新同样卓绝：他们一只手拿着世上最先进的枪，另一只手也没有丢掉最古老的刀。今天，这两种武器都派上了用场，只听一阵微弱沉闷的枪响，二十余名军官饮弹自杀；又一阵刺刀出鞘的声音，几名军官浴血倒在热乎乎的灰烬中。

8月22日，在东城关东军练兵场举行投降仪式。按苏联要求，关东军总司令官山田乙三率97名将领、15000余名佐级军官垂首立于一边。上午9时，苏联远东军总司令华西列夫斯基为首的高级将领分乘八辆吉普车驶进会场。先奏苏联国歌，然后山田走到华西列夫面前，将关东军的编制、武器、人员清单和序列表俯首恭递上去。至此，关东军正式缴械投降。

此时，伪皇宫广场变成了一个热闹的大集市，大家都叫它“光复市场”，意味着东北光复后出现的市场。市场上摆满了许多战利品，其中有关东军的军用品、铝饭盒、毛衣裤等。市面上还流行把防毒面具的呼吸管剪短套在自行车把手上，成了时尚。小孩子们挥舞着关东军练刺杀用的竹剑、木刀，戴着官绅丝质大高礼帽，四处追逐戏耍……

来到被阳光烤得热气腾腾的“光复市场”，埜石在一个小摊上无意中发现一幅唐伯虎的《贵妃出浴图》。埜石知道唐伯虎就是明代著名的画家和文学家唐寅，为“吴中四才子”之一。其作品以山水画、人物画闻名于世，他创作的多幅春宫图为其赢得了“风流才子”的雅号。

《贵妃出浴图》彩绘鲜明，衣纹清晰，披纱轻盈，以及隐约含露的细腻肌肤，欲飘欲垂的秀美发丝，配以贵妃的似睡非睡的神态，似闭未闭的眼睛，是那样真切动人，把贵妃雍容大方的气度展现得淋漓尽致。于是，埜石毫不犹豫地买下了这幅可遇不可求的名画。

“出卡子”

长春在摆脱日本帝国主义殖民统治之后，由苏联红军实行军事管制。从此国共两党在此展开了激烈的“拉锯战”，使双方轮流执政的长春成了一个旋转舞台。1948年5月，东北解放区面积已占东北全境的98%，人民解放军开始对长春实行军事围困、经济封锁和政治瓦解，迫使国民党守军起义投诚。

历史就是在这种偶然性和必然性中跌跌撞撞地用铁和血、剑和火，用金戈铁马和歌舞升平建立起来的。历史因战争而改变，但对埜石来说，那是一段颠倒的历史、惨烈的历史、不堪回首的历史。

烈日的暴晒和沉重的饥荒让长春城里的人如同干渴的麦苗一样低下了头，枯萎的身子仿佛被榨尽了最后一滴油。战争的消息与谣言几乎每天都随着麦浪一块儿往上翻腾，麦穗与刺刀成了长春人希望与忧惧的象征。此时正是麦子需要春雨的时节，然而雨水不一定顺着人民的期盼而降落，可是战争不管有没有人期盼总会来到。

由于封锁，由于战争的来临，致使城里的粮价疯涨。可是埜石和其他城里人一样只能抱怨粮食昂贵，却别无一点办法。这种态度使他们只顾眼前的生活，把缺粮的严重性都放在了脑后，而且他们也不可能会预见到即将到来的灭顶之灾。

这一天，埜石去长春火车站附近的一个黑市去求购粮食。路过大和旅馆门前时，他看到那里和日军投降时的情况一样，车马湍急，人心惶恐，呈现一派世界末日的景象。

大和旅馆为1907年至1945年设在满洲境内南满铁路沿线城市的高档连锁宾馆，设施相当豪华，由满铁株式会社运输部旅馆课主管，只有日本军官、满铁高管人员和中国的官僚才有资格入住。当时东北共有七座大和旅馆，其中长春大和旅馆建于1909年，欧式风格，建筑面积7746平方米，占地约15000平方米，平面布局呈马蹄形对称式立面。

长春大和旅馆自开业时就配备了比较先进的电力、自来水、下水道和暖气，后来又增加了煤气设备，大部分客房有卫生间，堪称当时最豪华的旅馆。日本关东军司令部由沈阳迁来长春时，为司令官本庄繁的下榻地。

日本投降后，中共东北委员会书记周保中同苏军一起来到长春，并担任了苏军长春卫戍司令部司令。此间，周保中就下榻于大和旅馆。同年9月，根据东北局的指示，周保中在大和旅馆主持召开了成立中共长春市委的会议。

1946年，国民党占领长春后，这里成了接待国民党军政要员的场所，北平军事调处执行部东北执行停战第27小组的美方代表就住在这里，中共代表伍修权与国民党代表的谈判也常在这里举行。

1948年3月，长春国民党六十军的军部设在大和旅馆。曾泽生将军与解放军有关起义的密谈也是在这里进行。

这年6月，阵阵南风把麦子吹熟了，香飘四溢。东北人民解放军为尽早解放长春，奉命从6月中旬起对长春国民党守军采取“久困长围”的战略方针。驻守长春的国民党第一兵团司令郑洞国一度率部突围，遭到解放军猛烈阻击后又退回孤城死守。面对解放军铜墙铁壁一般的围困，长春守军欲战无力、欲守无方、欲逃无路。

饥饿——永远也望不到头的饥饿——把所有正常的脑瓜都搅得天昏地暗，一塌糊涂。大难临头的气氛笼罩着这个城市也笼罩着堃石一家。能够想的办法均已想尽想绝，可以吃的以及不能吃的东西也已全部啃了、嚼了、吞了。榆树皮、杨树皮剥光了，柳树皮苦如黄连，也剥下来烤干磨成粉咽下去了。

7月以后，城里的粮食基本吃光或被当兵的搜光。堃石发现街上已有饿殍，许多老百姓只得靠吃树叶、草根度日，有的甚至吃白纸吃纸币，吃到吐血的地步，结果走着走着就昏倒了，然后再也站不起来了。由于大军围城，飞鸟难出，饿死的人愈来愈多，尸首也无人安葬。

进入8月，为了减轻城内粮食的压力，同时也给东北野战军围城部队制造混乱，国民党当局下令开放南向沈阳、东向永吉两条口子，放老百姓出城。长春当局规定一个警察要赶出去八个人，一个保长要赶出去三户人家，成千上万的饥民开始拥向城南和城东的封锁线，巨大的人流给东北野战军围城部队带来了相当大的压力。

由于老百姓到解放军阵地前要查名验身才能放行，致使大批拖家带口的市民麇集在南郊和东郊两军阵地之间的空隙地带，一时出不去，欲退又回不来，加上一些土匪趁机抢劫，弄得百姓惨状百出，终日哭号之声不绝于耳。

这对解放军来说确实是一个十分棘手的问题：如果不加甄别地敞开放人，不但围城的效果会大大减弱，而且因为人流巨大无法控制，国民党守军就会混入饥民中逃走。但是，又不能让真正的老百姓饿死。

8月11日，东北野战军开始分期分批地放行城内难民。凡愿出城者，一律准其通过。对出城的难民尽一切可能组织救济，宣传慰问，对老弱和走路无力者，帮助用人力及马车输送。第一步先就附近各县分批疏散安置，发动群众救济，使其出城后不致饿死，或者少死，借以挽回影响，安抚民心。

放行开始后，长春饥民蜂拥而出。为收容这些饥民，围城指挥部会同地方党政组织在前沿和后方设置了数十个收容所。鉴于不少饥民见了馒头猛吃被胀死的现象，收容所规定一开始只供应稀饭，然后再逐渐增加馒头。东北野战军围困长春期间，向出城的难民发放了大量的救济粮、食盐和救济金。

由于城内粮食匮乏，如困兽之斗的国民党守城部队实行了“杀民养军”政策，致使无数平民百姓被饿死。这个双方对峙的局面，一直持续到10月19日长春解放为止。其间，眼看着城外大田里的庄稼都快成熟了，然而也正是城内百姓饿得眼睛发绿的时候。因此，城内百姓开始不顾一切地向外逃命，这就是后来人们回忆时所说的“出卡子”。

从麦子成熟到水果成熟期间，长春被解放军围得水泄不通，国民党守军明知突围无望，却仍负隅顽抗。城内粮价飞涨，一个大饼可以换一个金镯子，甚至能带走一个大姑娘。受到饥饿威胁的埜石和所有长春市民一样，每天都盼着解放军早点打进城来，以解除他们的饥饿危机。所以一听到枪声，特别是激烈的枪声，他们就开始兴奋起来。

当时，埜石家有妻子李文琴，女儿雅君，共三口人，住在北大街银行四宿舍的房子里。鉴于解放军一时打不进来，埜石意识到情况不妙，眼看着城里饿死的人越来越多，如再留在城里，也会和他们一样只有死路一条。非常时期应有非常之举方能渡过难关，于是他想带着全家出城逃命。

为了出逃方便，埜石与妻子商量了半天，最后决定将女儿扔在大哥广文家。因为不到九岁的孩子太小了，不能带出去跟着受罪。大哥是开汉医诊所的，他是穷人和富人共同的救星，不仅赢得了极高的威望，而且收入也颇为丰厚，维持几口人的活命不成问题，于是决定把雅君托付给他。

8月19日，听说国民党放卡子让百姓出城，埜石夫妇带上一些随身行李，锁上自己的家门，就裹进了“出卡子”的人流中，从此踏上了艰辛的逃亡之路。

此时，国民党军在城西南洪熙街、城正东八里铺、城东南拉拉屯设了三个卡子。埜石来到洪熙街的卡子，见被密密麻麻的人堵住，大约有上千人，前面有几十个士兵站成一排，手里端着黑不溜秋的长枪，令人不寒而栗。埜石看一时出不去，只好暂住一宿。

第二天通过哨卡时，荷枪实弹的国民党兵对“出卡子”的人逐一进行检查，武器、粮食一律不予放过。他们名为检查，实为搜刮。一个哨兵指着堃石等几个排队的人，用生硬无礼地口气说：“你，你，还有你都出来，看你们细皮嫩肉的不像一般人，都给我出列！”

堃石见横枪拦挡的哨兵在刁难他，就露出一副降贵纡尊的笑容说：“长官，高抬贵手，我们确实是出去投亲的……”

堃石一边央求哨兵，一边从衣袋里掏出事先准备好的妻子陪嫁的金戒指，悄悄塞进哨兵手里。哨兵虽然没说什么，却把脸转向别处，那意思是说你赶快出去吧！就这样，堃石夫妇才逃出长春城，总算躲过了这场远甚于水灾、蝗灾的兵灾和饥荒。

天黑得瘆人，不时能听到狗的狂吠声。堃石和李文琴沿着一条土道往前走，只见哀鸿满地，饿殍盈路，荒草遍野，臭气熏天。由于又饿又累，他们就在路边的一个破庙里歇一歇脚。破庙如坟墓般阴森，门外的一口井和几棵树就是这里的全部。他们只有一个心思：找东西吃，不管什么东西，只要能填进肚子就行，要想方设法活下去。

逃难时，多亏堃石背了一口锅。那天他们从地里弄来一些有青有黄的豆角，用锅煮了。待煮到大半熟正准备开吃时，突然看到和他一块逃难的邻居老张头带来一个人，那个人有气无力地说：“实在顶不住了，我都三天没吃东西了……”

堃石是个善良人，看不得自己有吃的而别人挨饿。于是，这一锅黄豆角他们四个人吃。正吃着，不知从哪儿打来一个冷枪，子弹不偏不斜地打在那个人的脑门上，那人当场死去。也许是饿极了，尽管眼看着身边有个死人，却顾不得恐慌和伤心，他们三人还是不停地狼吞虎咽，直到把那锅黄豆角吃完为止，连汤都没剩下。

埜石这一路逃亡，并不是很顺利。走到大屯附近，突然发现前方有一帮土匪。据说他们都是用黑布蒙面，如虎狼一般残忍，见人就劫，见物就抢，甚至强暴妇女。埜石拉着妻子迅速钻进路边的高粱地。没想到，待他从高粱地出来时，老伴不见了，找了半天始终不见李文琴的影子。

关外的夜晚，星光叶影里都有阵阵小风。埜石抬头仰望天空，只见云影渐薄，缓缓露出一轮寒月，银辉似水，朦朦胧胧，宛如刚刚出浴的一位弃妇，虽容貌姣好，却形单影只，于孤寂中透着一股冷清。

埜石看着高不可测的天河，看着身边寻求情侣的秋萤，想着孤苦伶仃的老伴，加之前景迷茫，心情彷徨，于是更觉得孤独难耐，叹息不止。尽管他的心胸很宽阔，可是总觉得空气不够，胸中非常憋闷。

一直到半夜，埜石都还没有休息。他愁肠百结，想睡觉但睡不着，身体像散了架似的躺在窸窣的干草上。四周什么响声也没有，寂静得好像世界已经离开了自己，只有天上闪烁的星星在伴着自己心跳。

第二天，埜石比太阳起得还早，又四处找了一遍老伴，仍然毫无消息。没有办法，他只好继续往前走，边走边找，经大屯、陶家屯来到了范家屯。

这是一个充满希望和收获的季节，大豆摇铃铛，棉花吐白絮，但埜石的心里却是空荡荡的。太阳上山又下山，闭上眼睛又睁眼，依旧是没有音讯的一天。他无意中望了一眼天空，白云如在蓝色海洋里飘来飘去，一笔一笔，丝丝缕缕，像画在宣纸上的写意。古人云：行到水穷处，坐看云起时，最能使人看得开放得下。

然而埜石却看不开，也放不下。李文琴是他生命、生活和生存的背景，是他心中极为重要的一块根据地。他忘不了他们一起度过的那些苦乐交织的日子，李文琴那端庄、贤惠、内敛的身影不时浮现在他的眼前。尽管道路不宁，交通不便，他走走停停依然两眼不住地四处张望，逢人就问，闭眼就想，急得嘴角都生疮了，眼睛都上火了，却一直没有找到李文琴。

时近黄昏，西天呈现一片火烧云，把不大的公主岭市所有的建筑都烘烤得红艳艳的。街道两侧店铺的门前挂着各式各样的幌子，在微风的吹拂下轻轻飘荡。埜石看着匆匆而来又匆匆而去的行人，如同到了外星球不见一个熟面孔。

公主岭位于吉林省中西部，长春、四平两城之间，南满铁路穿城而过。地处松辽平原、东辽河的中游北岸，南部多低山丘陵，北部为平原。关于公主岭地名的由来，有一种较通俗的说法：由于该地是辽河和松花江的分水岭，又有一座公主陵，遂将“陵”谐音成“岭”，于是名曰公主岭。

公主岭老李家是崔广洲的叔岳父家，于是埜石便在这个亲戚家落了脚。此时，尽管他有了住处，有了饭吃，有了温暖，但强烈的感情风暴仍一刻不停地向他袭来，并一天天地凝聚，一天天地加重。尤其是在月白风清的凄迷之夜，那种眷恋更冰山雪水般地围困着他，天寒地冻般地僵持着他。

待埜石略作安顿之后，便决定回程寻找老伴。不管多苦多难，不管山多高路多远，也要把相濡以沫近二十年的老伴找到。功夫不负有心人，在他坚持不懈地努力下，终于在陶家屯熙熙攘攘的人潮中发现了一个熟悉的身影。

惊喜之余，埜石大步走近一瞧，正如宋代词人辛弃疾所形容的那样："众里寻他千百度，蓦然回首，那人却在灯火阑珊处。"原来，失散后，李文琴与同她一起逃难的老张头走到一块了，并得到老张头的热心关照。

李文琴像迷航已久的水手终于找到了陆岸，连日来被压抑的阴霾一扫而空，心情痛快得就像头顶的蓝天。她激动地对丈夫说："亏着在这儿碰上了你，我们又团聚了。要不，我就顺着这条铁路线一直往南走，回大石桥娘家去了！"

说着说着，李文琴流泪了，泪水像藤蔓上一嘟噜一嘟噜的葡萄串。无情未必真豪杰，有泪如何不丈夫？埜石也流泪了，他和她已融为一体了，彼此相属，互为表里，相依为命，难以分离。

人逢离乱感事深，每对孤月叹飘零，埜石夫妇领教了由衣食无忧到无家可归的凄凉感受。后来绘画，埜石专门拣那些平民百姓喜欢的没有商业色彩的花鸟鱼虫、人物风景为素材，从中不难看出他向往着平静安宁、无风无雨的生活，这种心境可能与他经历过乱世及其诸多感受有一定的关系。

到了公主岭以后，埜石夫妇住了下来。在这乱世之时，他这个能写会画的画家已失去了用武之地。由于生活无着，为了二人的生计，他只好到河里“不务正业”地去抓鱼卖。他既没有抓鱼的经验，也没有抓鱼的工具，就像“空手套白狼”一样全凭两只手在水里瞎摸。

于是有人就问：“为什么不用网子网鱼，用钩子钓鱼？”

埜石说：“不仅不会用网，也买不起网，更找不到钩子。”

时逢战乱，又在逃难，埜石就顾不得什么身份、形象和条件了。他下水抓鱼时就别提那水有多凉了，然而为了活命，这些他都不在乎，所有的困难都能一一克服，并乐在其中。

后来，秋庄稼成熟了，特别是青苞米已经上市。埜石在村头看到拉苞米的就扣下一车，自己拉到街上去卖，卖剩下一两袋子，再上街卖“烤得香”。

看到拿画笔的丈夫如今干起了体力活，李文琴心里别提有多难受了。埜石却乐观地说：“做买卖的、卖力气的不怕没有生意，就怕有了主顾而没做成买卖。他们过来看了一眼，摸了摸苞米，问了问价钱，就又走开了！”

埜石就是这样不辞辛苦地倒腾着，总算侥幸熬过了那个青黄不接的非常时期。也算苍天有眼，他们总算平安地熬了过来。

东北人民解放军在“久困长围”方针的指导下，将长春紧紧包围。在内无粮草、外无救兵的情况下，国民党守军士气低落。面对困境，蒋介石亲自飞到沈阳督促郑洞国突围。

10月3日、4日两天，国民党守军新七军三十八师和六十军一八二师在郑洞国组织下，力图突围，结果却遭到解放军强有力的阻击，只好又退回城里。

10月17日，在共产党的感召下，六十军军长曾泽生将军权衡利弊后率部起义。当天深夜，按事先约定，六十军撤出长春赴九台休整，解放军乘机进城。第二天，曾泽生率部行至卡伦时，受到了东北人民解放军第一兵团司令员肖劲光、政委肖华的热烈欢迎。

10月18日，长春街头飘起了红旗，东北大地旧貌换新颜。尽管那时作为新中国的中华人民共和国还没有成立，全国的大部分地区都还没有解放，但这里的红色政权已经建立，政治局势十分稳定。

10月21日，《东北日报》号外发布了“长春全城已告解放”的消息。滞留公主岭的难民和当地群众兴奋地扭起了大秧歌，有的还高声唱着“解放区的天是明朗的天……”从这一刻开始，堃石知道他们终于可以回家了，盼望已久的太平日子就要来临了。

第五章　风华正茂

垫石：邓小平看了看我，又看了看瓷砖和我画的虾图，两下仔细对照一下，然后紧握着我的手，用川味十足的口音亲切地说："你是一位有出息的中青年画家，还望再接再厉，奋勇前进，莫要停步，努力创新，为国家和人民作出新贡献。"

重振画业

北方夏短，转眼就是秋天。一阵北风吹来，一片片黄叶脱离了大树的肢体，缓缓飘落，在空中张望着、翻卷着、跳跃着，最终回到了大地的怀抱，回到了生养它、滋润它的一片沃土。它虽然浑身写满了沧桑，却仍然十分欣喜，因为它终于回家了。

树犹如此，人何以堪。自从"出卡子"来到公主岭后，李文琴天天望着北方，想她的家，想她的宝贝闺女。在长春旧貌换新颜不再"姓蒋"的第二天，从外面回来的垫石高兴地告诉她，战争结束了，我们快能回家了。李文琴听了后，兴奋得一夜没有合眼，并一再催促丈夫赶快做回家的准备。

在这个秋风送爽的季节里，埜石和他的妻子终于结束了两个多月的流浪生活，回到了日思夜想的长春。长春街头，耀武扬威的国民党兵不见了，取而代之的是身穿粗布军装面容和善的解放军战士。从市里的残垣断壁仍能看到战争的痕迹，但社会秩序比过去好多了，很多商店都已开门营业，给人一种风暴过后和谐安详的景象。

埜石夫妇没有急于回家，而是先去他们魂牵梦绕的画店。老远就看到那棵摇晃着满头“黄发”的白杨树还傲然耸立着，可是白杨画店已面目全非了。画店和附近所有的店铺一样，虽然没有受到战火摧残，却遭到了人为破坏。门被撬开了，窗上玻璃被砸碎了，店里的书画荡然无存，家具东倒西歪，上面落满了厚厚一层灰尘。

看到自己用多年积蓄和辛勤汗水创办的画店被糟蹋得如此惨重，李文琴心疼得泪水在眼圈里直转悠。埜石也非常气愤，但他咽口吐沫压住胸中怒火，安慰妻子道：“没关系，旧的不去，新的不来，过段时间咱们再重新装修一下。”

李文琴盯着门口白杨树干上的一只只忧伤的“大眼睛”，无奈地点点头说：“对，破财免灾嘛……”

他们悻悻地离开画店，来到崔广文家。两个月时间不长，却像隔了三秋，不知道大哥家里有什么变化。据说在他们离开长春后，城里又饿死了不少人，能躲过这场兵灾和饥荒确实不易。不过他相信大哥的能力和实力，大哥的医道好，曾给伪满尚书府大臣袁金凯看过病。由于名气大，患者多，收入也相对稳定一些，因此他们的女儿在大哥家不会有问题的。尽管如此，他们心里仍然忐忑不安。

一进大门，看到心爱的女儿正在活蹦乱跳地玩耍，李文琴心头一热，鼻腔酸酸的，顿时泪如泉涌。雅君看到妈妈，蝴蝶般张开双臂呼的一声扑过来，钻到李文琴的怀里，嘴里不停地喊道：“妈妈，妈妈，你到哪儿去了，为什么这么长时间不回来？”

雅君已经八岁了，两个多月不见，似乎又长高了一些。只是身子更瘦了，眼睛更大了。李文琴抚摸着女儿的小脑袋，眼含泪花说：“雅君，爸妈出远门了，这不又回来了嘛！”

“妈妈，我想死你了，你再也不要离开我了，行吗？”

“行，行，我再也不离开你了，一直陪着我的宝贝女儿，陪到出门子！”对李文琴来说，母女连心，女儿虽然不是金枝玉叶，也是宝贝疙瘩。

这时，站在一旁的崔广文微笑道：“你们离开的这些日子，雅君可乖了，还经常帮她大娘干活呢！”

“这孩子很可爱，也很可怜啊！她时常念叨你们，说想爸爸妈妈……”说着说着，崔广文的妻子也流下了心酸的眼泪。

“好了，好了，现在我们团聚了！看眼前这个形势，以后能过几天安稳日子了。”埜石带着劫后余生的感慨问崔广文，“这段时间，大哥、大嫂都好吗？”

“还行，虽然吃得差一点，总算没让孩子饿着。”崔广文高兴地说，“我这两天还挺忙，药铺里的病人不少，有时还排了很长的队。”

“忙起来，连饭都顾不上吃。你看你大哥瘦的，简直成皮包骨了！”崔广文的妻子插了一句话。

“对了，前两天我去看了一下你的画店，可能有人进去了，东西被偷走了一些。”崔广文问，“下一步有什么打算？”

“除了拿画笔，我别无长物，只能继续开画店卖画。”埜石叹了一口气，“唉，先安顿一下，然后再去打理画店，该修的修，该补的补。有些事急不得，一步一步来吧！”

“事情已经这样了，你们都别着急，有什么困难，大哥帮你们。”

“现在经济形势不好，字画恐怕不大好卖。”埜石面带忧色道，“再说，修复画店也需要一笔资金。”

“快进屋歇歇，有话慢慢聊。”崔广文对妻子说，“他妈，你去和面擀面条。今天团聚了，是大喜的日子，咱们吃捞面。我出去看看，不知能不能买到肉……”

哥嫂之恩，天高地厚。埜石非常感激他的大哥大嫂，也非常敬重他的大哥大嫂，把他们当作父辈一样对待。此时此刻，他更加体会到了兄弟之间的手足之情。他虽然不会作诗，他却看了很多诗词，背了很多名句，此情此景，使他想起了诗经中的《小雅·常棣》。

那是一首反映周代贵族在宴会上歌唱的乐歌，是一首反映我们的先民宴请兄弟、申述兄弟之间互相友爱的诗，也是一首在我国诗歌史上最先歌唱兄弟友爱的诗。全诗八章，每章四句。其中第一章的四句是：

常棣之华，
鄂不韡韡。
凡今之人，
莫如兄弟。

1949年10月1日，毛泽东主席在天安门城楼上庄严宣告“中华人民共和国中央人民政府今天成立了”。在旧中国的三十多年间，埜石经受过颠沛流离的生活和形同浮萍四处飘零的日子。新中国的诞生，使他看到了人民翻身作主的喜悦和顺应时代潮流的趋势，但对自己苦心经营的白杨画店的生存与发展，仍颇费思量。

历史总是带有缺憾的历史，现实又总不是尽善尽美的现实。战后的长春，一片混乱和萧条，唯有赌场和妓院如挣命的回光返照依然比较兴旺。到了晚上，那些乌七八糟的地方就变成了鬼市，在灯红酒绿之下，有的人输红了眼大吵大闹，有的人耍起了酒疯乱打乱砸。

赌场和妓院这两个行业都是旧社会遗留下来的产物。伪满时期，长春的娼妓业最为兴盛，妓院多达百家以上，妓女2000余人。日本人藤井曾不惜重金在桃源路一带修建“新天地”956间，把全市零散的妓院集中起来，共119家，妓女800余人，并把这一占地4.2公顷的地带称作“欢乐地”。

长春市公安局档案馆至今还保存着一张国民党统治时期的《妓女经营许可证》，上面标有从业地点、注意事项、发证机关，国民党支部长春市警察局局长袁家佩的名字清晰可见。不难看出，当年国民党政府对妓院的经营管理也是介入其中的。

在旧社会，赌博是一种司空见惯的事情，很多人都有这个嗜好，甚至将赌博当成娱乐的一种方式。俗话说：小赌怡情，大赌伤身。很多人聚在一起打牌是为了消磨时间，或是与亲友联络一下感情。但是还有另外一些人却沉湎于其中，以此为谋生手段，希望通过赌博来快速改善自己的生活。

赌场上，尔虞我诈，你输我赢。进去的都会有这样一种心理，不挣个你死我活誓不罢休。于是就有了赌场如战场，甚至于有时还出现了“以妻为注，以子为押”的情况，为赌场而倾家荡产的更是数不胜数。因此，经常听到一些家庭为了输钱而闹得鸡犬不宁、妻离子散。

埜石腰里分文没有，生活无着，被逼无奈，也到赌场里混过。他混赌场不是为了赌钱，而是去给人家捧场。那时，赌场被看成是江湖上的事，他们有一个潜规则，即赌场上谁家赢了钱不能独吞，必须拿出几个打对打对，给捧场的人分一分，用他们的行话说是“打点外鬼”。刚解放时，画不值钱了，埜石只好靠这个来维持三口之家。

自从人类诞生以来，总是把欢乐交给夜晚，这种信念比宗教还虔诚。这天晚上，埜石陪着一个叫作满连礼的警察在大街上东走西逛，转来转去来到了头道沟的“艳春院”，看着红灯高挂的门口站着几个花枝招展的靓女，满连礼像丢了魂似的就迈不动步了。

埜石跟着满连礼走进艳春院时，被以貌取人的门卫横臂阻拦不让进去。满连礼拍拍腰间的手枪恼怒地说“我是警察”，就不由分说地闯了进去。他是个久经沙场、阅尽春色的老手，迷恋女人就像迷恋罂粟，明明知道“罂粟”绚烂却会中毒，可就是无法摆脱对她的依赖。

满连礼像步入新房的新郎一样急三火四地钻进一个房间，而埜石没有钱，不能逛妓院，也不想逛妓院，只能在大厅里守候。

幽暗的灯火、昏黄的光亮以及到处弥漫的烟酒气味，令进入这里的男女轻而易举地产生了感情错位，让女人变得性感，让男人丧失理智。不时飘来的音乐，为大厅增添了几分暧昧气氛。其实，这里最催情的是音乐，音乐的诱惑比酒精的诱惑更为直接，更让人眩晕，也更让人疯狂。

埜石坐在一个不太显眼的地方边喝茶边东张西望，他是第一次来到这样一个神秘的地方，感到既陌生又新鲜。一个花名叫“大桂”的女人脸上挂着招牌的笑容摇臀晃腰地来到他身边，裸露的胳膊像一根鲜嫩的藤条从他的后背缠绕过来，嗲声嗲气地问：“同志，你不进去玩玩，一个人坐在这儿干吗？是不是已有相好的了？”

“同志”这个称呼，昨天还要为它付出生命，今天却响遍了全城，到处都能听到这两个字。“同志”——这是一个多么耐人寻味的称呼啊！

“没有，没有！我是陪着客人来的。再说我也没有这个兴趣。”

“没有兴趣？年纪轻轻的，你有病呀？”大桂用她那勾魂摄魄的杏眼剜了埜石一下，似乎要重新认识这个“心理不正常的人”，然后摇了摇插花戴银的脑袋，“喜欢搬砖头吗？旁边有一家牌九局生意不错，倒了牌，开了锅。去那里玩两把吧，解解腻歪，总比在这里干坐着强。”

在大桂红唇巧舌的鼓动和胭脂香水的驱赶下，埜石便想去那里见识一下。进得赌局，果然热闹非常，只见屋里烟雾缭绕，有十多人像打架似的吵吵嚷嚷、激动亢奋，其中四个人围着一张桌子赌纸牌，每人面前都堆着一叠钞票，只是厚薄不等。

赌法很简单，每局每人发两张从1到10的数字牌，相加比个位数数字的大小，九最大、零最小。具体是参赌者与庄家比对，比庄家小的，输给庄家这一局下的赌注；比庄家大的，从庄家手里赢得与下注相同的钱。如果两张牌是一对就是大牌，输赢都要翻番。这种赌法每局只用一分多钟，下的注大小不等，输赢就在瞬息之间。

赌徒们盯着桌面上的纸牌声嘶力竭地吆五喝六，仿佛牌上附了一层大烟膏子，不断刺激他们的神经。他们时而欢呼雀跃，时而哀叹怒骂。不一会儿，有的人就塞满了钱包，有的人则掏空了钱包。

然而埜石囊中羞涩，身上一个铜板也没有，就是过去混局场获得的那几个赏钱，也都被一家三口吃光用尽了。所以只能站在一边看热闹，看着人家赢了钱，自己的手痒痒的。就这样看了一会，觉得实在没意思，就准备往回撤。

说来也巧，就在埜石转身要走的时候，他看到地上有一张皱巴巴的毛票，原来是别人丢下的五角钱。他弯腰捡了起来，于是就把这五角钱压上。也可能是他的手气好，一转眼便赢到一块钱。他又把赢来的一块钱压上，结果赢到两块。就这样连本上仓，一再翻番，一直翻到120块。

手里的钱赢得差不多了，埜石就洗手不干了。一是怕赢到手的钱再输回去，二是怕染上赌瘾。这时，他开始考虑用赢来的钱装修画店的事，决心在来年春暖花开一年工作开篇谋局的季节里，他的白杨画店重打锣鼓另开张。

新中国成立了，政局稳定了。埜石在旧社会度过了37个年头，经历了军阀混战、伪满洲国及国民党统治，那是一个比一个混乱、一个比一个黑暗的历史时期，回想起那些日子，他被人歧视，担惊受怕，尝尽了人间的酸甜苦辣。如今，人民翻身解放了，当家作主了，可以安安稳稳地做自己要做的事情了，埜石从内心里感谢共产党。

可是，就在全国人民热火朝天地兴建家园时，邻国朝鲜却意想不到地发生了一场战争。作为与朝鲜一江之隔的中国东北人，埜石每天都在翻阅报纸，时刻关心着这场已经燃烧到家门口越来越大的战火。

蒋介石被赶到台湾后，美国继续在军事上援助它，同时扶持朝鲜、越南等国的反动势力，建立针对新生的中华人民共和国的包围圈。这不能不使每个有爱国之心的中华儿女热血喷张，忧心如焚。

1950年6月25日，朝鲜内战爆发后，美国即采取武装干涉政策。两天后，美国总统杜鲁门宣布出兵朝鲜，并命令美国海军第七舰队入侵台湾海峡，阻挠我国解放台湾的既定部署。同日，联合国安理会在美、英等国的操纵下通过决议，联合国会员国要派兵随从美国军队入朝。

6月28日，毛泽东主席发表讲话，号召“全国和全世界的人民团结起来，进行充分的准备，打败美帝国主义的任何挑衅。”同日，周恩来总理代表中国政府发表声明，强烈谴责美国侵略朝鲜、台湾及干涉亚洲事务的罪行，号召“全世界一切爱好和平正义和自由的人民，尤其是东方各被压迫民族和人民，一致奋起，制止美国帝国主义在东方的新侵略”。

9月15日，以美国为首的“联合国军”75000人在朝鲜西海岸的仁川登陆，截断了朝鲜人民军南进部队的后路。此后，以美国为首的“联合国军”直逼朝鲜北方；

10月1日，美伪军越过三八线，随后侵占平壤，向中朝边境的鸭绿江进犯，并动用飞机多次侵入中国领空进行侦察和轰炸扫射；

8月27日，美国P-51型军用飞机两架，侵入安东市（今丹东市）浪头机场上空，扫射两分钟，打死机场工人三人，打伤19人，击毁卡车两辆；

8月29日，美军飞机四架沿宽甸拉古哨、长甸河口、古楼子一线扫射，打死渔民四人，打伤七人；

9月22日，美国B-29型轰炸机一架，侵入宽甸拉古哨上空侦察，继而飞抵安东市区上空，在振安路一带投炸弹12枚，炸死居民二人，炸毁房屋28间，震坏800余间屋瓦和玻璃，炸毁菜田3330平方米……

面对这种形势，中共中央根据朝鲜劳动党和政府的请求，作出了抗美援朝、保家卫国的决策。10月8日，毛泽东代表中央军委命令中国人民志愿军赴朝参战。10月19日，以彭德怀为司令员兼政治委员的中国人民志愿军开始分别从安东、辑安、长甸河口等地渡过鸭绿江，进入朝鲜战场。

从10月25日至12月24日，我英勇的志愿军同朝鲜人民军一起连续进行了两次战役，歼敌五万余人，于12月6日收复平壤，并把敌人赶回三八线附近，初步扭转了朝鲜战局。

喜讯传来，头戴大棉帽、身穿大棉袄的埜石用他那握过铁锤的手大幅度地摇晃着报纸，四处奔走，为志愿军取得的辉煌战果而欢呼喝彩。

1951年1月14日，抗美援朝总会发出《关于慰劳中国人民志愿军朝鲜人民军并救济朝鲜难民的通知》。第二天，《人民日报》发表社论，号召全国人民踊跃参加爱国募捐运动。

一个月后，全国政协又发出电文，号召把抗美援朝运动“进一步地普及和深入到每一农村、每一机关、每一学校、每一工厂、每一商店、每一街道和每一民族聚居的区域。”

在当地领导传达文件后，听说志愿军后勤保障有困难，身在草野、心忧天下的埜石便迅速投入到爱国募捐运动中。他除了捐款捐物之外，还响应“每人每月至少节约半斤肉捐献志愿军”的号召，积极支援在朝鲜浴血奋战的志愿军战士。他还积极报名要求参加志愿军赴朝作战，但因年龄较大等诸多原因没有被批准。

加入工艺美术厂

暑去寒来，季节按照它的习惯由深至浅地变颜换色。天上飘着雪花，地上铺着雪毯，树上披着银装，天地一色，苍苍茫茫，好一个粉妆玉砌的世界！近处，杨柳枝条上绽放一串串银花，真是“忽如一夜春风来，千树万树梨花开”！远方，那些四季常青的松树和柏树，宛如一座座冰雕玉刻、玲珑剔透的宝塔。

这年冬天，是个很不平静的冬天，紧跟政治形势的埜石参加了“三反”运动。所谓“三反”运动，是指解放初期在中国共产党和国家机关内部开展的反贪污、反浪费、反官僚主义的运动。

新中国成立后，由于资产阶级腐朽思想侵蚀，以及有关制度的不完善，在党政军机关、人民团体和经济部门中滋长了贪污、浪费、官僚主义的现象。这不仅给经济建设事业造成了重大损失，也严重地从政治上和思想上腐蚀了少数干部，败坏了党和政府的形象。

11月30日，中共中央根据秋季全国工农业战线开展的爱国增产运动中揭发出的大量贪污、浪费现象和官僚主义问题，向全党郑重指出：必须严重地注意干部的贪污行为，注意发现、揭发和惩处。

12月1日，中共中央作出《关于实行精兵简政、增产节约、反对贪污、反对浪费和反对官僚主义的决定》，把反贪污、反浪费、反官僚主义作为贯彻精兵简政、增产节约这一中心任务的重大措施，要求普遍地检查贪污、浪费和官僚主义问题。

12月8日，中共中央又发出《关于反贪污斗争必须大张旗鼓地去进行的指示》。

此后，一个全国规模的“三反”运动普遍地开展起来了。

1952年1月4日，中共中央发出了《关于立即限期发动群众开展“三反”斗争的指示》，要求各单位立即按限期发动群众开展斗争。很快，在全国出现了一个群众性的检查和揭发的高潮。

为加强对运动的领导，中共中央建立了以薄一波为主任的中央增产节约检查委员会，并在党政军三个系统成立了各级增产节约检查委员会。中共中央和毛泽东主席连续批转了各级党委的报告，阐明了中央的方针和政策，总结并推广了各地经验，为运动指出了正确的方向。

4月，在揭露了一批严重的贪污盗窃案件，并召开了坦白检举大会或公审大会以后，“三反”运动进入核实定案处理阶段，中共中央和中央人民政府相继发出了《关于处理贪污浪费问题的若干规定》、《关于处理小贪污分子的五项决定》和《中华人民共和国惩治贪污条例》。

一贯关心国家大事的埜石从报纸上看到，吉林省委、省政府根据上述文件所规定的关于“严肃与宽大相结合”、“坦白从宽，抗拒从严；一般从宽，恶劣从严”等方针和政策，对于在运动中揭发出来的犯有贪污、浪费错误的人员，分别作出了不同处理。

早在解放战争时期，我党我军进入东北大城市以后，就有个别领导开始腐化堕落，脱离群众，有的居功自傲，官僚主义严重；有的贪恋女色，追求享受；有的贪污公款，搜罗金银珠宝，致使歪风邪气滋生泛滥。因此，在“三反”运动中，长春市也揪出了不少“三反”分子。

10月25日，“三反”运动宣告结束。这场运动的胜利有力地抵制了资产阶级腐朽思想对革命队伍的腐蚀，清除了干部队伍中的蜕化变质分子，教育和挽救了一批干部，提高了干部和广大人民的社会主义觉悟，增强了对资产阶级腐蚀的抵抗力，并在社会上树立了廉洁朴素的社会风尚。

在“三反”运动中，白杨画店被定为基本守法户。为了响应党和国家的号召，白杨画店加入了合作社，改名叫白杨美术社。此后，埜石的积极性更高了，时时表现出一个男子汉应有的忙碌、积极、无畏和对个人辛苦劳累全然不顾的事业心。

中国的癸巳蛇年是以《人民日报》发表题为《迎接1953年的伟大任务》社论为起始的。这一年是我国进入大规模建设的第一年，也是开始执行国家建设五年计划的头一年。令人欣喜的是，这一年全国经济形势蒸蒸日上，人民精神面貌焕然一新。正如当时的一首流行歌曲所唱：

我们的力量移山倒海，
劳动的热情无比高涨。

我们要和时间赛跑，
走上社会主义光明大道；
我们要和时间赛跑，
迎接伟大的建设高潮。

然而不幸的是，这年9月26日中国著名画家、中央美术学院院长徐悲鸿因患脑溢血逝世，享年58岁。两天后文艺界举行公祭仪式，中央人民政府副主席李济深、政务院副总理黄炎培、政务院政治委员会副主任彭真及各界代表800多人参加公祭仪式。周恩来、宋庆龄、习仲勋等国家领导人送了花圈。公祭后，灵柩安放在八宝山革命公墓。

徐悲鸿，原名徐寿康，生于1895年，江苏宜兴人。他早年贫苦，深感事态炎凉，不禁悲从中来，如鸿雁哀鸣，故易名悲鸿。曾留学法国，归国后长期从事美术教育，与张书旗、柳子谷并称画坛“金陵三杰”。擅长人物、走兽、花鸟，主张现实主义，强调国画改革融入西画技法，作画主张光线、造型，讲求对象的解剖结构、骨骼的准确把握，并强调作品的思想内涵，对当时中国画坛影响甚大。所作国画彩墨浑成，尤以奔马享名于世。

埜石是从报纸上获悉徐悲鸿逝世的噩耗的。他虽然和徐悲鸿只有一面之识，但对其印象却十分深刻。那还是20年前去北京拜师时，他在颐和园飞云阁看到徐悲鸿和齐白石在交谈。虽然没有和他亲密接触，但徐悲鸿那善良可亲的面容和英俊潇洒的身影却给他留下了永久的记忆。

埜石知道，他的老师齐白石从一个木匠成为在世界上享有一定声誉的艺术大师，徐悲鸿是起了重要作用的。

1929年9月，年仅34岁的徐悲鸿当上了北平艺术学院院长。他一到任，就对年过半百的齐白石之为人及其画作另眼相看，不但很是欣赏，而且还给予了很高的评价。

慧眼识珠的徐悲鸿认为，齐白石的画雅俗相间，雅中有俗，俗中有雅，雅俗共赏；形神兼顾，形里透神，神外聚形，形神互映。这样的作品有生活情趣，有民间风味，有自然底韵，妙趣天成。他曾这样说过："齐白石的作品，可以与徐渭、虚谷、任颐诸大师的艺术作品相媲美，堪称世上精品，风采独具。"

于是，徐悲鸿曾三顾茅庐，诚心相邀并词恳意切地下了请帖，正式聘65岁的齐白石为北平艺院教授。在齐白石应聘北平艺院教授的消息轰动京城后，徐悲鸿又专门为齐白石举办画展，而且每逢画展都在齐白石的作品下边贴上便签，上书"徐悲鸿录定"。他还为齐白石出版画册，撰写序文，四处宣扬。这样一来，齐白石的名声就更响了，地位也就更高了。

大凡人才有两种，一种是少年得志，风光无限；一种是大器晚成，后来居上。徐悲鸿应为前者，而齐白石即属后者。

滴水之恩，当涌泉相报。对于徐悲鸿的真诚关心和鼎力扶持，感激莫名的齐白石曾题诗咏道：

少年为写山水照，
自娱岂欲世人称。
我法何辞万口骂，
江南独倾瞻徐君。
谓吾心手出怪异，
鬼神使之非人能。
最怜一口反万众，
使我衰颜满汗淋。

从上述诗中，不难看出齐白石对徐悲鸿刻骨铭心的感激之情。可以说，若无徐悲鸿的青睐和提携，当年的齐白石是不可能成为后来的齐白石的。

作为一名画家，堃石还知道画坛有“南北二石”之说，即南方的傅抱石和北方的齐白石。徐悲鸿不仅是齐白石的伯乐，也是傅抱石的伯乐。傅抱石成名，与徐悲鸿的关怀也有直接关系。

早在1933年夏天，时任南京中央大学艺术系教授的徐悲鸿带领学生到庐山写生，返回途中，他在南昌小住。他的寓所每天都有不少造访者，其中以青年美术爱好者居多。

当时，傅抱石正失业在家，处境非常困窘。得知徐悲鸿到了南昌，就立即带上自己的作品前去拜访。然而不巧的是，在他来到旅馆时，徐悲鸿又外出了，他深憾无缘相见。

傅抱石只好将自己的画稿留下，然后怏怏不乐地离开了旅馆。爱才如命的徐悲鸿看到傅抱石的画稿后，不胜欢喜。

“千军易得，一将难求，培养人才，如同选将。”他竟不顾大雨浇身，跑遍南昌城，终于找到了傅抱石。

为培养这位不可多得的旷世奇才，徐悲鸿对时任江西省主席的熊式辉说：“南昌出了个傅抱石，是南方一石，画苑新秀，应拨给他一笔经费，让他深造。”熊式辉碍于画坛大师徐悲鸿的面子，当即答应了下来。但是，后来因所拨经费不足以远赴法国，只好东渡日本。

傅抱石在东京因生活所迫行将辍学之时，不得不写信向徐悲鸿求助。徐悲鸿马上四处募资，甚至拿出自己的作品筹了一笔钱，使傅抱石得以在东京完成学业。

抗日战争时期，徐悲鸿与傅抱石同在重庆中央大学任教，他欣喜地看到傅抱石在艺术上的突飞猛进，傅抱石最终成为中国的一位著名山水画大师。

1945年9月17日，徐悲鸿50寿辰，傅抱石精心绘制了一幅《仰高山图》，以表达自己对恩师的崇敬之情。

由于历史及家庭环境等原因，也许有人认为徐悲鸿的作品中存在着瑕疵或影响大师的艺术形象。但埜石认为历史还是应该尊重的，任何一位绘画大师的早期作品都不可能是完美无缺的。从艺术水平来讲，他一直认为那些作品是徐悲鸿早年的精心、严谨之作，具有高超的技巧，作品简练明快，富有生气，有强烈的人文精神和一定的独创性。

人类的历史何其漫长，个人的生命何其短暂。不是每个人都能以短暂的生命辉映历史，但是每个人都可以用短暂的生命丰富历史的内涵。徐悲鸿以画马为世所称，笔力雄健，气魄恢宏，布局设色均有新意。他平生积极从事美术教育事业，为中国美术事业的发展鞠躬尽瘁，培育了不少优秀人才。更为难能可贵的是，他在病危时还将自己一生的创作和全部珍藏都捐献给了国家。

埜石对徐悲鸿的崇敬，还在于他的人品和画品一样高尚。在国外留学时，徐悲鸿不仅与他的法国老师达仰感情挚深，还曾更名“黄扶”以铭记黄警顽与黄震之两位先生的扶助恩德。“尊吾师，以贤他人”的风范和他日后广受学生尊崇的地位相得益彰。

徐悲鸿是埜石之老师齐白石的恩人，老师的恩人就是自己的恩人。如今徐悲鸿驾鹤西归了，回想起他的音容笑貌，回想起他的言谈举止，埜石的心情更加沉重不已……

新中国成立后，社会在变，人也在变，一切都在变，但最难改变的还是艺人在旧社会沾染的那些重名重利、同行是冤家、教会徒弟饿死师傅等旧思想、旧观念、旧习惯。但埜石对这些看得很开，他在政治上不甘落后，积极参加各种会议，认真学习党的路线、方针、政策，并自觉落实到行动上。

新中国成立初期，中国共产党在全国范围内组织对农业、资本主义工商业和手工业进行社会主义改造。其中，对资本主义工商业的社会主义改造是三大改造的重点。因此，埜石的白杨美术社也在改造之列。

在我国新民主主义革命胜利和土地制度改革完成以后，国内的主要矛盾转为工人阶级和资产阶级之间、社会主义道路和资本主义道路之间的矛盾。国家需要资本主义工商业有一定的发展，因为它有利于国计民生的一面。但资本主义工商业又存在着不利于国计民生的一面，这就出现了限制和反限制的斗争。

为了把原来落后、混乱、畸形发展的资本主义工商业逐步引上社会主义改造的道路，中国共产党在全国范围内果断地对资本主义工商业进行了大规模的社会主义改造。改造分为两个步骤：第一步把资本主义转变为国家资本主义；第二步把国家资本主义转变为社会主义。

当年6月，中共中央根据中央统战部的调查，起草了《关于利用、限制、改造资本主义工商业的意见》。9月，毛泽东同民主党派和工商界部分代表座谈，指出国家资本主义是改造资本主义工商业的必经道路。10月，中华全国工商联合会召开了会员代表大会，传达了中共在过渡时期的总路线和对资本主义工商业的社会主义改造的政策。

在过渡时期总路线的指引下，到1954年底，主要的大型私营工业企业多数已经通过公私合营的方式转变为公私合营企业。在商业方面，则在国家掌握一切重要货源的情况下，通过使私营商业执行经销代销业务的方式向国家资本主义商业转变。

1955年下半年，不少大中城市出现了资本主义工商业全行业公私合营的趋势。11月，中共中央召集各省、市、自治区党委负责人会议，加强对全行业公私合营的领导。这时，农业合作化高潮的兴起，最后地断绝了资本主义和农村的联系，资本主义工商业全行业公私合营的条件已经成熟。全行业公私合营是国家资本主义的最高形式，是使资本主义所有制转变为社会主义公有制的具有决定意义的重大步骤。

1956年1月10日，北京首先宣布实现全行业公私合营。接着，上海、天津、广州、沈阳、长春等50多个大中城市相继实现全行业公私合营。在当年的第一季度末，全国全行业公私合营的私营工业已达99%，私营商业达到85%，基本上完成了对资本主义所有制的社会主义改造。

在对资本主义工商业改造高潮中，中共中央、国务院先后发出一系列指示，对民族工商业者的选举权、工作和生活作了充分保障，使民族工商业者在不太勉强的情况下接受社会主义，从而保证了资本主义工商业社会主义改造的顺利进行。

同一时期，中国共产党还顺利地开展和完成了对于农业和手工业的社会主义改造工作。社会主义三大改造的胜利完成，为新中国从新民主主义社会向社会主义社会过渡创造了条件。

当时，长春有些私人企业的法人主动向国家递交了公私合营申请，组成清产核资领导小组，起草公私合营协议书，由长春市地方工业局代表和企业全体股东代表在公私合营协议书上签字。从此，私人企业正式成为公私合营企业。

公私合营后的工厂，企业的性质发生了根本性的改变。工厂内部逐步建立健全了党、政、工、团的领导组织，增建了企业各项的管理制度，由国家投资扩建厂房，增添生产设备，促进生产迅速发展。在管理上，破除了不适应当时生产力发展的经营方式，取消了那些一方多名、“双加料”等巧立名目、只图营利的产品，各类产品均以成本核算加合理利润而定价销售。

在长春市的工艺美术行业实行公司合营时，埜石的“白杨美术社”划归长春市美术公司，埜石也成了合营公司中的一员，他的具体工作单位是公司属下的工艺美术厂，地址在南关区长通路向阳街八号。这是一个近百人的工厂，年营业额在千万元以上。

这个时期，埜石一颗热心、满腔激情地工作着。他结合美术厂业务，搞实用美术，其中有布景画、广告画、油彩画、玻璃画、水粉画等。他把新社会、新风尚、新气象注入笔端，描绘出了体现新时代特征的许多精美绝伦的作品。

与此相反，埜石单纯的国画做得相对少了一些。不过，他从这些美术工艺画的开拓中也在不断开阔思路，研究国画创作的升华。这为他后来国画的创作与发展，无疑积累了丰富的经验并奠定了坚实的基础。

以德报怨

20世纪50年代，城市人口的生活条件与福利水平虽然不是很高，却是极有保障的，尤其是50年代中后期，即使是没有工作的城市闲散人员，每月也可以凭户口本领到一份与他人相差不大的口粮。相比之下，农民劳动强度大，生活却毫无保障，碰到年成不好的时候，就连能否填饱肚子也只能听天由命。

当时很多农民说：工人是政府的亲儿子，农民是政府的蛮儿子。农民要出民工、要缴公粮、要服兵役，一年365天，从早苦到晚，生老病死没人管，住茅棚，吃粗粮，穿破衣。而工人呢，既不出民工，不缴公粮，又有劳保，有休假，周日不上班，退休有人管，住洋房，穿西装，有文化宫、电影院、跳舞厅，真是一个地狱，一个天堂。

明显的城乡和工农差别使农民普遍对城市及工矿充满着向往。正如一些刊物文章所述："由于工人生活上的过于突出，也大大影响着农民不安心在自己的土地上生产，从而盲目流入城市。"因此，农民普遍地把能脱离农村看作是有能耐，本事大。"人往高处走，水往低处流，在乡村有什么出息？"青年人的这种想法尤为强烈。

农业合作化时期，一些合作社限制饲养家禽家畜、经营家庭手工业和做小买卖等家庭副业，农民的收入明显减少，生活水平受到普遍影响。在东三省，农民对合作社低收入的情况十分反感，有的发牢骚说："入了高级社，真正也不错，挣了不少分，一算剩不多，社里发一人，大家不能过，地了场光衣服破，回到家中挨大饿，你看难过不难过。"

明显的城乡差别、长期的温饱没有保障，以及在生产生活中得不到应有的尊重等因素，使农民产生了强烈离开农村的欲望和行动。虽然中央政府一再下发指示、通知，采取种种措施阻止农民向城市流动，收效却并不明显。这一现象也说明，一贯“玩龙玩虎不如玩土”的农民对土地破天荒地不再有天然的依恋，他们所依恋与渴望的是生活上的不断改善。

于是，农民中普遍存在着流向城市和工矿的强烈愿望。为了达到脱离农村到城市去的目的，农村青年想尽种种办法，尝试一切可能的管道，有的为抓住可能的招工机会而努力学文化，宁可饿饭也学而不倦；有的女性想嫁给工人、嫁给干部；有的到处托人情找“关系”。

受盲流风潮的影响，埜石的亲属和家乡的农民也不断有人来长春要他帮助找工作。他的妻侄女李学秋从家乡来到长春，被安排在美术厂工作。妻侄李学儒见绘画有前途，也辗转来到了美术厂，进入美术厂的还有他亲戚的媳妇及女婿以及关龙甸的女儿等。那时生产形势好，这些人尽管没有技术，但跑跑销售什么的，虽然工资不高，却也吃穿无虞。

埜石出身于农村，对农民有着深厚的感情。中国是一个农业大国，不但农村人口多，而且农民的生活也最苦。由于没有机械化，他们整天都是面朝黄土背朝天地劳作着。他们没有星期天，没有节假日，一年四季在农田里忙碌着。尽管如此，他们仍吃不上饱饭，穿不上新衣，有的甚至交不起孩子的学费。

这样日复一日、年复一年的劳动，他们的脸晒黑了，人累瘦了。然而不论条件怎样恶劣，劳动怎样辛苦，大多数农民都能坚持住。因为他们知道，只有用他们身上的汗水，用他们身上的泥土，用他们手中的肥料，才能换来生存的粮食，才能使他们脱离贫穷，才能使他们的孩子走出乡村。

当时，国家要求妇女解放和男女平等。在这种政策的主导和驱使下，以为社会主义添砖加瓦为口号，城市的家庭妇女都纷纷走出家门进入企业和工厂，成为发展社会主义经济的一支重要生力军。在这种情况下，李文琴和城市的其他家庭妇女一样，也主动要求参加工作，进入了工艺美术厂，成为一名正式工人。

把这些亲属安排在厂里，堃石并不认为是什么“走后门”。因为这是凭着自己的双手吃饭，作为工人，用谁都是用。他在管理上不分彼此不管亲疏不戒远近，均一视同仁。他对自己的亲属从不迁就照顾，工资和其他工人一样，按劳分配，该奖的奖，该罚的罚。因此，不但亲友之间团结融洽，就是同其他工人也都能相安无事。

长春意为“永远年轻”的城市，其春天并不长，就像飞过来的花蝴蝶，人们还没有看清它的模样，它就又飘然远飞了。长春真正的春天，要等到清明过后。在清明以前或清明时节，这里不是“雨纷纷”，而是“雪纷纷”。早上还是晴好的天气，可是在突然之间太阳就悄悄躲起来了，很快就飘起了雪花。但是，这些雪花一落到地上就融化了。时间不长，这座城市又回复到艳阳高照春光明媚了。

这年春天，在长春召开了吉林省第一次美术家代表大会。在那次会议上，吉林省的党政领导都出席了，并作了重要讲话，要求全省美术工作者认真贯彻落实党和政府有关的方针政策，认真培养美术创作人才，积极创作出格调高雅、特点突出的精品力作，为新中国文化的繁荣、发展作出应有的贡献。

新中国给了埜石巨大荣誉，他作为长春美术公司的代表参加了这次会议。在会上，他看到了平时只有在报纸上才能看到的省委省政府领导人，看到了来自全省各县市的美术家代表。会下，他与一些代表进行了交谈，互相取长补短。他深深感觉到，只有在新社会，他们这些美术工作者才有稳定的生活，才有政治地位。

会议期间，埜石和一位来自靖宇县的张姓美术工作者同居一室。那位姓张的同志态度谦和，为人豪爽，他主动与埜石打招呼："喂，同志，您是哪个单位的？"

"我是长春工艺美术厂的。"

"贵姓？"

"免贵姓崔，叫崔广五……"

"崔广五？哦，我想起来了，您是齐白石的弟子！能在这里见到您，我很荣幸啊！"

"哪里哪里。"埜石露出谦虚的笑容，"您贵姓？"

"我姓张，您就喊我老张吧！我来自小地方靖宇县。"

"靖宇县？我与你们靖宇县还有点渊源呢！"埜石兴奋地说，"靖宇县过去叫濛江县，当年我去北京拜师带的五根山参，就是我的朋友从他的家乡濛江弄来的，那五根山参可来之不易啊，这件事我一辈子都忘不了！"

"看来您老哥是个重情重义的人！其实，山参在我们那个地方不算什么，大山里有的是。"老张看着窗外说，"我还是第一次来长春，这个城市太大了。要不是开会，我还到不了这个地方，更见不到您这位赫赫有名的大画家！”

“我也就是画个花鸟鱼虫山水人物什么的，算不上什么大画家，普通人一个。”堃石转换了话题，“既然来到了长春，就多住几天，好好游览一下这个城市。”

“长春我光知道有个伪皇宫，不知在什么地方？”

“在中央大道，不过没有开放。其实，也没有什么看头。”堃石接着说，“城里有很多公园，风景都很好，你可以去逛一逛，留留影。比如，胜利公园就不错，很值得一看。”

长春胜利公园坐落在中央大道（今人民大街）与北京大街交汇处，建于1915年，占地面积23万平方米，其中水面面积13000平方米。1948年后市政府进行重新规划，建起了动物区、花卉区、金鱼区、儿童游艺区、水上活动区和荷花池等，并进行大面积绿化，使园内绿树成荫，亭台轩榭掩映在花红柳绿之中。湖南面的波形长廊，建在地势起伏的山坡上，造型设计新颖，曲折多变，每当春夏之季，长廊两侧爬满了蔷薇，吐出清冽的香气。

听完堃石的介绍，老张心有所动地说：“等散会了，我再住两天，好好游览一下咱们的省城……”

在此期间，工艺美术厂工人的热门话题，就是为堃石能参加全省的大会而感到自豪。堃石受到了工人师傅的极大尊重，厂里简直拿他当作“国宝”，有什么重大活动都让他参加，似乎厂里厂外都在吵着这样的话：我们美术厂了不起，我们美术厂是名人荟萃的地方，我们美术厂有齐白石大师的高徒……仿佛一讲这些，就再也没有人敢跟着比了。

确实，那个时候埜石就是厂子的荣耀，就是厂子的资本，就是厂子的化身。为此，他也感到这是一件可喜的事情，至少很欣慰，因为终归没有辜负白石老师的期望，没有辱没齐派艺术的名声。

在夕阳将尽大地涂金的时刻，崔家的大门“咚咚咚”响了三下。埜石开门一看，原来是一位稀客——厂子里老实巴交的职工老王头。只见他提着一兜水果，面色微赧地低声说：“这么晚了来打搅你，实在不好意思。”

“老王头，你说到哪儿去了，请你还请不来呢！”埜石把老王头请进屋里，热情地说，“请坐请坐。文琴，来客人了，赶快沏茶！”

打过招呼问过好之后，老王头绕山绕水地说：“无事不登三宝殿。我这次来是想向你讨一幅画，我也知道你的画很值钱，我买不起，但我的儿子现在正学画画，他想过来向你请教，但又考虑到你工作太忙没有时间。这样吧，要不然你把画借给我，待我儿子临摹完了再还给你，行不？”

“老王头，你说这话等于在骂我。”乐善好施的埜石说，“我一年送出去的画不在少数，何在乎你这一幅。只要你喜欢，我就给你画一幅，明天上班时给你带过去，怎么样？”

“谢谢你，太谢谢你啦！大家都说你是一个好人，只要向你讨画，你从来都没有拒绝过，不管是干部还是工人。崔老师，我是一个小工人，平时也帮不上你什么忙，你家里要是有什么出力的活儿，说一声，让我儿子来干！”

“没有，没有！谢谢你……”

三国魏人李康的《运命论》曰：“木秀于林，风必摧之；堆出于岸，流必湍之；行高于人，众必非之。”李康当时的这一番理论旨在探讨国家治乱与士人个人出处之间的关系问题，不想这话今天竟成了中国人古来已是嫉妒成性的证据。埜石也经历了这样的事实，而且还在他心中留下了很深的阴影，抹也抹不掉。

这一年夏天，牵动全国数千万人利益的是中国第一次全国性的工资改革。6月16日，国务院通过《关于工资改革的决定》。它奠定了此后中国长达30年之久的劳动工资制度的基础，对新中国的“吏制”产生了深刻的影响。从此“级别”成为中国除农民以外各类社会人群政治经济生活排序的重要标准。

新中国成立之初，供给制与工资制并存。到1955年，国内经济形势继续好转，新一轮工资改革应运出台。中央政府决定先行在国家机关及所属事业单位废除工资分，改行货币工资制，从而拉开了全国工资改革的序幕。

这次工资改革，建立了国家机关、企事业单位等几大类分配制度，其中党政机关实行职务等级工资制，把干部分为30个行政级，企业工人分为八个（个别工种为七个）技术等级，专业人员如工程技术人员、教师、医务工作者、文艺工作者也都相应有了自己的等级系列。且各系列之间大致可以互相换算，如文艺一级相当于行政八级；高教八级相当于行政17级等。

与此同时，依据各地的自然条件、物价和生活费用水平、交通以及工资状况，并适当照顾重点发展地区和生活条件艰苦地区，将全国分为11类工资区。规定以一类地区为基准，每高一类，工资标准增加3%。工资区类别越高，工资标准越高。

定级标准采用一职数级、等级线上下交叉的做法，依据职务，参考德、才和资历进行评定。定多少级拿多少工资，最高工资与最低工资之间的比例约为21∶1，全员工资水平有了较大幅度的提高。

当时的知识界、文化界也都愿意“收名定价”于此次定级，如梅兰芳定级前的保留工资为1100元，却甘愿评为只拿336元的文艺一级；关肃霜自请评为文艺二级，工资从800元直降到280元。实行工资制后，作家可以在文艺级与行政级之间自由选择，文艺级比行政级工资高，但有不少人却宁愿选择行政级。

工艺美术厂的美术师都评技术级，按技术和资历埜石应该评为八级，但八级的指标只有两名，于是厂长就找埜石做思想工作。那是一次公事公办的谈话，没有废话，没有幽默，没有客套。领导机械而充满理性地讲了一番大道理后，就板着一张官样的脸说：“八级指标少，把它让给更优秀的人吧！你看给你评七级行不行？”

“没问题，评几级都行。”埜石说的是真心话，不是气话。

当时，大伙都以关怀至诚和抱打不平的口气说埜石不但资历深，人品好，技艺也是一流的，应该评八级工，厂领导这么做不公平，应该向上级反映一下情况。

埜石问："你们知道'六尺巷'的故事吗？"

大家都说不知道。

埜石说："安徽桐城有个'六尺巷'，曾有这样一个典故：清代大学士张英老家与吴姓邻居为住宅边界的事把官司打到县衙。张家人写信到京城求告张英。张英收到信后，在信上批诗一首寄回老家：'一纸书来只为墙，让他三尺又何妨。长城万里今犹在，不见当年秦始皇。'家人收到信后，豁然开朗，主动撤诉，让出三尺地。吴家见了非常感动，也让出三尺，这就是有名的'六尺巷'。"

大家说："你讲的这个故事与工资没有关系，完全是两码事。"

埜石说："怎么没有关系，对于我来说，退让院墙与退让工资情同一理。"

埜石没有争，七级就七级吧。他知道，厂里有两个八级的指标，那"更优秀的人"是领导。在那个年代里，八级只能是领导的，还能是别人的吗！他也没有多想，更没有闹情绪。

可是不久，工艺美术厂被那个领导给折腾黄了。为了生计，埜石只好再次开起美术社。由于经营有方，埜石的这个美术社开得很红火。

就在这个时候，那个厂领导要调埜石回厂，说他是厂里的人才，是厂里的栋梁，厂里没有他不行。为了拯救工厂，埜石二话没说就回去了。很快，厂子的情况转好，而且有了不小的赢利。可是在发工资时，那个厂领导没有找他商量，也没有通知他，更没有说明情况，只给他开了五级工的工资，一下子掉了两级。

这个领导不懂业务，却懂得玩人，一股火气在埜石的心头爬升。这一次，埜石没再发扬风格，也没有忍气吞声。他带着从来没有过的火气去问领导是怎么回事。那位领导红着脸磕磕巴巴地说："因为你搞单干，私开美术社……"

埜石听了这话，半晌没有回过气来，噎得他一句话都说不出来，同时心中被愤懑填满，真是"人"字好写太难做，"心"字简单不好懂。他对这个暗藏祸心的"父母官"心寒齿冷了，从此不再到厂里上班，怀着一种久久不能忘记、却时刻需要淡忘的压抑感，又回到他的美术社。

不知是谁说过这样一句名言：在你显赫的时候，朋友认识了你；在你落难的时候，你认识了朋友！后来，美术厂的王姓美术师来找埜石说："你看我能不能到你这儿来干？"

埜石当即说："都是一样的美术师，有啥不行的！"

"老崔啊，当年评级的时候我和老张挺对不住你的，按理说你应该评八级，可我俩做了手脚，把我们自己的工资定了八级，而给你定了七级。"王美术师的话出自他的良心。

"算人容易度己难。"埜石笑着说，"你知道一个人吗？"

"谁？"王美术师睁大眼睛问。

"钟馗啊！他老人家就管人间这事儿。"埜石不急不缓地说，"你们在晋级这事上涨了，当心他在别的地方给你们拉下去。”

钟馗是中国民间传说中驱鬼逐邪之神，是中国传统文化中的“赐福镇宅圣君”。钟馗是中国民间的一个名人，后来被道教纳入神仙体系，其主要功能是捉鬼。据古书记载，钟馗系唐初长安终南山人，生得豹头环眼，铁面虬髯，相貌奇异。然而他却是个才华横溢、满腹经纶的人物，平素正气浩然，刚直不阿，待人正直，肝胆相照。

王美术师当时可能没有听懂埜石讲的故事，或者听懂了而对它半信半疑。没想到埜石的话真的应验了，时间不长姓王的美术师就患心肌梗塞死了，另外一个姓张的得了脑血栓，在床上受了八个月的罪也魂归西天。

埜石在想：也许是钟馗把这两个八级工应活的岁数都给了我，所以我长寿。我凭什么？我做事光明磊落，别人求我的事能帮的尽量帮，帮不了的就告诉人家。天作孽，尤可恕；自作孽，不可活。所以做人一定要做好人，做好人不吃亏，人行好事，必有前程！

惊闻恩师去世

7月14日，彩旗耀眼，鼓乐喧天，长春街头充满了空前未有的节日气氛。埜石和全市人民怀着兴奋的心情，站在斯大林大街（今人民大街）的一侧翘首以待，像迎接贵宾一样在等候驶来的由中国第一汽车制造厂生产的解放牌汽车。

中国第一汽车制造厂，简称一汽，那是中国开天辟地第一家制造汽车的工厂。它位于长春市长沈路与东风大街之间，1953年7月15日奠基兴建，是开国领袖毛泽东主席题写的厂名。

1949年12月，毛泽东访问苏联时与斯大林商定，由苏联全面援助中国建设第一个载重汽车厂。经过一年多的调查研究和诸多方案对比，中共中央和中央政府决定把第一汽车制造厂的厂址设在长春市郊区。

今年7月13日，崭新的总装线装配出第一辆汽车。第二天，第一批12辆汽车在欢声笑语和雷鸣般的掌声中徐徐驶出装配线。这标志着第一汽车制造厂的三年建厂目标如期达到，这是一项具有历史意义的壮举，人们怎能不由衷地欢欣鼓舞呢！

中国首次生产的取名为“解放”的汽车是一种通用性载重卡车，装有90马力、6个汽缸的汽油发动机，载重量为4吨，最大车速每小时65公里，满载后时速为30至50公里，比较适合中国当时的公路干线和桥梁等负荷条件。

解放牌汽车结构坚固，使用寿命长，它是按照正规的工艺标准和现代生产技术来制造的。随着中国交通事业的发展，解放牌汽车这种轻便的交通工具有极为广泛的用途。“解放牌”的诞生，结束了中国不能自制汽车的历史。

7月14日上午，在汽车工人俱乐部举行的庆祝建厂三周年和先进生产者代表大会上，全厂干部和职工通过了向党中央、毛主席的报捷信。信中写道：

敬爱的毛主席和党中央，我们第一汽车制造厂全体职工怀着万分兴奋的心情向您报告：党中央关于力争三年建成长春汽车厂的指示，已经实现了！今天，我们正以完成建厂任务和试制出一批国产汽车来热烈庆祝建厂三周年……我们正在积极作好各项生产准备，组织全面开工生产，保证以在第三季度内生产出250辆质量合乎要求的解放牌汽车的实际行动，迎接党的第八次全国代表大会的召开，并向今年的国庆节献礼。

“一汽”作为国家“一五”重点建设工程，一直得到党和政府的高度重视，从“中苏”两国领导人会晤确定这个项目，到毛泽东亲自为新车命名“解放”，这是“一汽”人的骄傲，也是“一汽”人的殊荣，因为由党和国家最高领导人为一种产品命名是绝无仅有的。“解放”两字包含很深的寓意，也充分表达了翻身后中国人民的心声。

庆祝大会之后，400多名劳动模范和先进工作者坐上新装配成功的解放牌汽车，组成报捷车队向省、市委报喜。全市人民从四面八方会聚到斯大林大街，来观看自己亲手制造的第一批“解放牌”汽车。

这一天，埜石早早来到斯大林大街，和成千上万的长春市民一起站在大街一侧，目不转睛地观赏着徐徐驶来的国产汽车的风采。他看到有人不断向汽车抛撒五颜六色的彩纸和鲜花，有的还拿火红的高粱和金黄的苞米、谷子往汽车上抛撒，以表庆贺之意。

长春市的主要街道斯大林大街成了欢乐的海洋，人们望着披红戴花的一辆辆崭新铮亮的国产汽车，想着党和人民的殷切期望，想着三年建厂的艰辛历程，不禁涌出激动的泪花。许多人抚摸着车上打着中国字的国产汽车，感到无比的喜悦和自豪。

埜石看到人们欢呼的热情达到了炽热的程度，路被人海堵住了，连一道缝隙都没有，汽车走不动了，只好在维持秩序人员的指挥下用最慢的速度向前缓行。许多人都想坐到车上去，有的人站在脚踏板上，有的人坐在翼子板上，就连前保险杠上也站满了人。

夏天的风像懒汉似的躺在那里一动不动，头顶的烈日没有一片云彩遮掩，埜石被热得汗流满面。他看到一位白发苍苍的老大娘拦住汽车非要坐上去不可，当汽车停下来满足她的要求时，她高兴得流着泪说："我可坐上咱们国家自己制造的汽车了，这辈子我活得值了。"

埜石早就见识过汽车，也乘坐过汽车，但那都是外国的汽车。他非常羡慕那位坐上"解放牌"汽车的老大娘，那是一种享受，那是一种荣耀，那是一种自豪啊！他多么想也坐上去扬眉吐气。望着渐行渐远的国产汽车，埜石恋恋不舍地收回了目光。

1957年4月，中共中央发表了"关于整风运动的指示"。在长春市美术公司，人人都以积极的姿态参加运动，开创了前所未有的民主氛围和言论自由。大家都以拥护共产党、热爱社会主义的满腔热情，坚决反对资产阶级对党的进攻，积极投身到社会主义改造和社会主义建设中去。

整风初期，埜石参加了动员大会。这次整风的学习文件，主要是以毛泽东、邓小平、康生三人的文件为主，特别是毛泽东的《关于正确处理人民内部矛盾的问题》是整个运动过程的指导性文件。

平日的学习，是以公司党委和各厂为单位集体学习，集体讨论，并由专人做书面笔记。下半年运动渐趋深入，由理论学习转入联系工作实际进行讨论，同时公司的肃反队伍在内查外调中所涉及的个别人员的违法乱纪问题，也由其所在的支部协助非公开地给出鉴定结论。

这时公司的管理人员根本没有休假时间，每个星期日都在学习和开会。当时对美术工作者的定性是属于小资产阶级知识分子，属于资产阶级思想范畴，是需要长期进行思想改造的对象。怎样改造，改造什么，在理论上都可以夸夸其谈，但接触实际联系自己的时候就会滥扣一大堆“帽子”，言过其实地自我批判一通。

当时的社会风气也影响着一些行政干部，他们在思想深处对美术工作者存有严重的认识偏见，组织人事部门更是如此，总以为文化人不是自己的同盟军，不可相信，不可依靠，不可重用。于是，在整个社会便形成了以职业决定一个人阶级属性的不良世风。

一般来说，女性的第六感觉比男性发达。李文琴见丈夫在运动中如此主动、如此积极、如此自觉，听说还准备给领导提意见，就一把拽住他，带着真诚的善意动感情地说：“你千万别冒傻气，那意见咱是不能提的。”

为人耿直的埜石不明白妻子为什么说出这样的话，就反问道：“为什么？真是女人之见，头发长见识短，我们天天学习，毛主席要大家知无不言，言无不尽，言者无罪，闻者足戒，有话就要向组织讲，相信党相信组织嘛！”

李文琴看埜石拿她的话当耳旁风，就拉下脸来说：“女人怎么了？我是你的妻子，夫妻同体连心，你连我也不信了？我看你这些年被艺术熏陶得有点辨不清东西南北了。上次定级时领导把你整得那么惨，你都忘了？我的话你要是不听，就是不听好人言吃亏在眼前，到时后悔你就晚了。”

埜石看妻子说的很认真，又拿出了所谓的例证，便进一步反驳道：“老黄历看不得，不要拿过去的事和现在比，也不要因为过去某个领导打击报复就不相信今天的整风运动了。”

妻子的一番苦心相劝，埜石只以为是女人之见，没有往心里去，更没有引起警觉。他的思维在理性的轨道上继续滑行，颇有“文臣死于谏”的遗风，第二天又照样知无不言言无不尽地充分发扬民主去了。

公司领导也一再要求大家在运动中学习提高思想认识，放下包袱，轻装上阵，帮党整风。这时全国的整风运动已经扩大化了，但公司领导一再表明他们绝不抓辫子，绝不打棍子，还搬出明代文学家冯梦龙《警世通言》中的两句话：“言吾善者，不足为喜；言吾恶者，不足为怒。”

第二阶段是大鸣大放，即帮党整风，把心里的话说出来。埜石本着在主观思想上对党和社会主义真挚的热爱、永恒的拥护，对个别部门和单位在执行党的方针政策上有偏差和人性缺失之处提出了几条意见，但按每日的数量要求却相差甚远。

此时，农民生活在农业合作化和粮食统购统销的双重影响下，已是食不饱腹，部分农民已是食不糊口，来自于农村的埜石本着对农业的关心和对农民的热爱，用大字报反映了自己对农业生产和农民生活的看法。

最后，所有参加“整风鸣放”的人员被分成了“左派”、“右派”、“中间派”，“右派”中又分为“右”、“中右”、“极右”，这是根据每个人大字报的数量和内容定性的。侥幸的是，埜石在运动中虽然写了一些“不合时宜”的大字报，却没有被定为右派。这与他的出身和为人不无关系，如果不是出身贫农，根正苗红；如果不是群众威望高，人际关系好，他肯定会被打成“右派”。一旦戴上这个“帽子”，他将一辈子都要生活在黎明前的黑暗之中。

东北的9月中旬，天气有点凉了，嗖嗖的秋风吹得人心里凄惨惨的。

在这个“秋风秋雨愁煞人”的季节里，埜石从报纸上看到一条不幸的消息：全国人民代表大会代表、中国美术家协会主席、北京中国画院名誉院长、中央美术学院名誉教授、国际和平奖金获得者、人民艺术家齐白石于9月16日在北京医院病逝，享年97岁。

初闻此讯，埜石心中伤悼不已，就像唐代著名诗人李白诗句描述的那样："忧来其如何，凄怆摧心肝！"他把噩耗告诉了家人，大家顿时都沉浸在悲痛之中，谁也不说什么，也不知该说些什么。他找出齐白石大师的画册，面对白石老师的画像，泪流满面地注视着。一日为师，终生为父，其心之哀，其情之悲，不言而喻。

这是吴作人三年前为齐白石画的一张肖像，画面上的齐白石显得非常伟岸，俨然一座巍峨的大山。作画时，吴作人考虑到齐白石的健康状况，首先做好画面的基本构图，直接面对写生仅一次，主要完成面部与双手，然后再进行着装与背景描画。没想到，这幅齐白石非常满意的画像，如今竟成了他的遗像。

一年前，在周恩来总理的大力举荐下，世界和平理事会国际和平奖金评议委员会在斯德哥尔摩召开的会议上确定中国画家齐白石为国际和平奖金得奖人之一。五个月后，中国人民保卫世界和平委员会、中国人民对外文化协会、中国美术家协会等在北京台基厂九号为齐白石举行了隆重的授奖仪式。

听说齐白石在北京接受了世界和平理事会授予的国际和平奖金，埜石还为他老师获得这一殊荣而高兴呢！他从报纸上获悉，出席授奖仪式的有周恩来、郭沫若、周扬、茅盾、陈叔通以及各民主党派和无党派民主人士数百人。齐白石让他的学生、女画家郁风代他宣读了致辞：

> 世界和平理事会把国际和平奖金获得者的名义加在齐白石的名字上，这是我一生至高无上的光荣。我认为这也是给予中国人民的无上光荣。我以96岁的高年，能借这个机会对国家、社会、文艺界有些小贡献获得这样的荣誉，这是我永远不能忘的一件事。正因为我爱我的家乡，爱我的祖国美丽富饶的山河土地，爱大地上的一切活生生的生命，因而花费了我的毕生精力，把一个普通中国人民的感情画在画里，写在诗里。直到近几年，我才体会到，原来我所追求的就是和平。

齐白石是中国第一个荣获这种奖金的人。这项奖金包括一份荣誉奖状，一枚金质奖章和五百万法郎（约合人民币三万五千元）。为了使祖国有优良传统的国画更加发扬和进步，齐白石在受奖后表示愿意把这次所得国际和平奖金中的一半长期存在银行里，每年把所得利息以“齐白石国画奖金”的名义作为优秀国画家的奖金。

谁曾料到，白石老师获奖的喜讯刚过一年，他就驾鹤西归了。埜石由此痛感一个人的生命是如此脆弱，就像树叶那么轻，风一吹霜一打，说黄就黄，说卷就卷，说落就落了。

埜石后来听说，今年9月13日，他的老师由于感冒，身体不适，虽经中西医治疗，病情仍无明显好转。两天后，周恩来通知卫生部派一位中医顾问驻家治疗。但经过两天的中西医结合治疗，仍不见好转。

9月16日下午4时左右，齐白石被送往北京医院抢救。6时40分，终因年岁太高，心力衰竭，这位丹青大师结束了他将近一个世纪的多彩的生命历程，安详地躺在北京医院洁白的病榻上。

噩耗传出以后，当晚8时起，文化部、全国美术家协会以及各有关单位的领导，美术界的同行们、朋友们和他的门生先后来到医院向遗体告别，向这位画坛巨匠致以最后的敬意。络绎不绝的吊唁者，一直持续到晚上11点多钟才渐渐静下来。

这时，门口又出现一位高大英俊的身影，家属们不得不又站起来，心想这么晚了，谁还上这儿来呢？原来是周总理瞻仰艺术大师齐白石的遗容来了。

周恩来面带忧郁，步履沉重。他先绕遗体一周，然后停下来用双手轻轻掀开覆盖着的白布，默默地端详着，似乎仍和往常见面一样亲切地向白石老人问好。随后和齐白石的家属一一握手，慰问悼念，并问白石临终时有遗言没有？嘱咐家属一切照老人的意思办。周恩来走时，已是凌晨1点钟了。

总理总理，总而理之。在处理国家大事的同时，周总理对这位艺术大师也一以贯之地关怀备至。他的所作所为令齐白石深为感动，他始终是齐白石心中的光辉偶像。人民总理爱人民，他心中装着亿万人民，齐白石就是其中一位。他们二人交往的事迹将永远铭刻在人民的心中。

在齐白石过90大寿的时候，周恩来关切地嘱咐道："听说老人家近来画兴很浓，画了很多题材新颖的作品。解放后生活安定，没有顾虑，愿意为人民为祖国多作一些贡献的心情是可以理解的，但毕竟是90高龄的人了，今后要注意休息，保护好身体。”周恩来还风趣地说：“我还等着为您做百岁大寿呢！”

齐白石非常感激周恩来的关爱之情，他口中经常吟诵着他作的一首诗：“暮年逢盛世，搭帮好总理，老骥珍伏枥，报国志千里。”

9月22日上午，首都各界人士在地安门外西皇城根嘉兴寺为齐白石举行公祭仪式。由于获知消息太晚，加之路途遥远，埜石不能亲自参加老师的公祭仪式。此时，他又拿出白石老师的画册，对着老师的画像默默悼念，表示要把老师的精神，老师的艺术传承下去，绝不辜负老师的期望。

听说在公祭仪式上，原来周恩来因有要事不准备参加的。当郭沫若刚要主持开始时，周恩来又打来了电话，说他要赶过来参加公祭，希望大会推迟一会。

10时左右，周恩来驱车来到“京城八刹”之一嘉兴寺，同首都各界人士400多人一起参加了向这位为和平事业、为世界艺术的繁荣昌盛而整整奋斗了一生的艺术巨匠的祭奠仪式。年近花甲的周恩来一直肃立在那里，直到灵车开走。

白石大师走了，永远的走了。此时，埜石突然想起一件事：白石老师不但画艺好，画风好，而且也是一个尊师重道的楷模。齐白石早年有一个老师叫胡沁园，他精于诗文书画。诗主清新，书法王颜，自成体系，画着力工笔，兼写意，以草虫花卉著称。1889年，他慧眼识珠，收齐白石为徒，授之翰墨。齐白石对他极为尊重和感恩，曾在回忆录中这样写道：

> 他老人家不但是我的恩师，也可以说是我生平第一知己，我今若有成就，饮水思源，都出于他老人家的一手栽培。一别千古，我怎能抑制得住满腔的悲思呢？我参阅旧稿，画了二十多幅画，都是他老人家生前赏识过的，我亲自动手裱好，装在自己糊扎的纸箱内，在他灵前焚化，同时又作七言绝诗十四首，又作了一简祭文……

齐白石尊师重道的风范影响着埜石，埜石对他的恩师也同样非常尊重和感恩。但人死如流水，一去不复回，他纪念白石老师的唯一方式只能是化悲痛为力量，用自己的实际行动坚持不懈地去传承齐派的技法，弘扬齐派的精神，让齐派艺术代代相传，发扬光大。作为齐白石的弟子，他有这个责任，而且是重于泰山的责任。

与邓小平握手

我国顺利完成第一个五年计划以后，工农业生产都有大幅度的提高，当时社会安定、民风良好，建设新中国的积极性高涨。在这样的大好形势下，全国人民满怀信心，以只争朝夕的精神准备为完成第二个五年计划做出努力。在长春市工艺美术厂，堃石和工人们一起也在为国家的兴旺发达而竭尽全力。

1958年2月3日《人民日报》发表了“鼓足干劲，力争上游”的社论，明确地提出国民经济要全面大跃进。随后，组织基层干部认真学习社论精神，为全面大跃进奠定了思想基础，并做好了大干快上的精神准备。

这年5月，中共八大二次会议正式通过了“鼓足干劲、力争上游、多快好省地建设社会主义”的总路线。尽管这条总路线的出发点是要尽快地改变我国经济文化落后状况，但由于忽视了客观经济规律，根本不可能迅速地改变我国经济文化落后状况。总路线提出后，党中央就发动了“大跃进”运动。

“大跃进”运动是指1958年至1960年间，中国共产党在全国范围内开展的极“左”路线的运动，是在中共八届三中全会及其以后不断地错误批判1956年反冒进的基础上发动起来的，是“左”倾冒进的产物。

“大跃进”的提出，要求全民不仅停留在思想上，而且要落实到实际工作中去。当时堃石的理解比较肤浅，以为干部做好本职工作，工人增加产量就可以了。因此，他一直都在努力工作，不甘落后于他人，一场生产运动倒也搞得轰轰烈烈，生产蒸蒸日上，月月完成任务。

到6月初，国家计委下达《第二个五年计划要点》，其中提出五年超过英国，10年赶上美国。这个文件得到了毛泽东主席的首肯，并批示："这是一个很好的文件，值得认真一读。"到了6月17日，又提出了"两年超过英国"的报告。

由于是伟大领袖亲自批示的，文件精神很快传达到基层单位。埜石听了后既振奋又茫然，振奋的是落后的中国能够超过英国、赶上美国，确实是一件了不起的事情；茫然的是不知道如何赶超，那时候中国国门还没有打开，更没有和国际接轨，英、美两国到底是个什么样的水平，他并不了解。

当时的消息来源，除一家官方报纸《人民日报》外再也没有其他的渠道，即便对英、美国家的报道也都是社会的阴暗面，至于全面的情况，埜石可谓一无所知。学习的结果，他虽然没有敢想敢干敢放卫星的气魄，却也表了决心要做好本职工作，党叫干啥就干啥。

8月中下旬，中共中央政治局在北戴河召开会议。会上研究了超英赶美、大炼钢铁和成立人民公社等重大问题。随后，会议精神很快就传达到基层单位。由9月份开始，长春市工艺美术厂打破常规，为了完成全年的生产计划，实行大干快上，每天工作12个小时。

霎时间，工艺美术厂就沸腾起来了。职工在生产一线苦战，生产纪录不断刷新，高产"卫星"连续升空。为了鼓舞职工的生产气氛，宣传报道也搞得热火朝天。对超额完成计划的班组，由单位领导亲自出面敲锣打鼓送喜报，职工之间展开了你追我赶的竞赛局面，即便是节假日也不休息，主动到厂里上班。

这样"连续作战"的苦干，工艺美术厂一直持续到年底才鸣金收兵告一段落，恢复了正常的作息时间。到此时，全体职工已是疲惫不堪筋疲力尽了。

当时，堃石所在的工艺美术厂被划归街道长通公社管辖。长通公社建有瓷砖厂，所产瓷砖是由磷酯土烧制的，属地方工艺产品。受到大跃进形势鼓舞的堃石在瓷砖厂没日没夜地为瓷砖设计图案，有时就吃住在厂里，一两个星期不回家。他设计出来的图案美观大方，深受人们的喜爱。

在工厂里忙了半个多月，堃石心生眷恋，想回家看看。当他以牛郎似的激动跨进自家门槛时，就看到妻子正在打扫庭除，好像心有灵犀早已知道他今天要回来似的。

“回来啦？”李文琴语气平和，却很亲切，那是妻子对丈夫的标准口气。

“这段时间家里没什么事吧？”

“对了”，李文琴放下笤帚，“昨天有一个人找你，说是永吉桦皮厂的，姓梁。”

“这个人多大年纪？”堃石皱着眉头问。

“有70岁左右。他说是来长春走亲戚的，顺便找你谈件事。”

“姓梁的老人？找我谈事？”堃石甚感诧异，“他没说有什么事吗？”

“没说，只说过两天再来……”李文琴正说着，梁老汉又来了。

“崔老师来了没有？如果还没来，我以后再来找他，明天我就回永吉了。”梁老汉站在大门外说。

“来了，来了！”李文琴一边说，一边热情地把梁老汉往家里请，“快进来，快进来，屋里说话！”

“您找我有什么事啊？”埜石待梁老汉坐定后问。

“崔老师，是这样的！”梁老汉边说边掏他的包，“我有一幅王尔烈的真迹，写的是《扶杖过桥》，当年我花了120石小米才买到手的。我想把这幅字送给你，请你笑纳。”

王尔烈（1727～1801年），字君武，别名仲方，号瑶峰，辽宁辽阳人。44岁时参加京师礼部主持的恩科会试，结果考中贡士，经过殿试，中二甲一名进士。清廷任命他为翰林院编修、侍读。以诗文书法、聪明辩才见称于世，《辽阳县志》称其为“词翰书法著名当世者，清代第一人”。

“谢谢您的好意。”埜石拱手道，“王尔烈还是我的老乡呢！他是清代乾隆年间辽阳土生土长的书法家，素有‘关东第一才子’之誉。这么贵重的礼物，我可承受不起啊！”

“实话对你说吧！现在我老了，又没有后人，身边也没有懂书法的，担心此卷失散。听我亲戚说崔老师是画师，为人正派，值得信赖，所以我想把这件书法作品送给你，请你务必收下。只有这样，我才放心啊！”

“原来是这样，那我就恭敬不如从命了。”埜石见推辞不掉，就宽慰道，“梁老，你看这样好不好，暂时把这件墨宝存在我这里，我替你保管，你什么时候需要，随时来取好不好？”

“不用，不用，就送给你了……”

9月18日，邓小平来到吉林省视察。这是邓小平第一次来长春，当时他的职务是中共中央总书记、国务院副总理。这一年他54岁，正是年富力强的年龄。埜石绝对没有想到，十几个小时后，他这个出身于基层的普通人不但见到了总书记，还和他握了手，说了话。

9月19日，邓小平到长春第一汽车制造厂视察，参观了最近生产的东风牌小轿车。

长春第一汽车制造厂，是中国民族汽车工业的一面旗帜。5月12日，"一汽"人"乘东风，展红旗"，造出了国产第一辆东风牌小轿车，结束了我国不能生产轿车的历史。

这是一款中性小轿车，式样新颖，美观舒适，有着全新式的流线型车身，车厢内装有冷气、热风及各种现代设备。它自重1.23吨，发动机的最大功率为70马力，最高时速为128公里。它的耗油指标比较低，平均每公里耗油只有9至10公斤。

"一汽"厂长饶斌汇报了该厂自1956年出车后近两年来的生产、新产品开发、质量水平以及干部队伍建设等情况。邓小平听得很认真，他对"一汽"当时正在进行的干部参加劳动，工人参加管理，干部、技术人员、工人三结合大搞技术革新、技术改造非常感兴趣，并把"一汽"的经验概括为"两参一改三结合"，表示要在全国推广。

邓小平对"一汽"的未来发展及产量情况给予了明确的指示。他说，现在我们国家正处在经济发展时期，国家要进行大规模生产建设，载重车今后用量会很大，你们要挖掘潜力多搞一些。听说你们将来的产量要向十万、二十万、三十万辆水平发展，这很好。发展汽车工业就得要大批量，只有生产批量上去了，价格才会降下来。

谈到燃油问题，邓小平说："现在石油很紧张，能否用其他的什么东西来代替？烧酒精怎么样？你们可以大胆地研究。我们国家现在红薯产量很高，它可以做酒精，但可不能用茅台酒啊！"

邓小平风趣幽默的话语，逗得在场的人都笑了起来。

邓小平看到车间门口有两台简易机床，就走了过去。这是一汽的干部、技术人员、工人在技术革新活动中搞出来的。他认真地观看了工人的操作表演，称赞这个办法好。他指着机床说："机械加工是个很复杂的过程，许多东西都是由简单到复杂，再由复杂到简单的。德国现在许多机床就很简单，但能解决大问题。"

在总装配车间，曾在法国雷诺汽车厂打过工的邓小平看到从装配线上开出的一辆辆崭新的解放牌汽车，露出了满意的笑容。面对锃光瓦亮的车身，他看了又看，摸了又摸。

视察结束时，邓小平鼓励全厂干部、职工再接再厉，为支援全国建设作出新的贡献。

视察过汽车厂以后，邓小平来到长春市长通公社视察。那个时候，人民公社化运动刚刚出现，城市人民公社也刚刚实行。长通公社建立的瓷砖厂属地方工艺产品，水平虽然不是太高，但上面的花纹装饰却很精美，很受大众的喜爱，因而远近闻名。

当时，不知是长通公社太有名了，还是吉林省领导特意安排的，邓小平来到了长通公社视察。邓小平看过瓷砖厂的瓷砖后，还专门会见了埜石。那时埜石才47岁，长得非常年轻，头发梳得有型有款，衣服穿得板板整整。此时，他怀着喜事临门的预感，正在瓷砖厂领着30多号徒弟进行紧张的工作。这些徒弟们见邓小平来了，赶紧列队欢迎。

邓小平脸上挂着亲切的浅笑，说话不紧不慢，那是一种与生俱来从容大度的风范。当他来到埜石面前，问及所画的画时，徒弟中有个直言快语的就说："崔老师画的大虾特别好，和真的一个样。"

"哦，是这样吗？"邓小平见埜石身边的案子上有纸有笔，就以商量的口气说："崔老师，那就请你画一幅虾图给我看看，好吗？"

"好！"埜石干脆地说。

徒弟们赶紧帮忙，又是铺纸，又是研磨。只见埜石抄起一支大笔，先在调色盘中把墨调匀，再从小水盂中舀出一勺清水滴入笔头和根部。他让笔尖向左，笔头与桌面大约呈四十度角，用力一按，因根部被那一滴水给冲淡，所以纸上便现出了一个淡淡的圆点。他又随手在圆点的右下角补上一笔，一半压住前一笔，一半露在外面，斜入虾的头部，并在两侧各点了一下。画完这些，他又一笔一笔排列地画，以向上隆起的形状画了五节作为虾的身子，再趁势向前一拉，又侧着笔来回抹两下，虾尾就画好了。接着添上足和螯，然后用更浓的墨画上眼睛，又在背部点了一下。至此，虾的主体就画完了。这时，他换了一支小笔，开始画虾须。只见他简简单单地从虾头的前部向后撇了几笔细长条，一只大虾就跃然纸上了。

看着浓淡相宜、形象逼真的《虾图》，邓小平露出了政治家的笑容，连声赞道："好，好……"

埜石憨笑着，红扑扑的脸上现出了光彩，像是得到了极大的荣誉。其实，这本身就是一种非同寻常的荣誉。

邓小平看了看埜石，又看了看瓷砖和《虾图》，两下仔细地对照一下，然后紧紧握着埜石打铁练就的铁钳般强有力的手，用川味十足的口音亲切地说："你是一位有出息的中青年画家，还望再接再厉，奋勇前进，莫要停步，努力创新，为国家和人民作出新贡献。"

"是，是……"埜石原本有点紧张的心情，现在竟被邓小平和蔼亲切的话语一扫而光。

后来，埜石很遗憾地说："当时，我设计瓷砖花纹的案子上有纸、有笔、有墨，写个字很方便，怎么就没有想到让邓小平给题个字留个念呢！要是留下点墨迹，那可是个极为珍贵的文物啊！"

之后，邓小平顺着工厂门口的一条路走进了长通街道街办企业能手刘凤玉的家。50年代的南关区街办企业闻名全国，著名作家茅盾到这里参观后还写了一篇随笔《长春南关行》，发表在《人民日报》上。

20世纪50年代末，工艺美术厂的伙食非常好，饭菜经常变换花样，馒头松软，包子流汤，职工们尤其是年轻工人相互比着吃，看谁吃得多。大约到了1959年秋天，伙食就开始定量了。自“严格执行”以来，埜石便有了饥饿感而且日甚一日，渐渐就有点扛不住了。

时间进入风云变换的1960年，报纸上虽然还在宣传“形势大好”“继续高举”“持续跃进”的口号，但领导做报告时也不得不承认国家遇到了暂时困难。埜石心想，既然是“暂时”的，也许再熬几个月定量就会放开！

然而几个月过去了，定量不但没有放开，情况反而越来越严重，那馒头的个头在一天天变小，面条也眼看着变成了稀汤。面汤再稀也是“面”汤呀，多喝也能扛饿，故而规定必须一碗面条全喝完才能盛第二碗。于是上有政策下有对策，只见大家的饭碗越来越大，个别人的饭碗其实就是小脸盆。

一开始大家对吃不饱饭不理解，但觉悟很快就提上去了。从“反右”以来大家越来越学会明辨是非了，都知道“小道理要服从大道理”，应从“不许给社会主义抹黑”这样的高度去认识，在革命需要饿肚子的时候，饿肚子也是革命的，光荣的。

每天上午10点，埜石的肠胃就开始不依不饶地造反，好像千百只利齿快牙撕咬着胃囊，翻肠搅肚。到11点，肠胃已麻木，症状扩展到全身：心跳、腿颤、冒冷汗，连手也抖得无法画画，脑子乱成一锅粥。听到开饭的钟声响了，他和工人们如饿马奔槽直冲食堂而去。

走进食堂，被饿得前胸贴后背的埜石还没觉得怎么吃，那份不经吃的饭菜就全部下了肚，连碗底都舔得溜光。本来胃已经麻木，不知道饿了，现在忽然扔进去一点儿食饵，反而勾起食欲，正准备大嚼，却什么都没有了，只好自己嚼自己，那滋味儿实在难以形容。

埜石的女儿雅君，高中毕业后刚参加工作，20来岁正值青春年华，应该是一副优美健康的身材。但由于吃不饱饭，她被饿得面黄肌瘦，整个人像一根豆芽菜。埜石夫妇每次看到她都心疼的不得了，却也没有办法。

一向把苏联当作老大哥的中国从1962年开始了“反对修正主义运动”，也就是反“苏修”，反赫鲁晓夫。有些秘闻，埜石是后来才慢慢知道的。

过去，埜石只知道三年自然灾害是天老爷闹的，现在才知道原来是“苏修”逼债逼的，天灾加人祸，怪不得饿得那么邪乎，于是就把“赫秃子”恨得牙根痒痒的。

埜石听说苏修食品供应也不怎么样，指定要中国用猪肉、鸡蛋还债，而且还很挑剔，都要最好的。在边境上苏方用钎子捅猪肉，不够“四指膘”的猪肉不要；用特制的圈子套鸡蛋，小于圈子的鸡蛋不要。

后来，领导在一次会上又说：“你们不知道那时候赫秃子多么瞧不起咱中国人呀，说什么苏联的共产主义就是土豆烧牛肉，污蔑中国穷得喝大锅清汤，五个人合穿一条裤子。”

听说苏联如此污蔑中国人，埜石非常气愤。他说：“土豆烧牛肉算什么共产主义，我们中国的八大菜系随便端一盘出来都比土豆烧牛肉好吃得多！再说，我们中国人很早就会生产丝绸，还往他们那儿修一条丝绸之路呢！”

这期间发生的全国性粮食短缺和饥荒，被称为“三年自然灾害时期”，后来改为“三年困难时期”。对于这段特殊的历史时期，历来争议颇多，官方一度表示是恶劣气候等客观条件导致的，但刘少奇曾说是“三分天灾、七分人祸”。死亡人数也一直是讨论的热点，既有认为完全不存在非正常死亡的观点，也有认为死亡人数多达上千万的观点。

人在饥饿中，大脑的思维能力比较活跃，饱了容易瞌睡。古人说“弱食强脑”，大概指的就是这个意思。因此，过来人对那段时间的挨饿情况一直记忆犹新。

令人厌倦的冬天终于过去了。进入1963年，我国的经济形势开始全面好转，市场商品供应的紧张状况有所缓解，城乡人民生活水平也开始略有上升。此时，又传来了要给干部、职工调职调级的消息。埜石听说，这次级别调整和以往一样是有比例的，大概在40%以上。调整的对象当然是那些工作表现好、级别比较低的干部。

第六章　动乱前后

垫石：在那场“史无前例”中，正兴红卫兵运动，大搞“红海洋”。我被派到通化地区画主席像，写语录牌，一干就是三个月。就在这三个月里，家中天翻地覆，几乎把我一生收藏的绘画精品以及其他艺术珍品全部毁掉了，半点无存。

身陷“红海洋”

1966年6月，共有三个“六”字，按照中国旧的传统观念应该是“大顺”的时节。然而，正当文化事业蓬勃发展，美术工作者为繁荣社会主义新文化努力创作、更好地为人民服务之时，“文化大革命”开始了。一时之间，到处都飘着红旗子，到处都贴着红标语，到处都举着红宝书。

运动刚开始时，垫石因为不是党内“走资派”，又根正苗红，还与小青年一起用自己的狼毫和宣纸抄写大字报。但他抄写的大字报在“大批判”专栏上贴出去后第二天便不翼而飞，原来有心人在收藏他的“书法”，以为这个有落款有署名的齐白石弟子写的大字报将来可能会成为“历史文物”。不料这样的日子没过多久，他也变成一名“运动员”了。这个“文化人”在“文化大革命”中被边缘化了，属于要改造的对象。

在一次批判大会上，埜石看到身边有十几个平时磕头碰面的熟人。会场声势浩大，空气紧张，一个个低眉敛目正襟危坐的与会者像庙堂里的泥塑罗汉互不搭理，如同大路朝天各走一边的陌人，大有遇上满城风雨迎重阳之感。其实，那时候的人都被社会化、政治化了，甚至被缺失人性的石化了。

令埜石始料未及的是，这场“革命”“革”得太大了。随着运动的不断升级，美术工作遭到了摧残，美术工作者遭到了迫害，被扫地出门的埜石感到一片茫然。

中共八届十一中全会后，红卫兵运动迅猛发展，变成了造反派。他们高喊着“造反有理，革命无罪”的口号，最初是破除“四旧”，随后就是抄家、打人、砸物。无数优秀的文化典籍被付之一炬，大量国家文物遭到洗劫，许多知识分子、民主人士和领导干部遭到批斗。

“破四旧”，指的是破除旧思想、旧文化、旧风俗、旧习惯。6月1日，《人民日报》社论《横扫一切牛鬼蛇神》中提出了“破除几千年来一切剥削阶级所造成的毒害人民的旧思想、旧文化、旧风俗、旧习惯”的口号，后来又提出了“破四旧”、“立四新”是“文革”的重要目标。8月1日至12日召开的八届十一中全会通过了《关于“文化大革命”的决定》（简称《十六条》），进一步肯定了破“四旧”的提法。

红卫兵运动对社会秩序和民主法制的破坏，引起各地党组织和许多干部群众的不满和抵制。但是，这种不满和抵制当时却被认为是执行了“资产阶级反动路线”。于是就产生了“造反派”和“保皇派”相互对立的两种思想、两个群体和两股势力。

看到“破四旧”的运动愈演愈烈，埜石开始担心自己收藏的书画在混乱中丢失。他对这种情形看得太多了，每次社会动荡、兵荒马乱之时，总有不少私产流散不知所终，就如人间妻离子散一样。在深思熟虑之后，他觉得在这次抄家破“四旧”的风暴中，应该提前有所准备。

埜石搞收藏和当今收藏家的收藏不一样，他不是为了理财，而纯粹是为了艺术而收藏，为了研究而收藏。他小时候喜欢看画，从画店门口徘徊几十次不敢入内。大了一些在画店看到自己喜欢的画，由于手头没钱只能望而生叹。后来，在他收入渐丰以后，见到自己心仪的作品就一件一件地购进，一件一件地观赏，一件一件地临摹。他始终认为，他的一切都是艺术所赐，应该回报于艺术。特别在他富裕起来以后，他用卖画赚得的钱又收买了不少大家、大师的画。

此时，应该是埜石财力、精力最为旺盛的黄金时期。经济上，他的画店已走上良性轨道，可谓财源滚滚；精力上，四十岁上下，正当其年。所以就他而言，无论是对书画的研究，还是对文物的收藏，都是最好的一个时段。

在那场“史无前例”中，红卫兵要革“文化”的命，文化几乎不值钱了，没有地位了。看戏，只能看《红灯记》、

《智取威虎山》、《沙家浜》等几个“样板戏”；看书，只能是《金光大道》、《艳阳天》、《西沙之战》等几本小说；画画，也只能是画主席像、画工农兵、画宣传画之类。

后来，埜石和吉林艺术学院的画家陈富国被派到边远的通化地区去画主席像，写语录牌。陈富国很有绘画功力，尤其是画人物肖像，在当地比较有名。

通化地区在长春以南300多公里，南与朝鲜隔江相望。通化物产比较丰富，有“绿色立体资源宝库”之称，被誉为中国的中药之乡、人参之乡、大米之乡、葡萄酒之乡和滑雪之乡。境内有大小河流千余条，浑江穿城而过，可谓山中有城，城中有水，山城相融，山水相依。

埜石与陈富国先后到过安图明月沟水库、集安云峰水电站、通化市区街头涂涂抹抹，这边请，那边叫，活儿一个接一个，没休息过一天。他一干就是三个月，一直没有回过长春，没有回过家。

可是，就在这三个月的时间里，埜石家中发生了天翻地覆，尤其是“破四旧、立四新”造成的损失，令他不敢想象，更令他心痛不已。

在“文化大革命”中，“文化人”的遭遇各不相同，重者家破人亡，轻者挨批挨骂。埜石处在这二者之间，家没有破，但不少价值不菲的书画被毁掉了，不少珍贵的文物从此在世上消失；人没有亡，但却受到红卫兵造反派的冷眼与嘲讽。

埜石去了通化，老伴李文琴就待在家里。李文琴没有文化，是个家庭妇女，不懂艺术。如果只是不懂，也许埜石的那些收藏还不致被毁得那样惨。偏偏在这期间，又遇上了一个似懂非懂的人，她叫李学秋，是李文琴娘家侄女，仅20来岁，是一个有热情没经验的女青年。

当时，街头上正在破“四旧”，今天烧这个，明天烧那个，又是摔，又是砸，红卫兵到处乱闯、乱搜、乱抢，闹得乌烟瘴气，鸡飞狗跳。

这一天，李学秋来到崔家，对李文琴提醒道：“姑，你没看到吗？街上正在破四旧。咱家保存的那些字画，那些旧东西，那些瓶瓶罐罐，不是‘四旧’是什么？幸亏还没被红卫兵发现。要是被他们看见了，不仅那些东西保不住，就是咱们也要被揪出挨斗啊！还有我姑父，肯定也会被牵扯到。我看，不如咱们自己动手，把那些东西都毁了吧，免得惹祸招灾！”

听了这话，李文琴有些迟疑。她虽然没文化，但是她知道那是丈夫半生血汗的积累，那是丈夫的命根子。李学秋见姑妈犹豫不决，便再次催促。就在这时，窗前走过一群身穿军装、臂缠红箍的红卫兵，还高声呼喊着“破四旧立四新”、“不破不立”、“大破大立”、“打倒封资修”等口号，李文琴被吓得心跳加快，她那张周正的脸也变了形，竟看不出是哭还是笑。

李文琴稳定了一下情绪后，走出家门，想看看外面究竟发生了什么事。一个邻居告诉她：“大马路上，‘真不同’酱菜馆的牌匾被当作‘四旧’撤下来砸了。”

不一会儿，又听到一个老头说：“二道街文庙里的火一窜老高，那些字画、条幅、书本也不管是线装的还是带套匣的，只要是书页发黄、颜色暗淡了的，都是黄，都是旧，都是封资修，一律往火坑里扔，更不要说那些《三字经》、《百家姓》、《千字文》了，统统一律烧掉。”

听到这儿，李文琴紧张的肌肉才松弛下来，心似乎又稳定在原来的位置上，开始神凝气定了。她回到家里不等侄女再一次劝说，就伸手从柜子上扯过一卷字画，往地上一扔，命令似的发话道：“烧，在炉子里烧，趁着没人来。”

于是这姑侄二人，这一老一少，便动手烧起书画来了，像大跃进时大炼钢铁，炉火彻夜不熄。

从通化回来，埜石得知凝结着自己心血汗水与之朝夕相处的艺术藏品全部化为灰烬了，仅他积存的年画就被一张一张地烧了一天一夜，令他有一种从未有过的惋惜和痛心。他的痛心并不在于经济意义，而完全属于精神创伤。

这些年画中，有陈少梅、陈老莲、陈小莲“三陈”的作品，有于非闇、王闿运的作品和天津杨柳青年画。有些画家的名字在《白石老人自述》中都提到过，更有的是与白石有深厚的交往，正因如此埜石才有意收藏的。如今，这些稀世之物都化作一团灰烟随风飘散了。

埜石手中虽然没有隋侯之珠、和氏之璧那样价值连城的国宝，也收藏了一些艺术品位很高的书画，有些还是孤本绝版和珍稀原作，其中有清代任伯年的、八大山人的、吴昌硕的、华岩的、石涛的；有明代唐伯虎的、文征明的、沈周的、董其昌的。“扬州八怪”中除郑板桥的竹图，还有金农的书法、黄慎的渔图、汪士慎的梅花等。

在失去的东西中，最为珍贵的是“江南第一风流才子”唐伯虎的《贵妃出浴图》和“关东第一才子”王尔烈的书法《扶杖过桥》以及一套《百科全书》。说到这些书画的被毁，埜石真是追悔莫及。从他那沉重的表情以及讲完话的久久沉默中，仿佛看到了那焚烧宝物的火苗正在他的眼前腾腾地跳动着；也仿佛看到他的泪花在那红红的火苗映衬下闪着血色的光，痛苦无比。

盛世藏古玩，乱世买黄金。当年这些名人字画并不是很值钱，价是后来炒上去的，所以埜石能买得起。其中，他购买《贵妃出浴图》也没花多少钱。不过这是唐伯虎的真迹，为稀世之物，是不能用金钱来衡量的。

在失去的这些字画中，埜石最心疼的还有三幅。那是他在北京拜师学艺离开时，白石老师送给他的两幅亲笔创作的《虾蟹图》，还有一幅他自己带去的临摹《虾图》，上面有齐白石亲笔批下“刻苦磨炼，白发如吾”的赠语。然而，这三件齐白石的赠品在这场大火中都统统化为灰烬了，这对他来说是终生懊悔无法弥补的憾事。

在这场文化浩劫中，埜石失去了几乎所有珍藏的绘画、书籍、陶瓷和印章。但最让他心疼的还有一个宝瓶，那是一个用十根金条换来的明代江西景德镇官窑烧制的祭红瓷瓶，油釉、光泽、色彩、品相都是一流的。在这场劫难中被摔成了碎片，遗为瓦砾了。

应该说，任何文物都是人类共同的文化遗产，每一个占有者只是时间长河中某一时段的保存者，随着斗转星移、沧海桑田，最终它们依然属于整个人类。然而，令埜石痛心不已的是，他收藏的文物不是失散而是丧失，从今以后在这个地球上再也见不到它们了。

后来，埜石每每回忆起白石老师赠给的这三幅画，每每回忆起这个祭红瓶，嘴上不说，心里却在自我安慰：这些东西是一起被毁的，这个祭红瓶权作是一个祭品吧，就像齐白石在他的恩师胡沁园灵前焚画一样，自己也在用焚画的形式和祭红瓶去祭祀恩师齐白石。

1967年“一月风暴”之后，长春市的大专院校、机关团体、厂矿企业在“大动荡、大分化、大改组”的局势下，逐渐形成两大派四个群众组织。此时的长春街头到处回荡着充满革命激情的歌声，特别是以毛主席诗词谱写的歌曲一咏三叹，渲染着那个特殊年代的特殊氛围。

然而到了夏天，这些歌曲由激越奔放逐渐变得雄浑悲壮起来，伴随着由解放牌汽车改装的广播车不分昼夜地从街头驶过，代表不同派别的广播员用极具煽动性和挑斗性的语言，把自己的组织描绘成最坚定的革命左派，而把对方视为欲置于死地的阶级敌人。

作为见证人，埜石对这一时期发生的事情仍历历在目。由于立场、观点、目标的不同，分裂为“势不两立”的两派组织已不能满足于唇枪舌剑的“大辩论”，由剑拔弩张的对峙发展为街头巷尾阵势分明的械斗，逐步升级的武斗从此拉开了序幕。

7月10日下午，长春戏曲学校“八一八”野战军参加“红革会”、“二总部”（当时称“红二派”）的游行归来，当车队行驶到建设街与大兴路交口时，正巧与“长春公社”（与“东方红公社”合称为“公社派”）的车队相遇。短兵相接后，人群大乱，气氛紧张到了极点。突如其来的混乱局面使双方的汽车都失去了控制，结果数辆汽车相撞，坐在汽车保险杠上的两名红卫兵被撞断了腿骨，而17岁的戏校学生刘某某被撞碎头部，当场死亡。

血案发生后，武斗双方各执一词，“公社派”认为刘某某之死是由于“红二派”截阻汽车所致；“红二派”则认为是“躲在地院执行特殊任务”的“公社派”武斗人员所为，他们有当场抓获的“凶手”供词为证。

在两派互不妥协的对峙下，长春街头终于闻到了血腥味。次日，长春市区有多家粮库和商店被抢；汽车厂八名工人被对立派抓去并遭到毒打；多家企业由于卷入两派武斗而停工停产。

7月12日，“红二派”为刘某某举行了隆重的治丧游行和葬礼。游行队伍以解放牌汽车为先导，由北向南沿人民广场、斯大林大街、解放大路缓缓行进，车头悬挂着刘某某遗像。刘的遗体置放在灵车的顶部，上面覆盖着“八一八”野战军的红旗。在游行队伍中间，那些拿惯了课本和粉笔的手现在拿起了各种武器。

游行队伍行进到地质宫广场附近的路面时，即到了两派组织的“接合部”，形势立刻紧张起来，从道路两旁的建筑物中不断飞来砖头石块，游行队伍立刻作出反应，于是砖石乱飞，击碎建筑物上的玻璃窗，结果遭到更猛烈的回击，“弹弓”齐射，弹矢如雨，颇有冷兵器时代秦汉交兵的古风。

这个弹弓绝不是一般意义上的弹弓，它是用铁床的两条腿绑上两条自行车内胎制成的。射下的往往是半块砖头，砸在地上或摔得粉碎或砸出一个坑，如果打在人的身上，其后果可想而知。人们纷纷躲避这个新式“武器”，藏到路旁的杨树后面不敢露头，或者四散逃避离开这个死亡之地。

经受过“文化大革命”“洗礼”的埜石，不但远离武斗现场，而且在工作中也特别小心谨慎，唯恐被头脑冲动的红卫兵抓住什么把柄。因为他听说有一个美术工作者就发生过一起政治事故，受到了很长时间的折磨。

这年夏天，长春市发生了一桩颇为轰动的“凉鞋”事件：当地的红卫兵造反派竟然在凉鞋鞋底的花纹上发现了一个“毛”字，把伟大领袖踩在脚下，这还了得?

一时之间，阶级斗争的弦绷得更紧了。

于是，在全市所有大街小巷都有红卫兵小将站岗放哨，对过往行人进行逐个检查。发现穿这种凉鞋的人，不论男女老少，一律先行批判、训斥，勒令认错，然后再把凉鞋脱下来，光着脚走回家去。

红卫兵小将发现那家制鞋厂不是普通的厂子而是一家劳改工厂后，更是上纲上线了：“阶级敌人”竟然变着法儿污蔑伟大领袖，因而更加需要严抓狠打，需要“誓死保卫”了。

首先被兴师问罪的是设计这种凉鞋模型的技术员纪德新，每天晚上都要把他拉到市中心的人民广场进行批斗。当时大家都认为他犯了弥天大罪，可能要被枪毙。接着，在设计室描图、制图的李晓亭也被关进小号反省、交代问题，其他有关人员一律停产学习，接受教育。

后来凉鞋事件的热度像季节的变化一样降温了，制鞋厂恢复生产，李晓亭被放了出来，纪德新也没被枪毙，仍然活生生地在搞他的模型设计。当人们问起那件事时，被打着问号进去又带着问号出来的李晓亭说了一句举重若轻的话："这个事情既简单也复杂，提起来就是千斤，撂地下就只四两。"

好一个千斤与四两的比喻！仔细想来，许多事情难道不都是这样吗？什么反革命？什么右派反党？就看你从哪个角度看了。从"保卫领袖"的角度来看，当然就严重了，该关该杀；可是从老百姓的角度来看，可能就不值一提，小事一桩了。

后来，这个厂子做了一些善后工作。他们把全部的成品从仓库里取出来，用刀子把鞋底的花纹削去一大块，直到看不出"毛"字为止。还有就是所有购买这种凉鞋的，一律可以以旧换新。

人非圣贤，岂能无过，但在那个年代是不能犯政治错误的。因此，这件事对埜石的思想震动很大，远远超过了"七一〇"武斗。虽然事情滑稽可笑，但是追究到某个人身上就不是一件小事，不但自己挨批挨整，搞不好还要株连家人呢！

退休于古稀之年

长春街头所有的语录牌都换上了毛主席的最新指示："要斗私批修，要拥军爱民，要抓革命促生产，促工作，促战备，把各方面的工作做得更好，把无产阶级文化大革命进行到底。"

"抓革命，促生产"，是"文化大革命"发动不久毛泽东提出来的，经中共中央政治局扩大会议讨论后定下了《关于抓革命、促生产的十条规定》，其中指出："开展无产阶级文化大革命，就是为了促进人的思想革命化，带动生产的发展。"要求"坚持八小时工作制，遵守劳动纪律，完成生产定额"；"保证产品的质量，力求高质量"，并提出了由群众选举产生的领导班子负生产责任。

但是，在长春市工艺美术厂，"抓革命、促生产"这个口号给各种观点和立场极不相同的人以极大的解释空间，不论是造反派还是保守派，不论是动乱势力还是稳健力量，均一致赞同这个口号，却提出了十分不同甚至完全相反的解释，以服务于各自不同的目的。中国的语言往往又是灵活性很强的转轴子话，这样说有道理，那样说也有道理，结果落实下来就成了只抓"革命"，不抓生产。

在这种情况下，埜石除了吃饭、睡觉和开会就无事可做了。就在他被憋屈得像雨后的甘蔗浑身骨节格巴作响的时候，由吴景山牵头带了几个画家一起走出去，给各大商店、副食店、门市部画牌匾，画广告，写标语，写语录。他们做这些带有政治性的工作都是义务，没有报酬，只是供一顿饭，偶尔给点酒喝。

春去秋来，寒暑交替，埜石在打打闹闹、吵吵嚷嚷中又度过了九个春秋。虽然九个春秋在时间的长河里只是一粒尘埃，微不足道，但对不习惯无所事事的埜石来说却失去的太多太多，得到的很少很少。在这旷日持久的动乱岁月，他从中年熬到了老年。如今他已须发皆白，不过修剪得还算整齐，个人魅力犹存，仿佛秋天的高粱反比夏季时更耐看。

1976年，是丙辰龙年。对中国人民来说这是一个大悲大喜的年份，如同龙颜大怒一般把龙的故乡和龙的传人搞得不得安宁。

1月8日，中共中央副主席、国务院总理、中国人民政治协商会议全国委员会主席周恩来逝世。

3月下旬至4月上旬，全国各大城市人民群众纷纷自发举行悼念周恩来、声讨“四人帮”的活动。这一活动在4月4日达到高潮，并遭到镇压，历史上称为“天安门事件”。三天后，中央政治局任命华国锋为中共中央第一副主席、中华人民共和国国务院总理，同时作出撤销邓小平党内外一切职务，保留党籍，以观后效的错误决议。

7月6日，中共中央政治局常委、第四届全国人民代表大会常务委员会委员长朱德逝世。

7月28日凌晨，河北省唐山、丰南一带发生强烈地震，并且波及天津、北京。这次地震造成242000人死亡，164000人重伤，导致了严重损失。

9月9日，中共中央主席、中共中央军委主席、中国人民政治协商会议全国委员会名誉主席毛泽东逝世。

10月6日晚，华国锋、叶剑英代表中央政治局执行党和人民的意志，对江青、张春桥、王洪文、姚文元及其在北京的帮派骨干实行审查。当晚，中央政治局召开会议，通过由华国锋任中共中央主席、中央军委主席的决定。

1977年7月17日，党的十届三中全会通过了《关于恢复邓小平同志职务的决议》，决定恢复邓小平的中共中央委员、中央政治局委员、常委、中共中央副主席、中共中央军委副主席、国务院副总理、中国人民解放军总参谋长的职务……

1978年9月中旬，74岁的邓小平来吉林省视察。听说三落三起、坎坷一生、拼搏一生、辉煌一生的邓小平到了长春，埜石非常高兴。由于20年前，也是在9月份，他曾受到邓小平的亲切接见，并和邓小平握过手，因此对邓小平就有了一种非同一般的感情。他每天都在翻阅报纸，对邓小平的活动尤为关注。

然而，埜石并不知道邓小平这次北方之行有着非同寻常的历史意义，并且越来越引起学者史家的关注和研究。他的这次讲话尤其是在南湖宾馆的讲话，可以说成是13年后他“南方谈话”之前的“北方谈话”。一南一北，邓小平在推进思想解放方面有着同样的重要意义。

9月16日上午，邓小平在南湖宾馆听取吉林省委第一书记王恩茂的工作报告后，明确指出：“现在摆在我们面前的问题，关键还是实事求是、理论与实际相结合、一切从实际出发。这是政治问题，是思想问题，也是我们实现四个现代化的现实问题。”

在长春，邓小平讲了很多话，在谈到吉林省的情况时，他微笑着说：“你们这里也有好的典型呀！你们的典型更可贵，像榆树的小乡生产队、永吉的阿拉底大队，还有其他的好典型。”

在谈到典型推广时，邓小平说：“是不是全国所有的地方都要把地搞得平平的，不完全搞平是不是就算完不成农田基本建设？要从实际出发，要因地制宜，不要搞形式主义，不需要平整的地方就不要平整，不需要搞梯田的地方就不要搞梯田。”

目前一般都认为这是邓小平首次在公开场合批判“两个凡是”。他说：“现在党内外、国内外许多人都赞成高举毛泽东思想的旗帜，怎么样高举是个大问题。大家都知道，有一种议论叫‘两个凡是’，不是很出名吗？凡是毛泽东同志圈阅的文件都不能动，凡是毛泽东同志做过的、说过的都不能动。这是不是叫高举毛泽东思想的旗帜呢？不是！这样搞下去，要损害毛泽东思想。”

可以看出，这是直截了当地批判“两个凡是”。

不久，埜石和美术厂的干部一起参加了“实践是检验真理的唯一标准”的大讨论，并学习了邓小平在中央工作会议结束时发表的重要讲话。他为中国共产党实事求是的作风和邓小平求真务实的精神所敬佩，表示要在自己的工作岗位上为国家新时期的经济建设贡献力量。

这年年底，在充满着除旧布新的气氛中，中国共产党十一届三中全会在北京召开了。这次会议从开幕到闭幕只用了五天时间，但是它对中国当代历史的影响却远远超出了时间的范畴。这次会议坚决批判了“两个凡是”的错误方针，高度评价了关于实践是检验真理唯一标准的讨论，确定了“解放思想、开动脑筋、实事求是、团结一致向前看”的指导方针。

这个指导思想经过不断的发展，形成了“一个中心，两个基本点”的基本路线。十一届三中全会是中国共产党重新探索建设有中国特色社会主义的新起点，从此中国共产党领导中国人民步上了新的长征。

十一届三中全会吹响了改革开放的号角，全国人民高歌猛进，雄赳赳气昂昂地跨进了“羊马年好种田”的1979年，全国的政治经济形势也一下子新桃换旧符。

10月30日至11月16日，中国文学艺术工作者第四次代表大会在北京召开。来自全国各民族的文学家、戏剧家、美术家、音乐家、表演艺术家、电影工作者和其他文艺工作者的代表3000多人参加了会议。这是全国文艺工作者在新长征路上的第一次盛会，标志着全国文艺工作者的空前团结，有力地推动了广大文艺工作者同心同德为高度繁荣社会主义文艺事业、促进四个现代化建设而奋斗。

这次会议对包括埜石在内的全国文艺工作者来说无疑

是一个福音。邓小平在会上明确提出“各级领导不要横加干涉，党不是要求文学艺术从属于临时的具体的直接的政治任务，而是根据文学艺术的特征和发展规律，帮助文艺工作者获得条件，来不断繁荣文学艺术事业”。此次会议后，文艺界出现了一个丰富多彩的学术氛围，创作环境也相对宽松了，相继推出了很多优秀的文化产品。

文代会的召开，给广大文艺工作者送来了春风，注入了朝气。电影工作者重新开始了在“文化荒原”上的休整建设工作，被平反的艺术家陆续从“干校”回到各个制片厂，重新以积极正面的态度面对中国的电影传统，不再害怕谈论“修正主义”的电影，也不再为拍摄过“毒草”而惊恐不安。他们以前所未有的热情投入到电影创作生产工作当中，希望在“伤停补时”阶段弥补过去10年的损失。

好的政策必然带来好的形势，好的形势必然产生好的效益。据有关资料统计，这一年发表的文学剧本多达80余部，《电影创作》、《电影文学》等电影刊物相继复刊，又创办了《电影新作》。全国各大制片厂共生产故事片65部，其中长春电影制片厂就生产了许多老百姓喜闻乐见的优秀故事片。

这一年，很少看电影的堃石看了一场电影，名字叫《祭红》，是长春电影制片厂拍摄的。他之所以要看这部影片，是因为40年前他曾收藏过至今仍萦绕心头的一个祭红瓷瓶。

堃石看的这部影片讲的是发生在1957年的一个故事，老艺人程瑞生面对瓷城陶瓷展览大厅展出的一只祭红大瓶，向徒弟又是外孙女的周莹童讲述了一件20年前的往事：

1929年，程瑞生带领女儿程莹童和徒弟徐红宇，决心烧出已绝世几百年的祭红，适值游击队长周丹进城发动群众，并帮助他们烧制祭红。当程瑞生烧出一只祭红美人肩大瓶时，大瓷霸之子冯家宝便派人至程家索取，程瑞生忍痛将大瓶摔碎。冯家宝设法骗取烧制秘方未遂后，又指使人偷挪泥坯的窑位，致使即将烧成的祭红大瓶毁于窑中。最后又企图与程家结亲，但种种阴谋手段均告失败，程莹童和徐红宇结了婚。

徐红宇痛恨国民党政府苛捐杂税的压榨，组织瓷业工人大罢工。冯家宝杀害徐红宇、逮捕程莹童，抢走了程瑞生家祖传的宝德祭红大瓶。程莹童在狱中生下女儿，取名徐莹童。不久，游击队长周丹率游击队打进牢房，发现程莹童已被押走，便收养了女婴，改名周莹童。

解放后，周莹童也成了陶瓷工人，周丹任陶瓷研究所党委书记。清明时节，周莹童随养父周丹去给父亲扫墓，与外祖父不期而遇。正当程瑞生叙述这段往事时，程莹童突然出现，原来她没有死，当年她在押解途中乘机打死了冯家宝，参加了革命。祖孙三代重逢，望着熠熠发光的祭红大瓶，他们发出了会意的笑声。

看完这部影片，埜石不免又回忆起自己那个用10根金条购买的毁于“文革”中的祭红瓷瓶。其实，他那个祭红瓷瓶也有一段十分感人的故事，如若拍出电影来，肯定也是一部令人荡气回肠的好影片。

1980年，埜石70岁（虚岁）了。

唐乾元元年（758年）的暮春时节，身在“左拾遗”任上的杜甫以《曲江二首》为题写下了两首七言律诗。

曲江又名曲江池，故址在今西安城南五公里处。原为汉武帝刘彻所造，唐开元年间大加修整。其间，池水澄明，花卉环列，群山映绕，景色殊异。池之南，有紫云楼、芙蓉苑；池之西，有杏花园、慈恩寺。千百年来，一直为名景胜地，引人游览。杜甫面对名池，写下了两首诗。这里所说的是第二首，诗云：

朝回日日典春衣，
每日江头尽醉归。
酒债寻常行处有，
人生七十古来稀。
穿花蛱蝶深深见，
点水蜻蜓款款飞。
传语风光共流传，
暂时相赏莫相违。

诗中所写“日日典春衣”、“江头尽醉归”，诸穷困潦倒态，贫苦无济状，明末清初著名学者仇兆鳌曾注：“酒债多有，故至典衣；七十者稀，故须尽醉”。此处不言愁，不讲烦、不述忧，单说“人生七十古来稀”。在那个年代，

“人生七十”，已是古来稀者。后来，人生七十称“古稀之年”便出自这句名诗。

就在“七十而从心所欲，不逾矩”的时候，埜石在长春市工艺美术厂退休了。不过，对待退休，他的心态就像航班上的乘客等待飞机着陆一样很平和。此时，他的须发已斑白，这是为工艺美术厂栉风沐雨、呕心沥血的映照。

毛泽东说：“不会休息的人，就不会很好地工作。”埜石退休以后，依旧濡墨挥毫，临池不辍，创作出一大批美术作品。同时他也很注意休息和保健，他一直保持着早睡早起的良好习惯，起床后就到体育广场和老人们一起脚呈“弓”字形、臂似抱球状打起了太极拳。一个小时过后，他哼着小曲迈着轻快的脚步回到了家，从门口的信报箱中取出报纸，边喝茶边阅读，时不时把他看到的国内外新闻向老伴说上几条，还发表自己的看法，俨然一位时事评论员。

早睡早起是养生的好习惯，因为人体的器官在半夜时分开始排毒。还有人说，人在半夜时分是处于半人半鬼的状态，既有人的神气，又有鬼的灵感。有鉴于此，埜石的早睡早起可能还有第二个原因。

有一天天刚微明，体育广场就响起了埜石熟悉的咳嗽声。一位友人来到他身边，打过招呼后说：“想不到你的作品还那么值钱！”

“哦……”埜石被这位友人的话搞得一头雾水，以致忘记了运动打拳的手势。

原来，这位求画者将埜石的画装裱后拿到商场去卖，被一个行家发现了，刨根问底后知道是齐白石弟子的画，于是引起了轰动，整个商场数他的画标价最高。真是不闻他人鼓与呼，不知自己真面目，埜石有了一种青山遮不住的感慨。此后，他的创作激情就像蓄势已久的洪流一发不可收拾。

英国诗人拜伦说：“真有血性的人，决不曲意求得别人重视，也不怕别人忽视。”在工艺美术厂，少言寡语的埜石将工作和业余的关系摆得很正，在单位一声不响地埋头做本职工作，回到家里才静下心来挥毫泼墨。他对自己的特长从不声张，对自己的作品十分苛求，总觉得不够满意，他是一个名副其实的不走终南捷径的“隐士”。

从此以后，埜石才知道自己的画居然有如此价值，艺术居然达到了令人赏识的高度，于是对自己的作品就有了一些刮目，这才肯大大方方地将作品示人，才肯主动地向报刊投稿，才肯参加一些画展和赛事。他的作品频频见诸报端刊角，而且他本人也经常跻身于顶戴花翎的行列。

有人说，长寿对某些人来说也是一个成功的因素，比如齐白石就是一个例证。假如他像徐悲鸿、任伯年那样50多岁就英年早逝了，他就不可能成为艺术大师，也就没有人知道齐白石这个大名了。埜石的长寿，也决定了他的艺术成就，他的辉煌时代由此开始了。

听说埜石是齐白石的弟子，各方记者争相采访他的事迹，并被涂上了一层神秘的色彩。他的作品屡屡获奖，被各地陈列馆、美术馆、博物馆加以收藏。人们不禁大吃一惊长春市居然还藏着这么一位画苑“老寿星”，居然还是齐白石的亲传弟子，居然“隐藏”这么多年不为众人所知。

其实，埜石早已功成名就，并非大器晚成，只是不为后生所知罢了。在伪满时期，他曾为伪皇宫做过装饰，其中“帝妃”居室的天棚画就出自他的手笔。新中国成立初期，吉林省人民银行办公楼的天棚画、长春火车站的维纳斯雕像以及长春一些古建筑的雕廊画柱等，都是他的杰作。他一向主张凭本事吃饭，不靠嘴巴混事，更不以白石门生的身份妄自尊大，因此人们从他的口中从未听到他曾有过如此之多的辉煌。

埜石的作品充分展示出选题的广泛性、非凡的艺术功力和高超的表现技巧，从而表达了他对艺术的执着和对生活对人民无限热爱的思想感情。同行们对他的评价是：既有齐白石“笔墨纵横雄健、构图简练质朴、色彩鲜明热烈”的特点，又有“运笔苍劲有力，墨色富于变化，形象生动逼真”等自己的风格。

对于这些评价，埜石淡然处之。他常说：“一幅画只有拴住观赏者的脚才是好作品。”“美”应成为被人们理解的语言，艺术不仅是艺术家创造的“美”，更应为大众能理解的“美”。

为了“拴住观赏者的脚”，埜石仍然天不亮就起床，或去鸟市或去菜摊，或去鱼店或去公园，细心观察，反复揣摩，每天练笔从不间断。他非常珍惜时间，尽可能地多读书、多画画、多写字。前几年居住条件差，他常常在大腿上画，在床上画。

夕阳芳草寻常物，落笔皆为绝妙图。埜石不仅“拴住了”内地的美术爱好者，而且还吸引了港澳台、日本、新加坡、美国的一些收藏家。

莫道桑榆晚，为霞尚满天。在埜石退休以后，在他的古稀之年，他的作品才开始被收藏家看重，他的事业才开始蒸蒸日上，他的名声才开始响彻五洲四海。

抱憾事业无继

党的十一大以来，特别是十一届三中全会以后，国内外形势都有了重大的发展变化。随着全党工作着重点的转移，社会主义现代化建设事业开始走上健全发展的轨道。

在这个基础上，全党、全军、全国人民紧密团结在党中央周围，为四个现代化的伟大事业和国民经济的调整、改革、整顿、提高方针的实施而艰苦奋斗。安定团结、生动活泼的政治局面很快形成，农业、工业、教育、科学、文化、国防、外交等各条战线捷报频传。

时值年根岁尾，长春的气候十分寒冷，室外仍然是冰天雪地。年迈的埜石白天不便出去活动，就在家里或作画或看书，晚饭后就早早地坐在电视机前收看“国家大事”。这几天，中央电视台在转播审判“四人帮”实况。《新闻联播》后，便是这个引起国内外亿万人关注的节目。

1980年11月20日至1981年1月25日，最高人民法院特别法庭依法对林彪、江青反革命集团10名主犯进行公开审判。

特别法庭分为两个审判庭：第一审判庭负责审判江青、

张春桥、姚文元、王洪文、陈伯达五名“文职人员”；第二审判庭负责审判黄永胜、吴法宪、李作鹏、邱会作、江腾蛟五名原军人主犯。

法庭的主席台中央挂着一个特制的国徽，国徽下是60个法官和检察官的座位，自同一方向面对观众，法官和检察官的座位并列。墙边也有两排座位，一侧是被告辩护人，另一侧是特别法庭书记员。

“文琴，快来看，审判开始了！”埜石招呼他的老伴。

“来了！”李文琴从厨房里跑出来。

“你看，江青出来了……”

荧光屏上出现身穿素色套装的江青大步走进法庭。她抚平衣服，理理头发，弯腰坐在椅子上。每位公诉人和证人面前都放着一杯茶，而江青面前只有一排麦克风。

公诉人一再声明，江青要对刘少奇的“被迫害致死”及其夫人王光美被囚禁12年负主要责任，每个证人都带来一大堆对江青不利的证据。证人中包括刘少奇的厨师郝苗，他曾坐了六年监狱。

“我要发言！”江青刺耳的声音通过扩音器响彻整个大厅……

“住口，江青！”一位法官喝道。

“住口，江青！”六名法官同时喊道。

公诉人拿出有力的证据：“江青曾指使搜查了刘少奇和王光美的家，以寻找他们‘犯罪’的材料。”

江青摘下眼镜放在右手中一挥，以一种看似超然物外而内蕴不屑的讥讽口吻向法庭反问：“抄他们家值得大惊小怪吗？告诉我，你们现在难道没有抄过我的家？”她不顾一切地继续狡辩道，“破‘四旧’必然导致抄家，这是革命行动！”

检察长黄火青郑重地说：“根据全国人民代表大会组织法第36条的规定，人大代表未经全国人大或常务委员会的决定不受逮捕或审讯。那么，你江青有什么理由剥夺刘少奇和王光美的自由？”

江青仰头靠在椅子上，结结巴巴地说不出话来。

当公诉人提到她30年代的活动是“反革命活动”时，江青像泄了气的皮球两眼盯着椅子，忽然又像充了气的皮球跳起来咆哮道：“这些反革命活动是什么？”

法官没有说话。当然，空气中的火花不是政治问题，而是她作为“蓝苹”的私生活点燃的。江青想保持“冷静”和“尊严”的企图落空了，五次开庭把她拖垮了……

堃石边看电视，边对李文琴说：“‘四人帮’走到这一步，也是罪有应得。你看他们把国家搞成什么样子了，有那么多人受到诬陷和迫害，简直是无法无天。他们对毛主席的指示阳奉阴违，只抓革命，不抓生产，人民的生活水平在下降。尤其对教育、科学、文化的破坏更加严重，孩子们无学上，这样长期下去怎么得了啊！”

李文琴也深有感触地说：“真是老天爷有眼，把‘四人帮’清除出去了。现在的国家领导人都比较务实，提倡说老实话，办老实事，做老实人，反对说大话，说套话，说假话。看来，中国又有希望了……”

历史是现实的一面镜子，而现实又会在某种程度上折射未来。佛教里说的因果报应，辩证法里说的偶然和必然，其实阐释的都是这一人间大道。

春天来到了东北大地，但春风却姗姗来迟。尽管春意还未落到点头招手的枝头上，“春”字却写在了千家万户的大门上，给人们带来一个美好的希望。

这年春节，埜石感觉到经济形势有了明显的好转，副食品供应大有改善，甲级香烟由过去的两盒变成三盒。白酒是两瓶，但是品种增加了。啤酒没有变化，依然是两瓶。

细粮方面，每人增加二斤，即精粉和大米各一斤。豆油每人增加二两，花生油和葵花籽油可以任选一斤。另外每户供应黄米一斤，纯芝麻油二两。这些都是凭票供应的，敞开供应的有猪肉、松花蛋、咸鸭蛋、香肠等。

这年的蔬菜价格与往年不同，采取国营牌价和市场价格双轨制，而且有最高限价。一等豆角和芹菜国营牌价为每斤四分钱，农贸市场最高限价八分钱；黄瓜国营牌价一角九分钱，农贸市场最高限价两角五分钱；大头菜国营牌价四分钱，农贸市场最高可以卖到七分钱。

埜石看到餐桌上丰盛的食品和菜肴，看到政治、经济形势越来越好，于是对中国的未来，对他的有生之年更加充满了希望。

埜石退休以后，老两口常相厮守，深感空虚和冷寂。他们只有一个女儿，不但早已出嫁，而且她的子女也都长大成人了。每逢看到他们，或节假日聚在一起，堃石心里才有了些许的欣慰，这个家才有了一点生气。

然而，天有不测风云，人有旦夕祸福。就在堃石晚年希望能平静生活的时候，而生活却偏偏不让他平静。他的独生女儿雅君患心脏病突然离开了他们，年仅42岁。真是天不佑人，这也正应验了儿时迷镇山娘娘庙大师测他“晚年无嗣”的一句谶语。

崔雅君生于1939年7月，1946年上学，毕业于长春四中，高中文化水平。毕业后在长春市工艺美术厂当美工设计。她和郑永吉结婚后，住在长春南关区大马路。他们生有三男一女，依次叫郑瑞祥、郑瑞伟、郑瑞刚、郑晓辉。

老年丧子，白发人送黑发人，对堃石夫妇精神的打击是可想而知的，尤其是李文琴，穿心透肺的悲伤使她的脸色变得苍白如纸，就像一个重病未愈的人。堃石也极为悲痛，但他更关心相依为命的老伴，看到李文琴泪水从捂住脸的两手指缝里流出来，就说：“流流泪也好，悲痛随泪走，泪去心里静，也许会舒坦些。”

时间是修复心灵创伤的良药。恢复平静后的李文琴痛定思痛，后悔没给崔家生一个传宗接代的儿子。她不无遗憾地说：“人到晚年才知道多子多福的道理。当你病倒在床上，有儿女围着你，和你聊天，替你擦身，帮你喂药，那才叫幸福呢！如果无儿无女，提前走的一方肯定会担心另一方，那会死不瞑目的……”

而经历三个“朝代”更迭、见惯了生死离别的埜石对眼前发生的一切波澜不惊，他想到更多的则是事业继承问题，他后悔没有把自己的技艺传给家人。埜石曾培养一男，供他上中学大学，以为女婿。然而女儿却没有相中，竟自己选了心上人。关于儿女之间的事情，埜石想得开，一切让他们自己做主，自己去闯，从不强行干涉。

虽说崔家人丁兴旺，侄孙辈有大哥广文生的儿子大中、二中；二哥广勋生的儿子三中、四中；三哥广岳生的儿子五中（兴然）、六中（兴茂）；弟弟广洲生的女儿淑芬。他希望这些孩子中能有一个继承他事业的，可是直到今天还没有发现有这方面的人才。

天不佑我，徒之奈何？雅君不在了，别的孩子也不走近，有的孩子更因为年幼不懂事，竟将他收藏的珍贵艺术品和有文物价值的东西也不当一回事。他曾收藏一些古砚，很有价值，都在“文革”中失散了，仅剩下的一方端砚，他怕再失落就悄悄地埋于自家床头的地下，结果也被挖走了。

中国有句老话，叫作“教会徒弟，饿死师傅”，在生意场上确实存在着这种现象。为了生计，为了前途和命运，徒弟抢师傅饭碗的事屡有发生。这种情况，往往是那些素质低下、知识浅薄、道德沦丧的人之所为。针对这一点，有的师傅在教徒弟时往往不全抖搂出来，就像“猫师傅”不教“虎徒弟”爬树一样，要留一手。

这样一来，就又出现了“学艺不如偷艺”的现象。有时候在师傅防不胜防、藏所难藏的时候，往往一身绝技就失于一旦。于是就有了“只传男，不传女”之说，他们认为女要嫁人，女婿是外姓人，把技艺传给她们有失落的可能，不仅自己身上的手艺要失落，就是祖宗留下来的传统手艺也会保不住。因此，在收徒与拜师上，在传艺与授艺上，少不了地要出现一些提防与担心，多思与留意。

作为新社会的一个美术师，埜石却没有这种担心和戒备。他认为就应该像唐代文学家韩愈所说的那样“师者，所以传道授业解惑也。”他一直在注意发现人才，无私地去培养人才。早在20世纪50年代他就致力于发现新人，培养新人。他虽然没有把自家的孩子培养成接班人，但却在外面发现和培养了不少美术人才。他每每看到年轻画家送来作品请求指导时总是很兴奋，都及时地给予了鼓励，并倾囊相授。

为了生计关系，埜石曾搞过玻璃画。这种玻璃画很有民间性，招引了不少人前来学习，在拜师学徒的人中就有郝长文、杨国平等几个年轻人。尤其是郝长文，对于学习玻璃画很是用心，也非常虚心，学得也很有成绩。

埜石还记得，在长春某空军部队后勤基地有一个青年叫周水，也来他这里学习玻璃画，也拜了师傅当了徒弟，而且学得还不错。后来转业了，分到林业局工作。再后来，他停薪留职，以求更大的发展。他是大连人，现在大连承包酒厂，干得很好。类似这样的例子，埜石做了很多，有的他都记不得了。

随着岁月变迁，云流沙涌，埜石进入老年了，他不想再收徒授业了。原因是，有些事情使他内心感到憋屈，感到心寒。如他曾教授过的徒弟竟然随意将他的画拿走；有的还把他的工具书借去不再归还；即便是自己的亲属子女，也只是想在他身上捞到好处，不想发展画业；还有自家的孩子……

世事沧桑跌宕，人生曲折磨难往往在所难免。听说崔雅君病故了，李学坤从辽宁大石桥特意赶到长春向他的姑父姑母慰问。李学坤是崔雅君的表弟，埜石的妻侄。由于经常走动，他们之间的关系非常亲密。

李学坤的爷爷李明国是李文琴的父亲，他和李学坤的奶奶李周氏共生有三男一女，其中长子李文明无后。次子李文秀生有四男二女，分别是李学儒、李学邦、李学中、李学坤、李学秋、李玉君。三子李文汉生有二子二女，分别是李学恩、李学超、李玉秋、李玉杰。其中，李学儒、李学秋都在埜石所在的工艺美术厂工作过。

埜石特别喜欢李学坤，因为这个妻侄“最有出息”，跟他学画学得最有成就。李学坤的到来，使膝下冷寂的老人得到了很大安慰，犹如天上落下一颗星星，欢喜不尽。在所有的亲属里面，李学坤也是他最看好的一个后生，曾说：“学坤幼时学画着实可爱，既聪明，又伶俐，孺子可教也。”因此，他对这个后生爱得更深，教得更细，管得更严。

埜石向李学坤了解了大石桥的情况，又打听了一下家乡的老景故知，然后就问：“你的画画得怎样了？有没有带来一些？让我看看！”

李学坤拿出几幅画，腼腆地说：“画得不好，请姑父指正。”

堃石把李学坤带来的几幅画反复看了多遍，然后点点头说："画得不错，没想到这几年你进步不小啊！真出乎我的意料。"

"姑父过奖了。"李学坤不好意思地说，"说实在的，这几年在画画方面我确实下了不少功夫，尽了最大的努力。但是，总感觉进步不大。这次来长春，一方面是来看望姑父姑母，另一方面也是想拜姑父为师，提高一下画技。"

"我是你的姑父，有话你就说，有事你就问，还拜个什么师呀？"

"亲戚归亲戚，师傅是师傅，这毕竟不是一码事。再说，我还想请您给起个艺名呢！"说完，李学坤就跪下来了。

"快起来，快起来，咱们不要那么多礼数！"难拂盛意难却己责的堃石若有所思地说，"起个艺名，叫什么好呢！白石给我起的名字叫'堃石'，名字中都有个'石'字。我给吴景山起名叫'静石'，给杨贺添起名叫'玉石'，那么你就叫'铁石'吧！我当过铁匠，我要把你这块铁打造成才！"

"行，我就叫铁石。"李学坤像一块生铁经过了淬火十分沉稳地说，"下一步我将如何发展，请老师指教！"

"绘画的出路在于用旧形式表现新精神，最忌临摹八股式的山水。还是白石老师那句话，'学我者生，似我者死'，意思是说学习他风格的人会比较有前途，完全模仿他画的人只有死路一条，也就是说要学习他的风格，不能生搬硬套地学！可以学他的理念，但不能模仿，更不能学习他的具体画法。否则，你连怎么死的都不知道了。要我行我道，我有我法。”

接着，埜石讲了一个故事：“学我者生，似我者死”这句话其实是白石老人的切身体会。他学画晚而且只是个爱好，当年他去北京寻求的是其他方面的发展，那时他身无分文，只好在街头卖画糊口，这一天好像是北大的一位美术大家路过，觉得他的画的确有真品的韵味，就告诉他类似这句“学我者生，似我者死”。从那以后，白石才专注于画道。

“但恐世人不识画，能似不能非所闻。”这是书画名家陈师曾的诗句。他在1917年写的这首诗，对时年55岁的齐白石评价很高，其中“能似不能”四个字就是指齐白石绘画的特点。由此可见，陈师曾的点评真是一针见血，一语挑明，一锤定音。

李学坤是一个悟性很高的人，听了埜石语重心长的一番指导，他认为时代在进步，社会在发展，而这一切都是以“创新”为前提的。画画也是如此，一个善于创新的画家，总是能有自己独到的思路，因此就能立于不败之地。

德国大文学家歌德说过：“真正有才能的人会摸索出自己的道路。”可见，在某些情况下，如果能够开动脑筋，大胆想象，努力创新，就会创造出惊人的奇迹。

第七章　枯木逢春

墊石：由于家庭生活的压力，我对画画已经想得不那样多了。凤春看见了，觉得很可惜，便提醒我把国画捡起来。因为她知道，早在50年代，我就参加过吉林省第一届美术家代表大会。在她的督促与鼓励下，我又捡起了画笔，开始创作国画。

苦尽甘来

俗话说，福无二至，祸不单行。“福”“祸”两字半边一样，半边不一样，但它们相互牵连着，就像古书上所说的那样“福兮祸所倚，祸兮福所伏”。本来该好好休息颐养天年的，没想到女儿病逝后，由于悲伤过度，加之工艺美术厂解体，一急之下，李文琴竟病倒了。墊石退休还不到一年，妻子就得了脑血栓，生活不能自理。

相依为伴的妻子重病在身，墊石的国画创作几乎陷入了停顿状态。退休的时候，他虽然是七级工，收入可观。但是，工厂倒闭后，工资基本开不出来了。老伴病倒在床，不能料理家务，还得花钱治病。女儿撇下的几个孩子也很困难，也得支持一把。这样一来，埜石的手头就感到拮据了。

日子一天天地流逝，在这样的延宕中，生活的压力也一天天地加大。这时，埜石在长春重庆路创建了白云美术社。重庆路位于南关区西部，横跨南关、朝阳两区，早在沦陷区就是一条繁华的大马路。这个美术社隶属于清明街居委会，居委会主任叫沈玉香。其实，美术社和居委会之间的关系就是每个月向其缴纳60元管理费。

为了增加收入，埜石除了创作国画之外，又开发了其他画种，像什么水粉画、油画、广告画、箱柜画、玻璃画、墙壁画，凡此种种，只要能赚钱，他都经营。就是扔掉多年的纸活儿，他也不得不捡起来，只要有客户有需求，他都做。只要能收入多一些，他干什么都行。

在这个春风初度的年代里，改革的列车拖着高昂的汽笛声隆隆奔驰，震酥了中国的每一片土地。从1984年开始到以后的五年中，是乡镇企业发展最蓬勃的高峰期。一是实际需要，二是政策调整，铸就了乡镇企业的辉煌。

所谓实际需要，就是指就业上的压力。70年代末和80年代初，大批下乡知识青年回城，就业便成为一个无法回避必须解决的大问题。要促进就业，只能依靠发展。当时，有很多人提出，解决就业问题要自谋职业和政府安排相结合。

自谋职业，实际上就是可以搞私营经济。下乡知青进城以后允许自谋职业，必然影响到农村。农村实行联产责任承包制以后，大大激发了广大农民的生产积极性，农业生产力被极大地促进，于是造成了大批的农业富余劳动力。大量的富余农民总是要有事干，所以就进行非农产业生产。当时，城乡都缺少生活日用品，甚至是生活必需日用品，这就激发了一大批生产小商品的企业，来满足城乡市场需求。

这一年农村取消了人民公社，恢复乡镇编制。本来，非农产业企业一开始称为“社队企业”，恢复乡镇编制以后，那些非农产业的企业叫什么呢？时任国务院副总理的万里说“叫乡镇企业吧”，后来大家就接受了这个称谓。

此后，中央发布了一个关于大力发展乡镇企业的“国务院第四号文件”，其中就把社队企业正式定名为“乡镇企业”。这时候的乡镇企业包括乡镇办、村办、联户办、户办“四个轮子”。

“四号文件”对促进乡镇企业的发展起了很大作用，文件中提出的一些改革观念和具体的帮助扶持措施，促进了整个80年代乡镇企业的蓬勃发展，奠定了中国发展市场经济的基础和中小企业发展的基础。

埜石的白云美术社就是在这种情况下办起来的。由于他的多才多艺，由于他的广泛交际，市面上的朋友特别多，都肯帮忙，当时美术社经营得还是有声有色的，每月都有不少收入。后来，他的一个亲属因为没有工作，生活陷入了困境，希望能有个生存的地方，就也投奔他来了。

埜石是个心慈面软的人，对于后生及亲戚又多有关爱之心。后来，在那个亲属的要求下，他将那个美术社以很少的几个钱兑了出去。此后，他又遭遇了住房的更换，住地的迁移，一度生活几欲无着。他先后住过南岭、南关等地，还在大连待了半年，都是租住人家的房子，成了居无定所的“老漂族”。

一位外国作家说过：幸福的家庭都大同小异，不幸的家庭则各不相同。中国也有一句俗语：“破房”、“漏锅”、“病老婆”是男人最怕的三件事，与其他不幸家庭不同的埜石却摊上了最后的一件事，也是最难的一件事。

李文琴的病情越来越重，身体也越来越虚。她已经不能下床了，生活完全不能自理。神志也很不清楚，有时糊涂了，大小便失禁，搞得床上身上脏兮兮的。这样长期下去，闹得家不像家了，日子简直没法过。埜石又顾家里，又顾社里，弄得他焦头烂额，苦不堪言。

就在埜石的精神濒临崩溃的时候，美术社的陈振谦对他说：“我有一个朋友叫石守信，他在舒兰上营子森工局工作。他介绍一个人过来，是个女的，叫刘凤春。”

“多大岁数？”埜石漫不经心地问。

“1947年2月19日生的。”陈振谦算了一下，“41岁了，她也是舒兰人。”

“什么文化？”

“在舒兰八中上过学，1966年初中毕业。在校时，是班干部和学生会主席。上完初中后赶上‘文化大革命’，没有升高中。”

“有什么特长吗？”

“听说她也懂点艺术，对于绘画尤为喜欢。据说人品不错，为人比较随和。”

“中学生，又懂艺术，要不就留下来？”埜石略作思忖，“留下来吧！美术社缺个会计，让她当会计。”

就在刘凤春把算盘珠子拨得骤风暴雨般快飞沙走石般响的时候，埜石原单位工艺美术厂的书记李桂珍，还有埜石的亲属，都话里话外地暗示刘凤春，说老崔需要有个家，家里也需要有个人手帮助料理一下。又说，你们的年龄虽然相差大一点，但老崔身体好，没病，肯定是个长寿之人。老崔有才干，画画好，生活上绝对不会有问题……

关于结合的事，满脸羞涩的刘凤春没有答应，她把那条“三八线”守得很牢，但表示愿意帮助埜石照顾家务。

刘凤春来到崔家，几乎什么活都干，不仅给埜石做饭洗衣服，帮助经营画业，更主要的就是侍候病人。由于她懂事明理，知情讲义，又爱惜人才，虽然不是家庭主妇，却起到了家庭主妇的作用。

这时，李文琴病得更重了，拉尿在床，不省人事。给她洗那些脏衣服，往往洗衣机里都是脏物。后来那个洗衣机转不动了，在拆卸修理时，发现机器里都是粪球。可以想象，埜石那段日子是个啥样子。

就这样，刘凤春在崔家不但住下了，而且对李文琴侍奉得很好。有个客人来到崔家说，他见过一个得了脑血栓的朋友，由于无人侍奉，被窝里都生了蛆，而李文琴浑身上下都被收拾得干干净净。由此可见，刘凤春为崔家付出了多么大的辛劳。

有人说：真正的爱情，不是一见钟情，而是日久生情；真正的缘分，不是上帝的安排，而是本人的主动。这期间，刘凤春对埜石由钦敬转化为倾慕，进而又升华为钟情。埜石一心绘画的敬业精神，绘画的高超技艺，以及信人不疑的高贵品德，不仅令她深受感动，而且也令她芳心萌动。

由于朝夕相处，相互理解，埜石心里也有了刘凤春。他知道这个家没有她不行，他已经离不开她了。天一亏，地一补，他们得到了彼此情感上的互补，日子开始变得有滋有味起来。在刘凤春的柔情下，埜石关闭了几年的感情大门慢慢敞开了，干枯了几年的心田如同遇到了甘霖又开始有了绿意。

当时，埜石由于家庭生活的压力，对于画画的事已经想得不那样多了。刘凤春觉得很可惜，便极温柔极诚恳地提醒他把国画捡起来，还说也许有那么一天他会东山再起的。因为她知道，早在50年代，埜石就参加过吉林省第一届美术家代表大会，他是个很有实力很有发展的人才。在这种情况下，埜石受到刘凤春的鼓励又捡起了画笔，开始创作国画。

这时，国内外的形势也发生了变化。通过吴景山等人帮助，埜石的国画开始走出国门，到了美国。埜石与当地美术界的书画家，如关鉴、张玉喜、刘润民等都有了更广泛地接触，省、市美术家协会，省、市书画院，一些美术活动场所，都开始有他的身影了。

1989年的夏天特别热，太阳一出山，就像一个红煤球把大地烤得红通通热腾腾的，连各种小生物都不放过：小狗一天到晚吐着舌头散热，发出哈哈的声音；花儿也被晒得耷拉着脑袋，没精打采；男人们都穿着短袖短裤，手上拿着扇子不停地摇晃，还是抵挡不了太阳的威力。

这年夏天，久治不愈的李文琴终于撒手人寰。埜石失去了相濡以沫60年的妻子，心情自然非常悲痛，同时对已经尽心尽力的他来说也是一种精神解脱。他深深感觉到，这两年最辛苦的还是刘凤春，李文琴能活到今天，刘凤春功不可没。埜石看在眼里，记在心上，并由感动转化为感情，最后又由感情升华为爱慕之情。

北宋词人晁端礼的《安公子》云："是即是，从来好事多磨难。"1991年夏，在老同事坚持不懈地撮合下，埜石和刘凤春终于办理了结婚手续，领取了结婚证书，举行了庄严而又简朴的婚礼，正式结为夫妻。有情人终成眷属，这年埜石80岁，刘凤春44岁，两人相差36岁。

婚姻中的"老少配"自古有之，而且总会引起社会上的关注，尤其是名人中的"老少配"，更是舆论的焦点。"老少配"与一般的婚姻关系的确不同，夫妻间的年龄相差较大，这容易让人产生"代沟"的联想。可是，从遗传学的角度讲，年龄相差较大生出的孩子反而更聪明。当然，埜石和刘凤春的结合完全是为了老而伴之，不可能再繁衍后代了。

老年再婚，实属不易，为了家产往往受到子女的干预，埜石的老师齐白石就发生过这样尴尬的事。夏文珠女士在齐家照料齐白石七年，在齐白石第二任妻子胡宝珠去世后，有人想促成齐白石与她的婚事，却遭到了齐家后人的强烈反对，家庭生活也随之时有不快的事情发生，致使夏女士负气离开了齐家。

埜石和刘凤春的婚姻没有大波大澜大起大伏，而且很和谐很幸福。这可能是他们脾气相投、艺术相通的缘故。贤惠通达的刘凤春外表柔顺，内心丰盈，虽然文化程度不算太高，但通过在埜石身边的熏陶和练达，已经很知画中的奥妙内涵了。在丈夫作画时，她不仅仅站在一旁当下手，不仅仅帮助理理纸、添添墨、加加水，以及看看深浅、瞧瞧浓淡、放放镇尺，而是不时地协助思考，使埜石的绘画精益求精。

10月10日，埜石从报纸上看到一篇新闻：首都各界隆重集会纪念辛亥革命80周年，江泽民、杨尚昆、李鹏、万里、乔石、宋平、李瑞环等出席，杨尚昆、屈武先后发表了讲话。同日，江泽民、杨尚昆、李鹏、万里等会见应邀参加辛亥革命80周年纪念活动的台、港、澳同胞和海外人士。

辛亥革命是指发生在中国农历辛亥年（清宣统三年）旨在推翻清朝专制帝制、建立共和政体的全国性革命。狭义的辛亥革命，指的是自1911年10月10日（农历八月十九日）夜武昌起义爆发，至1912年元旦孙中山就职中华民国临时大总统这一段时间在中国发生的革命事件，广义上则指自19世纪末迄辛亥年，中国之一系列以推翻满清统治为目标的革命运动。

埜石这位和辛亥革命同龄的老人，脑海里不断浮现出无限回忆。80年来，人生之路多么漫长啊，又是多么艰辛啊！历史发生了巨变，人事也发生了巨变，多少同龄人都没有熬到今天，他的同龄人越来越少了。

与辛亥革命同龄是一种缘分，是一种幸运，也是一种骄傲。一念及此，为辛亥革命同龄而骄傲的埜石放下了报纸，高声喊道："凤春，咱们逛公园去吧！"

"好啊！"夫唱妇随的刘凤春笑着说，"去哪个公园？"

"去南湖公园吧，说不定还能看到湖里游动的小虾呢！"

"好，我们去南湖公园！"刘凤春忙着去做准备。她当然不知道埜石逛公园的深意，那是为了庆祝他80周岁的生日，也是纪念辛亥革命80周年。

他们像年轻的情侣一样牵着手双双走进公园，情切切意绵绵地在花园草地、柳岸湖畔、亭台楼榭间徘徊。用那里的绝妙风景养眼，用那里的清纯空气洗肺，用那里的悦耳音乐洗心。埜石好久没有这样的闲情逸致了，今日得宽余……

从此以后，刘凤春以夫人的身份照顾埜石的生活，出门陪着他散步，在家陪着他作画。吃饭时，夫妻对酌，相敬如宾。

人逢喜事精神爽，再婚后的埜石精神更加焕发了。他每天坚持作画，而且绘画比任何时候都有激情，绘画成了他心灵和精神的家园，曾经的痛苦在艺术创作中得到化解和寄托，人生的感悟通过创作得到抒发和提炼。

这段时间，埜石的作品都充满着健康和谐、欢快诙谐、蓬勃向上的感人气息。如1992年他画的一幅《山水图》，就深受同行们的赞扬。这是一幅色彩鲜明的作品，水面上浮出三座小山，最近的山上林木葱茏，远处的山上有一座楼阁，湖面没有一丝水纹，使得整个空间更显无声，更加寂静。这幅画结构新颖，行笔高古，用线飘逸，造型挺秀，深得白石的画法。

埜石的作品多次获奖，受到越来越多爱好美术人士的关注和赞扬。于是，一些文化人，一些搞艺术的，特别是绘画的，开始向他靠拢了。长春电影制片厂的杜林，当时在市老年工作委员会工作，他给埜石送来了《老年晨报》，并鼓励埜石发挥余热，把绘画捡起来，不要荒废了。

一天，埜石正在他的画室作画，突然响起了电话铃声。夫人刘凤春接过电话后对埜石说："《长春日报》有一个姓康的同志要来见你。"

"姓康的？"埜石思忖着说，"我不认识这个人呀，他说有什么事吗？"

"他是一个记者，肯定是来采访你的。"

"让他来吧，你安排一下！"

康记者如约而来，进门后就主动地自报家门："我叫康文均，是《长春日报》社的，打扰您老休息了！"

"欢迎，欢迎。"埜石热情地说，"请坐，请坐。"

略作寒暄，康文均便直奔主题："崔老师，你是咱们长春的骄傲，你的情况我都听说了，你的画我也看到了。你不但是齐白石的弟子，更重要的是你的画确实画得好。我想占用你一点时间，向你请教几个问题，准备写一篇文章在报纸上发表。"

"那好啊，你需要哪方面的情况，就直说！"埜石显得很随和。其实，随和也不是每个人都能做得到的，因为它是一种心态，一种素质，一种文化。

过了很长一段时间，康文均又来到埜石的画室。这次来，还带来了他的公子。他从手提包里取出一本书，双手递给埜石说："我上次采访你写的那篇文章，不但登了报纸，还被收到这本书里了。这本书就送给你，请你批评指正。"

"我从报纸上看到了你写的那篇文章，你的文笔很好啊！只是用文学中的夸张手法把我忽悠得有点过了。现在又收到你的书，谢谢你啊！"

"不谢，不谢，这是我应该做的。"康文均指着他的儿子说，"我的这个孩子有点残疾，他喜欢画画，要我带来见见你，想跟你老学画画，不知你乐意不乐意？"

"乐意，乐意！想学就来学吧！"

可是出乎意料的是，不久康文均因心脏病突然去世，他儿子学画的愿望未能实现。这应该说是个遗憾，埜石每每想起这件事，总是嗟叹不已。

受到王光英的赞誉

1995年的春节来临了，各家各户都在忙着制作新衣，打扫房舍，准备年饭，一派欢天喜地的景象。尤其到了除夕之时，满城张灯结彩、酒肉飘香、人欢马叫，热情豪放的长春人把年味烘托得分外浓烈。

春节是指农历正月初一，又称农历新年、阴历年、大年、岁首、正旦、正月朔日，俗称过年、度岁、庆新岁。春节起源于殷商时期年头岁尾的祭神祭祖活动，是中国最古老、最热闹、最盛大的一个重要节日。在中国民间，传统意义上的春节是指从腊月初八的腊祭或腊月二十三的祭灶，一直到正月十五，其中以除夕和正月初一为高潮。

这年的除夕之夜，埜石吃完晚饭就早早地坐在电视机前。看完《新闻联播》和《天气预报》，便是一年一度受到亿万中国人喜爱的春节联欢晚会节目。

这一年的春节晚会由赵忠祥、许戈辉、倪萍主持，除了注重明星效应集中了影视界的大腕之外，还注重推出新人新作。其中小品《牛大叔提干》由赵本山、范伟、张玉屏三人表演，也是赵本山第一次与范伟在春晚合作。

作为一个辽宁人，埜石有着深深的家乡情结。他和赵本山是同乡，因此他特别爱看家乡的“二人转”，爱看赵本山演的小品。

赵本山，生于1957年，辽宁铁岭人。17岁入公社文艺宣传队，又入威远乡业余剧团，后借调西丰县剧团主演二人转。1986年被调到铁岭市民间艺术团，与潘长江在沈阳一起演出二人转《大观灯》。1990年踏上中央电视台春晚舞台，此后连续15年获得央视春节晚会一等奖，被誉为“小品王”和“东方卓别林”。

“二人转”史称小秧歌、双玩艺、蹦蹦，又称过口、双条边曲、风柳、春歌、半班戏等。它植根于民间文化，属走唱类曲艺，流行于辽宁、吉林、黑龙江三省。它主要来源于东北大秧歌和河北的莲花落，边说边唱，且歌且舞，是北方的一种民间说唱艺术。二人转的根扎在东北农民的心里，有的农民说“宁舍一顿饭，不舍二人转”。今天，不但在东北的广大农村和城镇中流传着，在河北、内蒙古的部分地区也有二人转的演出活动。

在陈红、孙浩唱完《中华民谣》之后，便是赵本山出场了。听到主持人报出《牛大叔提干》的剧目后，埜石便情不自禁地鼓起掌来。

这是一部深刻反映社会现实的作品。它讲述了牛大叔所在村里的小学教室窗户坏了，学生们在艰苦的环境中学习，乡亲们让牛大叔找乡长拨款给学校修窗户，让孩子们能够正常地上课。他拿着乡长批条准备去找经理的时候，赶上公司正在准备接待客人的宴席，牛大叔因为和经理长得有几分相似，又能喝酒且不醉，就被经理秘书留下来陪酒，说是把客人陪好了就可以给学校换窗户。但是摆了一大桌子菜而客人没有来，范秘书左右推托，说经费紧张不能给学校换窗户。最后，牛大叔只好回去用塑料布给学校糊窗户。

赵本山所饰演的牛大叔是一位热心人，也是一位很耿直善良的农民。他的表演让观众称快，无论是肢体语言还是内心表达都体现出农民的质朴。小品中多处用了模仿，不仅是在剧情中他需要扮演经理这一上层人士的身份，同时在表达牛大叔人物性格上也多处用了模仿，如当他一人模仿两种不同身份人物时，通过各位置的不同精确形象地刻画出老板与收水费的不同，即上层人与下层人的不同形体模式，反映出阶层等级导致心理的不同，极具渲染力。

这个小品里有几句经典台词，如：

上顿陪，下顿陪，终于陪出了胃下垂。

学问都在这包上，（夹包）这就是个经理，（拎包）这就是个收电费的。

吃好喝好啊！喝好吃好啊！

（拿稿）这个，啊！我说，啊！……不认字啊！

（线串着甲鱼蛋）扯淡，扯淡，是不搁这来的呢？

每当听到赵本山这些精彩的语言时，埜石就被逗得嘎嘎直乐。笑过之后，他又陷入了沉思。这个小品无论从它本身的艺术性来看，还是从反映的深刻而又严肃的社会现实来看，都是很值得认真思考的，因为他在现实生活中也遇到过类似情况。

作为齐白石的弟子，埜石既宗于老师的画艺，又有自己的创作新法；既学于前人，又开自己的新风，因此他的作品是属于独具一格的。他曾深有体会地说："似与不似，乃生乃死。"他还深有创意地补充道："老师白石平生画论，关键在于'似与不似'，再简约一下，就是一个字：'似。'不要小看这一个字，这一个字是他用一生功夫打造出来的！"

埜石终生研究白石老师的画法，传承白石老师的技艺。

他画的虾蟹既有齐白石的风格，又有自己的特点，深受同行们的赞誉和收藏者的关注。因此，有不少人慕名前来购买他的作品。

这一天，埜石正在创作反映祖国新气象的山水图，厂里的干部张曾禄领着一个中年人走进画室，向埜石介绍道：“崔老师，这位是黄出山同志，是大将黄克诚的侄子。”

“欢迎，欢迎！”埜石起身热情接待，“请坐，请坐……”

“我这次专程来拜访，是有一件事请求崔老师帮忙。”黄出山的话开宗明义。

“不客气！”埜石笑容可掬地说，“只要能用得着，我尽量做。你请讲。”

“最近，我们出国访问要带一些礼品。领导研究来研究去，认为我们的国画是具有悠久历史和优良传统的艺术，凝聚着中华民族的智慧、性格、心理、气质，以其鲜明的特色和风格在世界画苑中独具体系。因此，想带点中国画出去。鉴于崔老师是齐白石的弟子，你的作品在社会上影响很大，因此就选定了你的画作为礼品。这不，派我来联系这件事，请崔老师给予支持。”

“没问题，这是好事啊！需要多少，需要什么样的画，你和张曾禄商量吧！”

“那好，那就谢谢崔老师了……”

没过多长时间，工艺美术厂接到一个电话，说黄出山从厂子里带走的那些画被海关扣押了，他们以为这些画是齐白石的真迹，禁止出境。由此可见，埜石的画艺已达到和齐白石不分上下的水平了。

无独有偶，这年夏天，曾被誉为“红色资本家”的王光英再现了这种情况。

王光英，生于1919年，北京市人。毕业于辅仁大学化学系。是刘少奇夫人王光美的六哥。曾任第八、第九届全国人大常委会副委员长，第六、第七届全国政协副主席。原中国光大集团有限公司董事长、全国工商联名誉主席、天津市副市长、民建中央副主席等职。

王光英爱收藏艺术品，其住宅布置得像座艺术馆，连花园和过厅的一隅之地也不放过。客人总能看到某个角落里放着一个石像或木雕，好像那个艺术品就应该摆在那里。晚年喜爱书法，并说“我老了爱好书法，说明我年龄越大越对我们民族传统文明的珍贵有所认识”。

王光英的办公室宽大明亮，书柜里堆满了各种各样的典籍，在写字台的一端，摆放着一本《老年人》杂志，里面有一篇署名洪度的文章，标题是《以静制动，动静结合——王光英的养生之道》，其中写道：

“以静制动，动静结合，不仅练身体，而且练修养。”这是全国人大常委会副委员长王光英向国内外推介的最有益于身心健康的中国传统养生学说。王光英副委员长言谈幽默，思维敏捷，精神矍铄，不熟悉他的人难以猜出他已有75岁的高龄。他

> 年轻时从事过许多激烈的健身运动，如美式足球、冰球、单双杠等等，但他认为最使人受益的还是练身体、练修养的著名“动静说”，即“以静制动，动静结合。”他对传统的太极拳倍加青睐，认为太极拳是国粹，其奥妙就在于以柔克刚。目下，他正为首届世界太极修炼大会的召开而四处奔波。他对日常工作的安排，有自己独特的见地。他认为不能太勉强地干一件事情，也不要把活动安排得太满，要顾及身体，留有余地。他一直保持乐观的情绪，认为保持心情愉快是身体健康的一个重要条件。每天，他吃得香，睡得甜，不愁不恼。他曾对人说：对“但行好事，莫问前程”这句话应该改动两个字，叫“但行好事，定有前程”。心高境远，也许是人之最根本的健生之道。

从上文不难看出，王光英是一个很有活力、很有知识、很有修养的人。不仅如此，他还深谙书画知识，知道中国画艺术的品评标准重要的一条就是讲格调。他从古人论画中了解到：“意奇则奇，意高则高，意远则远，意深则深。意古则古，庸则庸，俗则俗矣。”意就是思想，而思想又包含着认识与理想两部分，前者重理，后者重情，意正是理与情的统一。中国画论历来重“立品”，也就是因为艺术家的思想境界和思想情感决定着艺术家作品的立意高低，品高则意高，意高则作品的格调才高。

此时，王光英正在观看一幅《虾蟹图》。他翻来覆去地欣赏着，简直爱不释手。看到画上鲜活逼真的几只虾和蟹，他还以为是齐白石的大作呢！因为他十分了解齐白石，知道齐白石是画虾的名家，也看到过齐白石的真迹。画上的虾虽然寥寥数笔，却栩栩如生，就像要从画里跳出来一样，蕴含着一种生命力。

当王光英听说不是齐大师的作品，而是齐大师弟子画的虾蟹后，便吃惊地问身边人："他叫什么名字？"

"叫崔广五，艺名埜石。"

"哪里人？"

"原籍辽宁营口，现在吉林长春生活。他已经退休了，是一位80多岁的老人。"

王光英眼睛盯着《虾蟹图》，显得非常激动。在绘画上能达到如此出神入化、游刃有余的境界，不难想象老先生为此花费的心血与功力。绘画与演戏一样，"台上三分钟，台下十年功"，唯有如此才能成就一代大师。

王光英把《虾蟹图》放在写字台上，连声称道："好画，好画！我说怎么像齐大师的画呢，原来是齐大师的弟子画的，真是青出于蓝胜于蓝啊！"

兴之所至，王光英提起狼毫，饱蘸墨汁，将他的感叹书于纸上："埜石先生勤奋耕耘70载，青出于蓝胜于蓝。当代白石。"

对于这些溢美之词，埜石并不在意。他虽已白发盈头，仍不敢言其为师，虽受充分肯定，仍感到与师训尚有差距；

虽已86岁高龄，仍觉任重道远。其谦虚、冷静的态度令人敬佩；其勤奋、刻苦的精神令人赞叹。

法国雕塑家奥古斯特·罗丹说过：“只有性格的力量，才能造就艺术的美。”埜石就是以豁达的情感，豪放的个性画出时代的精神，以神韵为魄，显示出性格的力量美，拨动人的心弦，牵动人的情感，洋溢着感人的艺术魅力。正是这种“纳古法于新意之中，生新法于古意之外”，才使他的虾蟹创作道路越走越宽广。

我国地大物博，幅员辽阔。到了冬天，南方气候温热，北方气候寒冷。过去没有塑料大棚，北方人冬天吃菜完全靠各家自己储存。因此，在入冬之前，家家户户都要储备大量的白菜、萝卜、土豆等蔬菜。这年冬天，埜石的菜窖里也储备了不少蔬菜，其中以大白菜为最多。

白菜古称“菘”。这个名字很独特，蕴含着白菜像松柏一样凌冬不雕，四时常有。白菜原产于我国南方，由于在先秦时，中国的政治经济文化的重心在北方，所以在汉代以前似无记载，只是到了三国以后白菜才见诸记录，如《吴录》一书载：“陆逊催人种豆、菘。”但是隋唐以前白菜种植还是不很普及，隋唐以后白菜才大量推广开来。

白菜为百菜之首，不但营养丰富，根据它的名声和形色，人们还赋予它很多美好的寓意。如取自白菜的谐音，意为“百财”，有聚财、招财、发财的含义；取自白菜的颜色和外形，寓意“清白”，表示洁身自立，纯洁无瑕。我国不少地区的老百姓在过春节的时候，都要吃两道家常菜，即长叶白菜和青菜，寓含天长地久、坚贞纯洁、做人清白的意思。

1996年春节期间，看到夫人在厨房里洗白菜，闲不住的埜石突发豪兴想画一幅蔬菜图。他来到画案前坐下，展开宣纸，便拿起狼毫用笔尖勾勒，画好叶柄后，换一支大笔，饱蘸墨汁画叶，在墨中加绿色，最后勾叶脉，这样一个大白菜就画好了。他共画了三棵白菜，四个蘑菇，两个辣椒，一个胡萝卜，两只河蟹。然后在左上角题款：85岁，埜石。最后再盖上鲜红的印章。

刘春凤做好饭往餐桌上端菜时，发现丈夫又在画画了，就急忙走过来问："你又在画什么？"

"刚才你做饭时，我看到案板上有白菜、蘑菇、辣椒和胡萝卜，青青白白、红红火火的，就照着画了一幅画，后来又加上两只河蟹，凑成《五菜图》。你看怎样？"

"不错，不错！尤其白菜画得好！"刘凤春边欣赏边品评着。

"要说画白菜，还是白石老师，谁也超不过他。他画出的白菜青青白白的，那才叫好呢！他老人家特别喜欢白菜，一生中不知画了多少白菜，这可能与他出身于农家有关。"埜石指着画中的白菜道，"说起这个白菜，白石老师还有一段故事呢！"

"故事！"刘凤春很感兴趣地问，"什么故事？"

"北京和咱们长春一样，每到冬天都能看到菜商推着车子在胡同里卖大白菜，家家户户都要买一些作为过冬的储存菜，每一车最多不过10块钱。一次菜车走过白石老师家门，老师对卖菜的说自己想用一幅白菜图换他一车白菜。不料这个菜商竟然说：“你这个老头真没道理，要拿假白菜换我的真白菜！”

埜石讲完，哈哈笑了起来，刘凤春也跟着大笑起来。

自王光英题词赞赏埜石的作品后，又引来了不少国内外的收藏者，还有各大报刊的记者。此时，埜石的画案上就摆着一份介绍他画作的《吉林画报》。

由于都属于文化口，又与书画有关系，埜石对《吉林画报》及其报社非常熟悉。《吉林画报》社始建于1958年，隶属于吉林省文化局，1961年停刊，1969年成立吉林省新闻照片发稿站，1970年又与吉林人民出版社等单位合并，成立吉林省革命委员会毛主席著作出版办公室，1973年吉林省新闻照片发稿站改称为吉林省新闻图片社。在此基础上，1978年吉林省委宣传部批准《吉林画报》从翌年1月正式复刊。

埜石翻了翻这本文图并茂的画报，发现里面有他的照片和画作，其中文章对他浓墨重彩地作了一番介绍。他知道那是不久前记者孙佰元采访他时写的，标题叫《痴迷绘画的老人》。

近几年，埜石的事迹不但频频见报，而且他的名字也被收进多种典籍，如《北方名流》、《国际书画家词典》、《中国书画集锦》、《中国专家名人词典》、《世界华人书画家大辞典》等词书里都有介绍他的词条。另外，他在绘画比赛中也屡屡得奖，如获得过天马杯国际书画篆刻大赛金奖、全国人体科学研讨会画展寿星银奖、北京和平杯国际书画艺术交流大赛金奖等。

七十年后再见齐佛来

1997年，“当代白石画馆”在长春市繁华地带的清明街74号吉发古玩城四楼10号精品室开馆。“当代白石”，是全国人大常委会副委员长王光英两年前赐予堃石的称号。这个画馆位置适中，交通方便，既能展出，又能作画，堃石在这里可以更好地展示自己的才华。

由于这里是艺术品交易场所，每天人来人往，热闹非凡，因此堃石还可以直接听到顾客和收藏家的意见和要求。他本人又是喜欢接近大众平民的人，这样一来，他的绘画事业就得到了很好的拓展，这里便成了交流绘画经验、绘画方法、绘画题材的一个很好平台。

当然，堃石年事已高，每天不可能总待在画馆，这里的业务几乎都交给他的夫人刘凤春管理和经营。刘凤春善解人意，能准确地了解顾客的心理，又十分清楚丈夫的画艺，因此每每都能将客户的需求与反映及时地带回家里，反馈给丈夫。时间长了，堃石对他的“年轻”夫人便有了一种自豪感。

堃石常常这样说：“夫人是画家的第一观众，也是作品的第一顾客。凤春对我的帮助，对绘画的尽心，真的有时比我自己都强。为此，我很感谢她。”

这一天，在夫人的陪同下，堃石要创作一幅《虾图》。

他笑呵呵地问懂点艺术的刘凤春："根据这张纸，你看是画横幅好还是画竖幅好？"

"要是画虾的话，适合画竖幅，可以增添虾的游动势。"

"你看是画六只虾好呢，还是画九只虾好？"

"九只吧，九九十成，比六六大顺还吉兴！"

"那好，我就开笔了！"

"等等，墨有点干，加点水吧！"

"光加水不行，还要用笔试试，用纸染染，过深过浅，都不行。"

接下来，刘凤春没有再说话，只是一声不响地抬头望望窗外。埜石也直起腰望望。这时已是夕阳西下时分，这个画室本来有点背光，现在阳光反照过来，使室内的光线既明亮又柔和。她向丈夫点点头，看得出这个光线很适合老年人作画，于是埜石心中又多了一些钦佩感。

在埜石作画过程中，刘凤春很少说话，连走动的脚步都很轻。丈夫聚精会神地作画，她聚精会神地看画。丈夫每动一笔，她的眼球就随之闪动一下。墨砚应放在哪里，水碗应放在何处，不用老先生说，她心里早就想到了。

画完画，没等埜石动手，刘凤春就拿着一块干纸沓了沓，晾了晾，待全干了，她又是调印泥，又是盖图章。看到夫人配合得如此默契，埜石开心地笑了。

这年7月1日，对中国人民来说是个激动人心的日子。随着中华人民共和国国旗和香港特别行政区区旗在雄壮的中华人民共和国国歌声中冉冉升起，历经百年沧桑的香港终于回到了祖国母亲的怀抱。

香港回归，又称香港主权移交，是中华人民共和国政府和大不列颠及北爱尔兰联合王国政府根据1984年《中英联合声明》的双方共同承诺，于1997年7月1日开始由中华人民共和国中央人民政府对香港行使主权、联合王国政府将香港移交中华人民共和国政府的历史事件。

从这一天开始，香港特别行政区成立了，结束了长达155年的英国殖民地身份。香港由香港特别行政区政府管理，以香港特别行政区行政长官为政府首长。绝大部分香港华裔居民自动成为中华人民共和国公民，同时有350万香港居民终身保留英国国民（海外）身份。

埜石从电视上看到五星红旗在香港岛上飘扬，中国国歌在香港岛上高唱，他心情无比激动。兴奋过后，他唤来夫人刘凤春研墨展纸，他要在这大好的日子里创作一幅庆祝香港回归的国画，以纪念这个令人激动的时刻。

随着埜石画笔的游动，画面上出现了一个苍劲葱绿的万年松。九曲盘旋万年松在百折不挠的枝干上对称地长出无数针状的枝叶，那一簇簇新绿就像给浑黄一色的山峰增添了无数绿宝石，那一个个绿色的亮点就像无数的生命在颤动。在它的两根粗壮的枝干上站着两只山鹰，面对面地互致敬意，面对面地放声欢呼。画面的上端题写：“庆祝香港回国，祖国更兴旺。1997年。86岁，崔广五。”

日子过得忙碌而愉快，转眼间到了秋天。位于长春市长江路的科技城举办了一次老年笔会，邀请埜石、甘雨辰、许立志、张玉喜、王怀等20多位著名画家参加。埜石的为人、埜石的画技，在笔会上普遍得到了公认与赞誉。但埜石很谦虚，不时地向画友们请教学习、切磋技艺。

埜石先开笔，他要画一幅他最拿手的《虾蟹图》。张玉喜站在旁边笑眯眯地观摩，不时发出赞叹。

埜石的作品在一阵掌声中完成后，就一声不响地来到甘雨辰的画案前，认真观摩甘雨辰作画。他对甘雨辰正在创作的《鹰图》说："不少画鹰之作，一味摹古，不事写生，把感受鲜活的寓兴变成了意义固定的象征。甘老师画的鹰是以科学思维为基础、以艺术思维为主导的，并超越了古代传统的笔墨结构，所以画出的鹰不但鲜活逼真，而且独具一格！"

"过奖了，过奖了！"甘雨辰放下画笔说，"崔老师画的虾蟹，那才是当今一绝……"

在这次笔会上，《夕阳红》杂志社派人进行了采访。记者马成云写了一篇题为《冶石成铁，白发如师》的文章，对埜石老人作了全面评介。其中写道：

"刻苦磨炼，白发如吾"，这几个字牢牢地刻在他的心上。为此他几十年来孜孜以求，如琢如磨，潜心研究齐门技法，恪守老师"妙在似与不似之间，太似则媚俗，不似则欺世"的训言，同时博采众家之长，以便尽快形成自家风格。几十年来，他但求艺术，不问名利，但求耕耘，不问收获。以至艺臻妙境，而默默无闻，直到晚年才露出峥嵘。

1998年春天，东北大地仍冷风飘零，寒气袭人。但位于长春市朝阳区东民主大街七号的长春国际饭店，却喜气洋洋，春意融融。这是一个三星级酒店，舒展的活动空间，良好的采光效果，全新的内部装饰，迎来了一批又一批远方的客人。

有一种快乐，叫作结识新朋友；有一种喜悦，叫作重逢老朋友。4月8日，在长春国际饭店九楼会议室里，埜石与他72年未曾谋面的老朋友齐佛来相会了。一个是齐白石的长孙，一个是齐白石的弟子，当年齐佛来年仅13岁，埜石21岁，如今都是80多岁的老人了。岁月是一个多么无情的化妆师啊！他用“白雪”掩饰了两位友人的一头青丝。

齐佛来，字秉亨，号省园主人，生于1918年，湖南湘潭人。7岁读私塾，8岁入东山区第一国民小学。11岁随父亲进北京探祖父，后从外祖父王仲言读旧书。1935年，祖父南归时，开始从其学画。卢沟桥事变前，考入湖南私立中和国学专修馆。新中国成立后，从事教育工作。

齐佛来性格耿直，懒于逢迎，亦不善追名逐利。除潜心作画外，唯喜好旧体诗，也偶写散文，画承家法。去年冬天，应邀到美国旧金山讲学，同时举办与祖父的联合画展，得到当地政府和中国驻旧金山总领事及各界人士的高度赞誉，并获得全美教育委员会颁发的“画圣之家”称号。此外还获得南海艺术中心授予的荣誉证书。

岁月的年轮，一圈一圈盘旋而过；逝去的年华，在彷徨的涟漪下悠悠。虽然几十年之后再度相见，但埜石和齐佛来说起话来没有一丝陌生感，从齐佛来身上还依稀能够看到白石老师的影子。他们牵手而来，相扶而坐，无比亲切，无比兴奋。忆及以往，那些陈年旧事仍然光鲜如新，情景不老！

齐白石一生多子多孙，在他的七男三女中，能够与画业结缘的有齐良锟、齐良迟、齐良末、齐良芷。这三男一女不但继承了父业，而且还都是画坛高手。其中，齐良迟就是齐佛来的父亲。

齐良迟（1921 ~ 2003年），字子长，系齐白石第四子。长期随侍于父亲身旁，深受其熏陶和影响，自幼刻苦学习国画艺术和诗词歌赋等中国优秀的传统文化，从而打下了坚实的绘画功底及厚重的传统文化基础。在其父亲的教习指导下，其艺术素养和功力有极大的提高。解放初期，为了更好地传承和弘扬齐派绘画艺术，他辞去了公职，专心在家侍父，潜心系统地研究齐派艺术之妙谛。历经数十年的认真研习和刻苦实践，他秉承齐派艺术，形成了独特的艺术风格，“出自名家自成家”，成为齐派艺术传人中的杰出代表。

埜石和齐佛来同时挥毫泼墨，共绘一幅画。他们如切如磋，如琢如磨，那情景真是让人敬慕，让人感慨。后来，埜石和齐佛来等五人挥笔同画一幅《荷花图》，并在画面的左上角题字。画上的绿水、墨叶、红荷笔趣雄健老辣，花的颜色艳而不俗，是一幅不可多得的佳作。

齐佛来拿起埜石当场创作的《虾蟹图》，只见画面上部有栩栩如生的三只虾，下部有形态各异的四只蟹，又见在画幅的上款写道："幼蒙白石先师授艺，幸得真传，毕生追求，不敢有变，敬请佛来先生教正。"他不禁想起了当年祖父教授埜石的情景，于是在埜石的《虾蟹图》上题写："具老人笔意，传齐派画风。"

接着，齐佛来又在埜石的另一幅《虾图》上题词："广五老先生画艺，颇有齐派风味，实不易得。"

1999年，埜石以88岁高龄加入了中国美术家协会，成为一名德高望重的老年会员。古人云："人生七十古来稀。"意思是说在古代的生活水平人生苦短，能活到七十岁已是十分稀少了。然而，年近九十的埜石却十分健壮。他头脑清晰，步履稳健，眼不花，手不抖，每天仍坚持作画，于水墨中、色彩中寻找乐趣，这不能不说是个奇迹。

在这20世纪最后一年的最后一个月，澳门回归祖国了。

12月20日零时，中葡两国政府在澳门文化中心举行政权交接仪式，中国政府对澳门恢复行使主权。此事象征着长达十四年半的"港澳过渡时期"、葡萄牙帝国终结以及西方国家统治亚洲的漫长日子完全终结。也是继两年前香港回归之后，中华民族在实现祖国统一大业中的又一盛事。

埜石从电视上看到澳门回到了祖国怀抱，心情无比激动。他连夜挥笔作画，创作出一幅《鱼虾图》，并题词："欢庆建国五十年，澳门回归。"

自从娶了刘凤春，有红袖添香，佳人辅佐，埜石常常感叹时光过得太快，眼看自己就要奔九十了。鸟老思巢，人老思乡，浓郁的乡情使老人陡生爱乡之心。他虽然来到了大城市并定居于大城市，但是乡村给他留下了难以磨灭的印象，他对乡间的农田和农民怀着终生不渝的眷恋之情。

岁月像杯浓茶，令人回味无穷。堃石常向妻子念叨家乡的山水，家乡的人情，家乡的风味。有时还情不自禁地吟诵北宋诗人李觏的《乡思》：“人言落日是天涯，望极天涯不见家。已恨碧山相阻隔，碧山还被暮云遮。”

2002年夏天，堃石终于回到了暌违已久的大石桥。一路上，他深深感觉到还是家乡的山美，家乡的水甜，家乡的人亲。然而山村依旧，物是人非，其情其景，颇似唐代诗人贺知章的《回乡偶书》之诗意：“少小离家老大回，乡音无改鬓毛衰。儿童相见不相识，笑问客从何处来。”

几十年，弹指一挥间。家乡发生了天翻地覆的变化，大石桥变得越来越好了，变得越来越富了，变得越来越美了！堃石默默地仰望家乡的蓝天，一群白鸽振羽翩飞，掠过头顶，鸽哨声又自近而远，消失在祥和宁静的碧空之中。老人什么话也没说，但潮湿的眼睛却蕴含着千言万语。

过去，通往家乡的小路凹凸不平，处处尘土飞扬，旁边都是污水和荒地，蓬头乱发似的长着灌木。现在，道路变得宽阔平坦，两旁还栽了许多生机盎然的花草呢！

过去，“神仙”住的地方才是砖瓦房，普通人家住的都是土墙草房，屋里的光线很差……而现在，变成了一幢幢崭新的楼房，有的房前还种上了四季常绿的观赏树，伸展着浪漫的枝干，加上各色盛开的鲜花，真是仙境一般。人们穿着漂亮整洁的衣服，站在阳台上欣赏外面的风景，吸吮着鲜花的清香，心里美滋滋的。

过去，人们夜间出行时只能用马灯或手电来照明。现在，路边安装了形式各异的路灯，每到晚上，路灯绽放出花一样温和明亮的光，照着夜行的人，照着飞驰的车。路灯与万家灯火连成一片，在静寂的夜空中熠熠生辉，又构成了一幅亮丽祥和的乡镇静夜图。

农村人变富了，农村人变“洋”了，这是多么好的事情啊！看着家乡的巨大变化，埜石不禁想起自己儿时的情形，想起儿时的山山水水，想起儿时的学童玩伴。童年的时光就像陀螺那样不停地旋转，不停地在脑海里浮现。

来时歧路同天涯，
独到屋堂认是家。
我亦君年无累及，
群儿欢跳打柴叉。

这是齐白石的一首诗，名曰《山行见砍柴邻子伤感》。埜石自悔不会写诗，若能像白石老师那样写诗纪实该有多好啊，他会把自己的新事旧情和所思所感用诗的形式都记录下来，留给世人，传给后代。

早在十年前，埜石就听说他的家乡永安镇金牛山上发现了中国东北地区旧石器时代早期遗址。这次回大石桥，他要亲自见识一下这个被称为中国20世纪百项考古发现之一的历史遗迹。

埜石在大石桥市“当代白石书画馆”馆主李书楷的陪同下，来到大石桥南八公里处的一个孤立的山丘上。他发现金牛山文化的石制品是用脉石英制成的，石核较少，为两极石核，形制与北京人的两极石核相似。石片较多，用锤击法和砸击法打制。

据这里的工作人员介绍，石器有刮削器和尖状器，前者数量多，全部用石片制成，有单刃、复刃和半圆形三种。以一面加工为主，也有两面加工修理成刃的；后者数量极少，其一侧两面都有较细的修理痕迹，另一侧只稍微加工，于两侧刃相交处修理成尖。金牛山文化石器的打片方法、加工方法或类型都与北京人的相似，表明两者有一定的关系。

工作人员边带着参观边说，在地层中发现有厚约三十厘米的灰烬层，其上还有两处圆形的灰堆。灰烬层与灰堆内有大量烧骨和烧石，说明当时的人类不仅会用火而且会管理火。烧骨中多兔类、鼠类和鹿类的肢骨，这些动物是当时人们狩猎的主要对象。

与金牛山文化共存的动物化石十分丰富，重要的有最后似剑齿虎、变种狼、中国貉、三门马、梅氏犀、肿骨大角鹿、巨河狸和硕猕猴等。其中最后似剑齿虎和中国貉为第三纪和早更新世的残余种属，肿骨大角鹿是中更新世的典型动物。它们的存在表明该文化的地质时代较古老。动物群与北京人遗址的一样，多是喜暖的，推知当时的气候温暖湿润。

根据地层、动物群的研究和科学测定，“金牛山人”生存的地质时代为中更新世晚期；距今28万年左右。硕猕猴和剑齿虎的存在，说明当时金牛山一带森林茂密、灌木丛生；而三门马和巨河狸的发现，则说明附近有过广袤的草原和开阔的水域。

“金牛山人”化石的发现填补了这一时期人类发展的空白，为对猿人体质特征及体质演化发展的研究提供了丰富的实物资料。这一发现被评定为全国重点文物保护单位，现已建立金牛山古人类遗址陈列馆，展示当时发掘出土的部分人体骨骼化石和当时的生存环境及生活场景。

埜石这次省亲有点乐不思蜀，他在家乡住了两个多月。为了表达自己的心情和纪念这次返乡之行，他展纸调墨，濡笔吹毫，画了三条红鲤鱼和三条墨鲤鱼，名曰《吉祥如意图》。“鲤鱼”是中国人经常运用的吉祥图饰，除了有“余裕”的基本含义之外，人们更常使用鲤鱼跳龙门来形容飞黄腾达和身价百倍。他用红黑两种颜色画了六条大鲤鱼，表示“六六大顺”之意，希望他的家乡兴旺发达，风调雨顺。

真正的艺术家首先是生活的热爱者，继而才是美的发现者和表现者。埜石热爱生他养他的家乡、人民和土地上的一花一草、一木一石，他既喜欢花园里盛开的牡丹、芍药，也爱静静欣赏路旁的野花，他还喜欢山间的羊群、田里的耕牛、农舍的鸡鸭……

伟哉，金牛山！美哉，淤泥河！壮哉，大石桥！

老有所为

进入拥有“双春”的2004年，埜石的事业也进入了峰巅状态。此时他理应春风得意，心欢意畅，然而却有了一种紧迫感，那就是他还有一件要紧的使命没有完成，即走向世界弘扬齐白石大师的艺术。来日无多，时不我待，他和他的弟子反复探讨并筹划了这件事，争取早日付诸行动，以了却自己的夙愿。

尽管眼角和额头的皱纹日渐变得粗深了，但充满着梦想和激情的埜石对绘画的专注和热爱不但一丝不减，反而还在持续升温。他在美术的道路上越走越宽，越走越远。作为一名画家，尤其是老年画家，这种执着其实也是一种担当、一种气魄、一种品格。

为了勉励自己，年过九秩的埜石用隶书写了“老骥伏枥，志在千里”八个大字，落款为“甲申年埜石九十三岁。”横额上的字凝重端庄，气韵深厚，饱含着一股自强不息的豪迈气概，深刻地表达了作者老当益壮、锐意进取的精神面貌。

“老骥伏枥，志在千里”，是千古传诵的名句，取自于东汉诗人曹操晚年所写的《步出夏门行·龟虽寿》。在这首诗里，曹操自比一匹上了年纪的千里马，虽然形老体衰，屈居枥下，但胸中仍然激荡着驰骋千里的豪情。他说，有志干一番事业的人虽然到了晚年，但一颗勃勃雄心永不会消沉，一种对宏伟理想的追求永不会停息！

5月29日，吉林电视台直播间耀眼的镁光灯下，坐着一位耄耋老人，只见他目光炯炯，神采奕奕，他就是白石的弟子埜石先生。此时他应“喜临门”节目组的邀请，正在讲述自己“老有所乐，老有所学，老有所为”的感慨。

正如埜石所说，退休以后没有工作压力了，便把自己的生活安排得轻松愉快。早晨起来，到公园里散散步打打拳，有时还哼着小曲，真是夕阳无限好。人退休了，思想不能退休，他每天仍坚持看《新闻联播》，了解国家大事。看到哪个地方受灾了，哪个人有难了，他就主动捐款或献画。他还纳徒授艺，充分发挥自己的余热。

11月6日，吉林电视台“人间晚晴”节目组在拍录一个专题片，内容是埜石参加吉林省老年书画研究会的活动情况，以及他坚持不懈地传承齐派艺术，创办“当代白石画馆”展室，还有参与室内写生等。

10天后，吉林电视台每次以20分钟时间播放了这个节目，在社会上尤其在美术界产生了巨大震动。看过这个电视节目的有人打电话给埜石说：“我没有见过齐白石，但是在电视上见到了你，就等于见到了齐白石。我们很受感动，没想到齐白石的弟子就在我们身边。”

从表面上看，埜石是个沉默寡言、孤傲耿介的人，与他交往更深的人才能体会到他是一个热情、直率、谦和的人。他自小对善恶就爱憎分明，善良、富于同情心是他与生俱来的品性。

平时，向埜石求画的人很多，求画的几乎都是他的熟人，其中多是他工厂的工人和身边的一些平民百姓。因为，这些年来，他一直生活在平民百姓当中。

在工厂，埜石跟工人平等合作；在居民区，他与邻居友好相处。他这个人从来都是礼贤下士，不像有些人长着一双往上看的势利眼。所以，很多人都视他为邻家大哥，都敢向他求画。而他呢，不管怎样，总是满足对方，有时手头没有画，就现作现画。

大家都说埜石是“画家善人”。没错，因为慈爱善良的齐氏家风一直在熏染着他，在陶冶着他，在塑造着他。

埜石之所以能接近平民百姓，接近一般的穷人，是因为他本身也是穷人出身。他是农民的儿子，小的时候放过牛，种过地。有的人一有钱、一有地位就忘本了，就看不起穷人了。他不是这样，他始终尊重穷人，热爱穷人，亲近穷人，跟穷人心连心，并尽力帮助穷人。

有的画家把钱看得很重，满纸都是“黄金”。埜石也讲钱，因为他要以此养家糊口。但是他更重义，因此他的画满纸都是艺术，满纸都是精神。他经常画大白菜，意思是“清白做人”。大家可以比较一下：看看出身于书香门第的张大千画的是什么？看看身为清室贵胄的溥儒画的是什么？再看看埜石画的是什么，就会发现出身与作品之间的关系了。

有一次，埜石外出散步，在路上遇到一个乞讨的妇女。她50来岁，面容憔悴，穿着破衣烂衫，脚下的鞋像蛤蟆一样张着嘴。埜石上前问道：“你的年纪不大，不在家好好劳动，跑出来乞讨也不是办法呀！”

“大爷，你不知道我的难处啊！”

“你有什么难处？”

“我的公婆卧病在床，需要吃药打针；我的孙子上学，需要学费。光靠那几亩地根本解决不了问题……”这个女人皱眉里躲着的凄凉被掀了出来，泪水洇红了她的眼圈。

此时，埜石想起自己小时候家中的窘境，想起了李文琴卧床时的情况。心念一动，他又想起了徐悲鸿向马夫献画的故事。

那是1943年秋天，徐悲鸿在成都举办画展。在画展结束那天，他和夫人廖静文乘马车赶到新都桂湖后，驾车的马已累得气喘吁吁，把车夫心疼得搂住自己的爱马不停地亲抚。徐悲鸿看在眼里，深为感动。付过车资后，他从手提包里取出一幅卷起的《奔马图》送给车夫，说这个给你。车夫呆望着徐悲鸿，仿佛没有听懂他的话。廖静文在一旁解释说：“这是一张画，是送给你的。”车夫这才感激地接过画。

一念及此，一种带着胆汁苦味的同情泛上埜石的心头，他对中年妇女说：“你等一等，我回家给你取一样东西。”

不多时，埜石手拿一个纸袋匆匆而来。

“各家都有难念的经。看来，你家确实很困难。”埜石深表同情地说，“我家的生活也不宽绰，手里的钱也不多，就送给你一幅画吧！你要是急用钱，就把它卖了，也许能换回几个钱，帮助你解决一些问题。”

这个妇女可能没有文化，或者不懂得艺术。她把画展开茫然潦草地看了看，又轻轻地折叠起来。不过，她还是动情地说："谢谢，谢谢……"

2005年1月4日，农历甲申年腊月二十四，是一个男婚女嫁的大喜日子。这天上午9时，长春市人民大街中段的名门饭店，一派热烈欢悦的喜庆气氛。在二楼四季厅的演出台上，高悬一个白字红布横幅，上书"崔广五先生九十四岁华诞暨陈艺书先生拜师典礼仪式"。两边的竖联是："耄年耋岁逢华诞；知世识途遇名师。"

出席这个仪式的有吉林省文联主席兼吉林省作家协会主席张笑天，吉林省人大常委会原副主任李玉堂，吉林省文化厅原厅长邢志，长春市人大常委会原副主任张浚森等。此外，还有吉林省作家企业联谊会秘书长王洪志及副秘书长温福林。应邀出席这个典礼仪式的都是本市的作家、艺术家、企业家、各界名流、社会名人。大家欢聚一堂，高朋满座。

吉林华衡设备制造有限公司的有关方面负责人，也应邀出席了典礼仪式。郝长文作为30年前向埜石拜师学艺的门人弟子，也前来祝贺志庆。吉林省民族乐团由九名女子组成的演出队，在节目主持人苏先生的带领下也盛装出场。这次集会的核心人物埜石老先生在夫人刘凤春的陪同护理下，被簇拥在会场的主座。

这个热烈、隆重、和谐的盛典主持者与承办人是时任吉林华衡设备制造有限公司总经理陈艺书。

陈艺书，生于1954年8月28日，吉林双阳人。他的父亲是位县城小学校长，母亲为家庭妇女。先祖世代务农，以善净耿正闻名乡里。就这样一个家庭，自幼培养了他的秉正、守信、忠实、坦诚的性格，以及刻苦、耐劳、奋进、执着的精神。他16岁初中毕业后，进入长春市手工业管理局技校，随即成为一名长春衡器总厂的学徒工。三年后，赶上部队征兵，他应征来到埜石的家乡辽宁大石桥市，当上了师首长的警卫员。

陈艺书1977年复员，又回到长春衡器厂。自此，他先后当过业务员、营销员、文书、秘书，又是办公室干事、保卫部干事、团委书记、车间党支部书记。27岁那年，他成了这个千人大厂的副厂长，主抓生产业务，并在这个岗位上一干就是九个春秋。

陈艺书虽然在学校只念到初中，却自学了高中、大学全部课业，并连续函授了天津大学管理学院和美国肯辛顿大学的企业管理硕士研究生专业。目前，他在书法艺术创作中也已达到一定的成就。他是一个勤奋好学的人，学习对于他来说是被看得尤为重要的一件事。

典礼仪式开始后，在悠扬悦耳的乐曲声中，陈艺书走到演出台前，以90度鞠躬礼向埜石行了拜师礼，并敬献了鲜花。这年，陈艺书52岁，埜石94岁。陈艺书为埜石的关门弟子，即最后一位弟子。

典礼期间，与会嘉宾邢志厅长、张浚森副主任和杨子忱副主席等都登台发表了热情洋溢的讲话。其中，杨子忱还即兴作诗表示祝贺。诗云：

九十四载看苍松，
浩雪苍天大日红。
画步前贤多老道，
韵开后士少媚风。
妙存似与非似里，
神现形和未形中。
最是高徒惟此位，
耄年耋岁又齐翁。

随后，陈艺书以智者的思辨、诗人的语言热情地致词答谢，并郑重地宣读了措辞凝练、意蕴优婉的拜师词，把拜师仪式推到了高潮。然后，便是丰盛的宴会。

在此期间，大家不时地与老寿星埜石合影留念，以求沾福添寿。参加典礼仪式的嘉宾，此间都成为陈艺书拜埜石为师的见证人。这次集会，这个典礼仪式举办得别开生面，为长春前所未有。

陈艺书已年过半百，又是吉林华衡设备制造有限公司的老总，事业有成，财源滚滚。那么，他不去好好经营他的公司，发他的财，为什么要拜埜石为师呢？

陈艺书是一个有时代责任感的人。他认为，齐派画艺已经到了需要传承、需要抢救、需要后继有人的时候了，所以他才举办这个拜师仪式，所以他才要做埜石的传承人。

这个“关门弟子”，这个“拜师仪式”，内中包含着多少情意，要承担着多么大的重量！然而他甘愿双肩将其撑起来。应该说这就是他所讲的“抢救”二字的含义。目前，许多世界文化遗产，许多国家民间艺术，不是都面临着和正在着手进行抢救吗？

这便是陈艺书拜师当徒的初衷。

当然，陈艺书向埜石学习的是其精神，那么大家从陈艺书身上看到的也是精神，而且这一点是最为重要的，也是最为珍贵的。

其实，这不是一个简简单单的学习。而从陈艺书身上，还能看出他对老师埜石的极大尊重，极其爱护，并付诸行动。自陈艺书拜埜石为师后，他没有在老师身上索取一分钱的好处，没有随便索要老师一幅画；他只有往老师身上搭精力，搭钱财，给予细致入微地帮助。他常去看望老师，关心老师的饮食起居，关心老师的绘画事业。

有一次，陈艺书要去北京出差，临走之前来到崔家问老师绘画还需要什么东西。当埜石提到需要几支毛笔时，陈艺书细心地问：“需要什么样的？”“哪家笔厂产的？”“都是什么样子？”

陈艺书怕记不住，选不准，还要了笔样亲自带上。他说：“画家和笔，同琴师用琴一样，不可粗心，不可大意。有时因一点粗心大意，往往会给绘画带来不应有的损失，那是不可弥补的啊！”

陈艺书如今已到了“知天命”之年，他仍然能够做到这点，这是什么精神？如果一个人没有做到无私奉献，没有想到一心为他人，没有一颗尊师重道的赤子之心，怎么会有这种行为和精神呢！陈艺书，可敬也夫，可钦也夫！

当然，陈艺书对于绘画艺术是要向埜石认真学习的。他本人就是一位颇有成就的书法家，自幼就爱学习，就喜好艺术和书法，因此父亲为他取名为“艺书”，以为勉励。即便到了中年，在工作担子极重的情况下，他还攻读并获得了两个国家名牌大学的硕士学位。至今，他的案头还摆放着各种各样的名著及相关书籍。我想，这不仅是一位企业家的风范，同时也是一位学者的风范。

有志者，事竟成，陈艺书的绘画向往是会成功的。对此，他看得更为高远。他曾深有感触地说：“自从我与埜石老师有了接触，自从我与齐佛来先生有了谋面，我更注意地去阅读并研究齐白石老人的生平与画艺了。可以说，白石是中国老一辈优秀画家的代表，他具有中国农村农民所保持的那种古朴、厚道。”

2006年，埜石95岁了。这一年，埜石获得两个荣誉证书，一个是中华艺术学会、国际中华文化艺术协会授予的“德艺双馨”艺术家荣誉称号，另一个是中国收藏协会、世界文化艺术鉴定中心授予的“当代中国书画收藏市场最具有收藏价值艺术家”荣誉称号。

最近，埜石又接到世界文化艺术鉴定中心为他签发的《世界文化艺术鉴定中心书画作品润格认定证书》：

编号：ISS9003-212

姓名：崔广五

经世界文化艺术鉴定中心书画艺术作品市场鉴定部严格审核，您创作的艺术作品通过了世界文化艺术鉴定中心艺术品价值标准评定，特发此证，以兹证明。

评定价值：××××美元/平方尺。

绘画是一种情感艺术，只有在自己的作品中倾注了感情，其作品才能由眼入心，达到情景交融的境地。一句话，画品即人品，人品验画品。埜石对绘画倾注了浓厚的感情，同时又将他富于浓厚感情的艺术回报于社会。鉴于埜石的艺术成就和对社会做出的贡献，文化界领导纷纷给他题词予以嘉勉。其中有：

6月，吉林省美术协会主席、中国美术家协会理事易洪斌先生题词："艺苑人瑞艺不老，画坛宿将画自高。"

6月，中国书画家交流促进会副秘书长、中国民族艺术书画研究艺术总监郑万勇先生题词："一代风华笔墨腾飞，崔老先生作画八十载。"

9月，世界文化总会会长、中华文化协会会长、中国艺术家协会主席范光陵博士题词："天降神物系出东北名家之笔，世界所贵。"并在画作上题写："崔老先生画虾不在白石山翁之下。"

这一年，吉林人民出版社隆重推出了《白石弟子冶石画传》。在该书的封面勒口上，多才多艺的作者杨子忱为“白石弟子冶石崔广五先生九十五岁照”题写了一首飘逸洒脱、意蕴高雅的七言绝句，现辑录如下：

良缘有赐属天然，
逢巧作书意翩翩。
九五恩师为古寿，
同庚弟子是今年。
求学七五关山远，
问业二十海天宽。
白石冶石传石继，
漫漫画坛呈大关。

“虾蟹”戏猫

2007年2月16日，在美国得克萨斯州的一个庄园里，刚刚卸任的联合国秘书长安南举行了一个慈善晚宴，旨在为非洲贫困儿童募捐。应邀参加晚宴的都是商界巨贾和社会名流。在晚宴即将开始的时候，有个老太太领着一个名叫露西的小女孩来到庄园入口处，却被保安伸手拦住了。

小露西童言稚气地说：“叔叔，慈善的不是钱，是心。对吗？”

“你说得对，孩子！”站在一旁的美国投资家、企业家、慈善家巴菲特毫不犹豫地带着小露西走进了宴会厅。

当天慈善晚宴的主角不再是倡议者安南，也不是捐出300万美元的巴菲特和捐出800万美元的比尔·盖茨，而是仅仅捐出30美元零25美分的小露西。晚宴的主题标语也变成了这样一句话：“慈善的不是钱，是心！”

是的，慈善的不是钱，是心。为别人捐献一分钱一角钱的普通人和捐赠成千上万的人一样值得尊敬，因为在慈善的天平上，他们是等重的。同样，不要把慈善活动看成仅仅是有钱有身份人的事情，即使再普通再平凡的人也能成为慈善家，只要他们心怀善意，在别人需要时哪怕只能给予微不足道的帮助，他们也一样慈善。

埜石就是一个极具善心的人，当看到谁有困难，他就会解囊相助。他为人低调，从不张扬，很多年来一直默默地帮助长春大学的几名特困学生，他还多次为农村贫困学校捐赠图书。他多次表示，只要还能动笔，就要为社会贡献一份力量，这样活着才有意义。

1998年夏天，长江中下游地区连降暴雨，水患泛滥，并很快演变成40多年来罕见的全流域性洪灾。灾情甚至扩展到素有“北方粮仓”之称的嫩江平原，重创国内最大的石油生产基地大庆油田。这一年，全国有29个省市的约2.3亿居民和2229万公顷的农田受灾，倒塌房屋685万间，造成直接经济损失约2551亿人民币。

当听说长江流域、珠江流域以及东北的松花江及嫩江流域发生水患，近两千万人痛失家园，伤病、失踪、死亡的人数多达80余万时，埜石主动在长春吉发古玩城“当代白石画馆”将自己的作品义卖，并将义款及时地交给长春市人民政府救灾捐助办公室。

关心下一代是我国每一位成年人的责任和义务，作为一个有一技之长的老者，理应充分发挥余热，为下一代的培养作出力所能及的贡献。堃石曾选购200多册科技书籍，还有绘画作品，捐赠给长春外文图书馆。这次捐赠，是《吉林日报》《东北风》栏目组代办转送的。他的行为深深感动了《吉林日报》的编辑与记者，他们都说：“崔老以如此年纪，又是齐白石晚年的高徒，此事真是难得。”

堃石还在长春国际会展中心大饭店一楼大堂参加一次由吉林电视台都市频道《说实在的》、省慈善总会、东北亚萨满艺术馆共同举办的“元宵佳节献爱心，真情救助有难人”大型慈善书画义卖活动。他将筹得的善款如数交由省慈善总会用作专项救助基金，为一大批需要帮助的有难人点亮了生命之光。

四川汶川地震时，堃石及其弟子吴景山、陈艺书举行义卖，把所得款项全部捐给了慈善总会。青海玉树地震时，堃石现场挥毫为赈灾义画，曾在50分钟里作画三幅，筹得善款216339元，全部捐给了灾区。

要知道，此时的堃石已年近百岁了，为长春市捐助年龄最高的老人。他的行为，体现了一种境界，一种胸怀，一种品德。他的神来之笔和慷慨大方在社会上受到了广泛赞颂。

庄子说，彭祖活了800岁，不能算是高寿；小孩子刚生下来就死了，也不能算得上夭折。因为人总是要死的，关键在于人活着为天下万民做了些什么。埜石可谓上不愧天，下不愧地，中间不愧世上人。

此时已近黄昏，夕暮更迭就要来临。西天那一轮夕阳已失去了光亮，变成了一只巨大的灯笼，辉映着云天之下的大地，把大地上的万物染上了一层红色。晚霞收起最后一轮艳丽，渐渐沉没于幽暗之中，夜的帷幕开启，一切的人与物转眼之间变得朦朦胧胧。

这天晚上，吃完晚饭的埜石拿起报纸，只见第一版上方有几行醒目的大字：第29届夏季奥林匹克运动会于2008年8月8日至24日期间在中华人民共和国首都北京举行。

一向关心中国体育事业的埜石激动了，一些往事怒涛般在他的脑海里翻腾。他清楚地记得：72年前，也就是20世纪30年代初，他的老乡，先后在东北大学、北京师范大学、东北中正大学从事体育教育工作的刘长春先生成了第一位在奥运赛场上亮相的中国人。

刘长春（1909～1983年），辽宁金县人。擅长短跑，其技术特点是步频快、步幅大、动作向前性好。1929年5月31日至6月2日，在沈阳举行的第14届华北运动会上，一举打破100米、200米和400米三个短跑项目的全国纪录，成绩分别是10.8秒、22.4秒和52.4秒。1928年阿姆斯特丹奥运会100米冠军的成绩也是10.8秒，当时这些成绩非常令国人鼓舞。

1932年第10届洛杉矶奥运会上，日本帝国主义阴谋筹划派运动员代表伪“满洲国”参赛，企图通过体育赛事使伪政权合法化。消息传出，舆论哗然。迫于外界压力，当时的全国体协出面筹资，最后决定只派刘长春一人参加比赛。刘长春到达美国后第二天便仓促上阵，参加100米和200米赛跑，但终因旅途劳累，体力尚未恢复，在预赛时就出局了。

刘长春的落败固然反映出旧中国国际地位和体育水平的低下，但他的参赛在中国奥运史上依然具有划时代意义。史学家认为，刘长春参赛对粉碎日本帝国主义妄图分裂中国的阴谋起到了积极作用。

对历史记忆犹新的埜石还记得，七年前国际奥委会主席萨马兰奇在莫斯科举行的国际奥委会第112次全会上揭晓：北京市获得2008年奥运会举办权。萨马兰奇雄浑激昂的宣告声中只有一个名字：BEIJING！

北京市凭借其过人的优势，完美的陈述报告，在五个奥运会申办城市中脱颖而出，夺得2008年奥运会的举办权。时任中国国务院副总理李岚清在投票前向申奥代表团作陈述报告时，再次重申中国政府坚定支持北京申办奥运会的立场。他说，中国政府将信守在北京陈述报告中所作的所有承诺，并将尽一切努力帮助北京实现其承诺。

北京在首轮投票中获得了44票，多伦多、伊斯坦布尔、巴黎和大阪各得20、17、15和6票。大阪不超过10票，第一轮即被淘汰。

当天共有118名国际奥委会委员参加了投票。首轮有14名申办城市委员和萨马兰奇不参加投票，这样实际上只有104名委员投票，有效票为102张。第二轮有106名委员实际参加投票，有效票为105张。

北京申奥团陈述人之一、风度翩翩的何振梁激动万分，面对排着队上前祝贺的国际奥委会委员，他噙着泪花只能用默默的拥抱来感谢支持北京、支持中国的各国朋友们。

北京市市长刘淇与国际奥委会签订完2008年奥运会主办城市合同后步入新闻大厅，立刻被中外记者围得水泄不通。刘淇激动地说："这是一个值得庆祝的时刻，北京一定会举办一次成功的奥运会。"他还幽默地说，"我刚才签字的钢笔无比珍贵，我要永远保存下去。"

5月14日上午，埜石接受中央电视台专访。在老人的画室里，记者看到有一幅《群龙戏海图》，埜石指着这幅画说："在国画中虾有龙体的神韵，这幅画里的虾儿个个争上游，往前跑，意思就是祝愿中华健儿在北京奥运会上勇往直前，拼搏向上。"

接着，埜石又说："这幅《群龙戏海图》，我用了一周时间才完成。我想把这幅画送往北京奥组委，为中华健儿加油助威！"

埜石的话音刚落，就赢得了在场所有人的热烈鼓掌。

在焦急的期待中迎来了2008年8月8日，这是一个注定要被写进史册的日子。埜石吃完晚饭后，就早早地坐在电视机前。他盼望已久的时刻终于来临了，晚上8时整，北京奥运会的开幕典礼在形似"鸟巢"的北京国家体育场举行了。

埜石知道，在中国近百年来的运动史上，这是中国人在全世界面前扬眉吐气的时刻。在有四个"八"的良辰吉日举行的这场开幕式惊动了世界，她像一场中国文化的饕餮盛宴，庄严宣告着中国文化在世界舞台上的回归。

奥运会开幕式的场面很大，令人震撼，但给埜石印象最深的还是那个70米长、27米宽、徐徐展开的巨幅画卷和作为画芯的那张大写意中国水墨山水画。

先是舞蹈演员在上面边舞边写，勾勒线条，点染水墨；再由各国运动员踏上颜色，最后，放在整个场地的中央。这幅山水画从开场到结尾，贯穿其中。

中国文化源远流长，门类众多，在奥运开幕式这样一个举世瞩目的时刻，选取哪种艺术形式作为开场，不是一件简简单单的事情。这种艺术一定是最能代表中国传统文化的精神，同时也是最具有广泛影响力的。

这一荣誉落在了中国水墨画这一古老的艺术形式上。

据说，在奥运筹委会进行开幕式创意最艰难的日子里，他们曾多次到北京画院美术馆拜读前辈大师的名作，在先人的墨迹中寻找灵感。

作为一名画家，埜石认为用中国绘画作为中华民族文化代表的符号是有道理的，因为中国绘画是中国民族精神的最大表白，也是中国哲学思想最亲切的某种形式。所以，中国画在民族传统文化中有至高无上的地位。

此后的几天，电视机成了埜石的亲密朋友。奥运会的赛事他几乎场场必看，只要中国运动员得了奖，他就为之欢呼喝彩。他还向身边的年轻人讲述奥运会的故事，讲中国体育事业的发展，以激励年轻人积极上进和他们的爱国心。

埜石满怀感慨地说：1936年柏林奥运会上，中国申报了近30个参赛项目，派出了140余人的代表团。在所有的参赛项目中除撑杆跳高选手进入复赛外，其他人都在初赛中遭到了淘汰，最终全军覆没。中国代表团回国途经新加坡时，当地报纸发表了一幅漫画讽刺中国人：在奥运五环旗下，一群头蓄长辫、身穿马褂、形容枯瘦的中国人用担架抬着一个大鸭蛋，题为“东亚病夫”。从此，“东亚病夫”就成了外国对中国人的贬称。

埜石停顿了一会，接着提高声音说：“中国人民有志气。你看，现在我们不但彻底抛掉了‘东亚病夫’的帽子，我们还产生了那么多冠军，赢得了那么多金牌……”

本届奥运会快要结束了，作为一个中国人，埜石虽然不能到主办城市北京去感受奥运会给中国带来的感动，但是通过众多媒体，他已经感受到了奥运会给国人带来的热情，带来的一些良好的改变，以及振奋人心的奥林匹克体育精神。他认为这次奥运会是成功的，它向世界展现了国人积极向上、友好善良、聪慧文明的新风采。

为了纪念这次在北京举行的奥运会，埜石准备创作一幅画。只见他满怀激情地调笔、润色，然后在绵软的宣纸上错落点染，浓淡有致，寥寥数笔，一只虾便跃然纸上。少顷，又洋洋洒洒，几只你追我赶的大虾便出现在眼前，像在小河里游玩嬉戏，又像在大江中奋勇争先。

刘凤春将埜石刚刚画好的《虾蟹图》拿到地板上，大家正围着这幅画在默默欣赏时，一只狸猫悄悄地凑了过来，以为是为它准备的“美餐”，突然饥不择食地猛扑过去。结果“虾蟹”没有捕到，却把画纸给抓破了。

狸猫的突然“袭击”，把在场所有的人都给惊呆了。看到一幅珍贵的国画被抓破了非常惋惜，有人要去教训这只馋猫，埜石却嘿然一笑：“不能怨猫，说明我画的虾蟹还有点意思，要不然怎么能把猫引来呢？你们谁听说过画上的虾蟹被猫抓了，没有过，反正我没有听说过！”

于是，埜石把这幅画又拿回到案子上，提笔写道：“《虾蟹戏猫》，丁亥年秋月，白石弟子埜石九十六岁作。”

岁月荏苒，70多年来，埜石潜心研究齐白石的绘画技法，并博采众家之长，逐渐形成了自己的绘画风格。从花鸟鱼虫的国画到山水风光的油画，既融合了传统写意画的特点，又表现出了民间及西洋绘画的技法。

90多岁高龄的人，本该安享天伦之乐，过悠闲自在的日子，可埜石却像个充满童趣的孩子，整天手不识闲地玩“虾”弄“蟹”。年虽至老，心远未及。除了耳背，很难让人相信他的实际年龄。他走起路来铿锵有力，说起话来声若洪钟。他思路清晰，逻辑严密，数十年前的事情，仿佛就发生在昨天。

埜石的画，笔墨凝练，挥洒纵横，将水墨工夫发挥到了极致，给人以明朗、清新、简练、生气勃勃之感，并且具有鲜明的民族特色，达到了形神兼备、情景交融的境界，而且也加重了文人画的艺术境界，开创了具有新时代精神和生活气息的写意虾蟹图的新篇章。在他的作品中，洋溢着欢快、诙谐、倔强的生命力。

埜石常说：“一幅画只有拴住观赏者的脚，才是好作品。”也就是说当读者站在你的作品前流连忘返百看不厌时，你的作品才是成功的。在齐白石大师“妙在似与不似之间，太似为媚俗，不似为欺世”的绘画训言指导下，他一直坚持不懈地严格要求自己的每一幅作品。

为此，埜石的画在民间广为流传，部分作品流传到日本、韩国、美国、德国、新加坡等国家及港澳台地区，成了收藏家的珍品。尤其是他画的虾、蟹、白菜诸画，被收藏家称为齐白石再笔，已成为当今画坛一奇，艺苑一绝。因此，拜见他、采访他和邀请他的人越来越多，大有应酬不休之势。

有人问他：“齐白石是木匠出身，大家都知道。听说你是铁匠出身，是真的吗？”

“那还假得了。就因为我当过铁匠，白石老师才给我起了个艺名‘冶石’。冶石就是以石炼铁，冶炼成钢的意思。”

有人说：“在历史上，除了您，还没听说有铁匠变成画家的。”

“怎么没有？和白石老师同代人就有一个。”埜石笑着说，“他叫张仲飏，还有一个铜匠叫曾招吉，他们三人都拜在王闿运门下，并称‘王门三匠’……”

王闿运（1833~1916年），字壬甫，号湘绮，原籍湘潭，生于长沙。少时家贫苦读，有大志，后来终于学贯经史，成绩斐然，成为一代经学宗师。咸丰时中举人，曾任肃顺家庭教师，后入曾国藩幕府。1880年入川，主持成都尊经书院。后主讲于长沙思贤讲舍、衡州船山书院、南昌高等学堂。授翰林院检讨，加侍读衔。辛亥革命后，任清史馆馆长。

由于师傅王闿运的名气大，所以“王门三匠”的名声也远近皆知。同为一个师傅的弟子，但三匠的性情却截然不同：铜匠曾招吉平日里总是穿着一双高腰的缎面官靴，走起路来慢慢悠悠，迈着八字方步，尽量表现出自己是个读书人；铁匠张仲飏热心官场，一心想在仕途上有所作为，自以为满腹经纶，抱负不凡，常常在人前高谈阔论；木匠出身的齐白石与他们两位不同，害怕与官场打交道，看见当官的就躲在一边避而不见。所以说到“王门三匠”，知道“铁匠”、“铜匠”的不少，对“木匠”却知道的不多。

同是一人门徒，性格各异；同是铁匠出身，性格也各异。埜石的性格完全不像同属铁匠出身的张仲飏，反而更像木匠出身的齐白石，这大概就是平时人们所说的“近朱者赤”吧！

第八章　盛世殊荣

> 埜石：活多大岁数？这个事我不敢说，听天由命，天老爷照顾你，你就多活几年；天老爷不照顾你，你就没有办法。你看我这手，哪个一百来岁的手能这样啊？这个眼睛，就是掉在地上一点点东西也能看见。手眼不合，你连筷子都拿不了，还能画画？

启动“环球行”

这一年是戊子年，阴历十一月二十四日是埜石的97岁诞辰。然而，他在这一年的画作上竟签注99岁。是老人糊涂了，还是书家记述有误？经深入探究，原来这里边是有故事的。

原因来自于埜石的老师齐白石。齐白石在63岁那年的2月生了一场大病，七天七夜人事不知，待苏醒过来，浑身乏力，疼痛难忍，直至月余，才能起坐。冥冥之中，他忽然想到莫非此年是个“坎儿”，从此就算熬过去了？果然大难不死，奇迹再现，他又活了三十多年。

早年在湖南长沙时，有人曾给齐白石算过八字，说他“丁丑年，脱丙运，交辰运”。又说，“辰运，丁丑年三月十二日交，壬午年三月十二日脱。十二日戌时，是交辰运之时。交辰运时属龙属狗之小孩宜暂避，属牛属羊之大人亦可不近。宜用瞒天过海法。”

“瞒天过海”，字面意思是瞒住上天，偷渡大海。比喻用谎言和伪装向别人隐瞒自己的真实意图，而在背地里偷偷地行动。清人将“瞒天过海”收进《三十六计》中，作为“三十六计”的第一计。其实，“瞒天过海”之计策，古人早有使用，而“瞒天过海”这一词语的形成，或与元人所撰《薛仁贵征辽事略》中薛仁贵设计让唐太宗渡海的故事有关。

对于齐白石来说，“瞒天过海”就是“这年本是七十五岁，可称为七十七岁，天增一岁，地给一岁，即为逃过七十五岁之一劫矣。”

从此，也就是从丁丑即1937年起，齐白石的年龄就虚加了两岁，算作77岁了。这个做法，一直延续其年老寿终。

即将突破白石老师寿命的埜石也是这样，为了避劫逃灾，他采用白石老师的“瞒天过海”之法，把自己的年龄也天增一岁，地给一岁，虚加两岁，所以97岁就变成99岁了。此后，在他画作的落款上常常看到虚加两岁的年龄，如在97岁的一幅《蔬菜图》上自署“白石弟子埜石九十九岁之作”等。

11月18日至22日，为庆祝埜石九十九岁寿辰，“当代白石”埜石画展在长春名门酒店举行，吉林省原政协主席张岳琦、原人大常委会副主任李玉堂，省文化厅、省文联、省美协等单位负责人及埜石的好友、学生等近百人参观了画展，向埜石老人贺寿。

这一天，虽然阳光灿烂，但北风刮得很紧。室外有点凉了，而展览大厅里却温暖宜人。四面墙上挂着几十幅埜石的作品，显得文化气息甚浓。大厅里的人熙熙攘攘，但却安静无声，走动有序。在一幅《虾蟹图》前站着好几个人，其中有男有女，有老有少。

一位白发苍苍的老翁指着一幅画评论道：“我一生最喜爱齐白石的画，不论是齐白石的画展还是齐白石的画册，只要有机会我都会去看。听说这个画展是齐白石弟子办的，所以我早早就赶来了。果然名家出高徒，你看这虾和蟹画得多好啊，虾是透明的，蟹非常坚硬，能让人感觉到扎手。这哪像99岁老人画的，如果不署名是埜石画的，我还以为是齐白石的大作呢！”

老人边说边陶醉着，陶醉在水墨彩色里，陶醉在艺术殿堂中。他的话引来了越来越多的观赏者，连摄像记者也被吸引来了，有的抬起眼睛看，有的竖起耳朵听，有的支起相机照，好像这幅《虾蟹图》里隐藏着什么奥秘似的。

再过二十天，埜石就迎来了99岁生日，他的弟子准备为他举办一次寿宴。别看埜石已90多岁了，但身体依然健朗，作画时完全借助自然光线，且眼不花、手不抖。他的弟子自豪地说，师傅最近的体检结果显示一切正常，通常老年人易患的“三高”症他都没有。

提起埜石这健康的身子，不能不说说他的养生之道。他热爱艺术，逢天气好、心情好，他会在上午作画一两幅，下午一般不作画；闲暇时间，他有一整套自编的保健操，用来舒展筋骨，高兴的时候还会哼点他那个年代的小曲，但没有人能听懂他哼的什么内容；他自己的衣物、床铺完全自己整理，哪怕住在宾馆也不用服务员整理床务；每天三餐定时定量，以清淡为主，偶尔吃点肉，不吃辣的、甜的、咸的，不抽烟、不喝酒。

埜石老人常说：“起居规律，不抽烟不喝酒，酸的、甜的、辣的，少吃；苦的，多吃。”

多吃苦有益身体是有一定科学道理的，因为苦味食品中所含的生物碱具有消暑清热、促进血液循环、舒张血管等药理作用。尤其是夏天，适当吃些苦味食品，不仅能清心除烦、醒脑提神，且可增进食欲、健脾利胃。

其实，埜石所说的“苦”是一语双关：吃过苦，方知甜；吃得苦中苦，方为人上人。希望我们每个人都能够真正理解和做到埜石所说的话，只有这样才能活得长寿，活出精彩！

2010年6月26日上午，在和煦的阳光下，长春宾馆门前彩旗飘飘，鼓乐喧天，“齐白石百岁弟子埜石传承齐派艺术环球行”启动仪式在这里举行。从这一天开始，埜石将以百岁之身漂洋过海，前往国外有华人居住的地方，传承恩师齐白石的国画艺术。

在启动仪式现场，老人泼墨作画。他画的是一幅《群虾聚会》，不一会儿，一群活蹦乱跳的大虾就跃然纸上。

这幅画中共有九只虾，虾的触须密密麻麻重叠在一起，形象鲜活逼真。埜石笔下的虾十分传神，虾头专门用浓墨点染，这样就突出了虾身的透明质感。他的虾绝不呆板，每一只都不一样，不仅活泼、灵敏、机警，而且富有生命力。

由于埜石掌握了虾的特征，所以画起来得心应手。虾头上的三笔，有墨色的深浅浓淡，表现出一种动感。左右一对浓墨眼睛，脑袋中间用一点焦墨，左右两笔淡墨，于是使虾的头部变化多端。硬壳透明，由深到浅。而虾的腰部，一笔一节，连续五笔，形成了虾腰节奏的由粗渐细。

用笔的变化，使虾的形象呈现各种异态，有躬腰向前的，有直腰游荡的，也有弯腰爬行的。虾的尾部也是三笔，既有弹力，又有透明感。虾的一对前爪，由细而粗，数节之间直到两螯，形似钳子，有开有合。虾的触须用数条墨线画出，长短细密，十分逼真。

埜石的弟子吴景山说："画虾看似容易，实则极难：画得活，则虾之生命自出；画僵了，也就失去了生命。虾须的线条似柔实刚，似断实连，直中有曲，乱中有序，纸上之虾似在水中嬉戏游动，触须也像似动非动。"

埜石这位饱受中国传统文化熏陶的齐派弟子，多年来一直谦虚好学，几十年如一日，潜心研究白石大师的绘画技法，孜孜不倦地进行艺术追求。他曾表示："我不到一百岁，决不出山。"如今，作为百岁老人的他认为时候到了，要潇洒走一回。

虽说埜石早已功成名就，很多作品被国内外博物馆艺术部门珍藏。然而，多年来他一直被一个诺言和梦想所缠绕，那就是一定要在有生之年走遍天涯海角，亲身弘扬齐派画艺。他说："这是我无数次对师傅表过的誓言和心愿，不达此目的，死不瞑目。"

中国著名的蒙书《弟子规》说："恩欲报，怨欲忘；报怨短，报恩长。"知恩感恩，是一个人的生活态度，是生活中的大智慧之一，是一种善于发现生活中的种种感动并能享受如此感动的思想境界。埜石感恩报恩的方式就是倾情、倾心、倾力地去弘扬白石老师的艺术。

埜石的众多徒弟对恩师的心愿都感动不已，想方设法通过各种途径帮助老人实现这一心愿。其中吴景山多年来一直为促成此事而积极努力，先后与日本、韩国、美国、德国、新加坡等国家以及港、澳、台地区的政府部门和文化艺术团体沟通联系，终于在埜石百岁之年促成了他的环球行壮举。

吴景山，生于1932年，吉林长春人。1965年毕业于吉林艺术学院，曾任《吉林日报》社记者、吉林人民出版社美编。在吉林省文联任职三十余年，现为中国当代书画名家协会理事、青少年艺术教育协会名誉会长。1996年被借调到中华文学基金会深圳创作之家，长期深入特区进行专业创作。多次参加全国各种美术展览，并荣获大奖。

在启动仪式现场，已近古稀之年的吴景山欣喜地告诉记者："经过全面细致的体检，老师的身体一切正常，十分健康，完全可以远涉重洋。我将全程陪同老师完成这次壮举，首站上海，按计划随后前往台湾，之后到日本、韩国、美国等地。”

百岁老人埜石环球弘扬齐派艺术活动，得到了吉林省和长春市宣传部门的重视和支持，在启动仪式现场，长春市委宣传部文化产业办公室主任赵建华表示：

> 中国是文化大国，五千年的文明源远流长，中国书画以独特的表现力和艺术感染力浓缩了整个中国文化史。埜石老人以百岁之身漂洋过海，弘扬中华民族博大精深的文化，是中华民族的骄傲，更是长春的骄傲。我希望老人将充溢着当代中国民间质朴、欢乐生活情趣、饱含民间艺术活动的齐白石艺术远播海外。

6月27日上午9时，阳光灿烂，晴空万里。埜石偕三名徒弟像唐僧西游那样飞往此次“百岁老人环球行”的首站上海。《吉林日报》记者作为唯一受邀的平面媒体记者，将随同老人一起飞往上海，见证百岁老人环球弘扬齐派艺术的壮举。

上海简称“沪”或“申”，是中国第一大城市和四个中央直辖市之一。因位于中国大陆海岸线中部的长江口，拥有中国最大的外贸港口、最大的工业基地。上海市是中国的经济、金融、贸易和航运中心，有两千万以上的人口居住和生活在这一地区。上海创造和打破了中国世界纪录协会多项世界之最、中国之最，世界博览会将在这里举办。

世界博览会是人类文明的驿站，也是举办国充分展示综合实力的盛会。自1851年伦敦的“万国工业博览会”开始，世博会正日益成为全球经济、科技与文化界的奥林匹克盛会，成为各国人民总结历史经验、交流聪明才智、体现合作精神、展望未来发展的重要舞台。

具有悠久东方文明的中国，是一个热爱国际交往、崇尚世界和平的国度。中国取得了世博会的举办权，这将是注册类世界博览会首次在发展中国家举行，体现了国际社会对中国改革开放道路的支持和信任，也体现了世界人民对中国未来发展的瞩目和期盼。

6月29日早晨，小雨不停，雨丝如筛子筛过的一样又细又密，不紧不慢地下得很执着。南方的雨和南方人的脾气差不多，一开始都比较软绵，逐步由小到大。9时许，埜石一行在世博园二号门买了票，正准备排队进入世博园展馆时，雨点像喜极而泣的泪珠突然变得大了起来，眼前的景色变得模模糊糊。

看到老师的衣服被雨水淋湿了，三个徒弟的心都提了起来，紧急商量后，决定以师傅的身体为重，立即返回宾馆休息。

没想到百岁老人埜石却用力挥动一下他那打过铁的手臂，毫不犹豫地大声说：“来都来了，既来之则安之，走!”

埜石说完，便在摇摆不定的雨帘中大踏步地向世博园展馆走去。

在上海黄浦江畔5.4平方公里的世博园区内，五大场馆分别为独立馆群、联合馆群、企业馆群、主题馆群和中国馆群。其中独立馆的建筑群将集中在黄浦江边，每栋建筑都由一个国家出资建设，用于展示该国的科技成果；联合馆建筑群中的一部分将由一些国家联合建造，另外一些建筑将由中国出资建造，届时租赁给参展国使用；企业馆建筑群将成为国际参展商参展的场所。纵观整个世博园的建设，均体现着“科技世博”、“生态世博”的理念。

在世博园入口处，安检人员看到一位白发苍苍、身体瘦削的老人后，就好奇地询问起来：“请问这位老人家多大年纪啦？”

埜石笑眯眯地伸出一根手指，又用另一只手握成拳头，使劲地挥动两下。

“一百岁？不会吧!”

“没错，老爷子一百岁了！”

当吴景山作出肯定答复后，这名既充满激情又极端负责的安检员当即把这件事通报了他们的领导。随后，他们就送来一辆轮椅，将埜石搀扶坐上去，并询问老人的身体状况。

工作人员告诉记者：“世博园已经好长时间没来过百岁寿星了，根据我们所掌握的信息，这是今天年龄最大的参观者。”

10时许，埜石随着络绎不绝的参观队伍走进中国国家馆。

中国馆建筑外观以“东方之冠”的构思主题，表达中国文化的精神与气质。国家馆居中升起、层叠出挑，成为凝聚中国元素、象征中国精神的雕塑感造型主体。地区馆水平展开，以舒展的平台基座形态映衬国家馆，成为开放、柔性、亲民、层次丰富的城市广场。二者互为对称、互相补充，共同组成表达盛世大国主题的统一整体。国家馆、地区馆功能上下分区、造型主从配合，空间以南北向主轴统领，形成壮观的城市空间序列，形成独一无二的标志性建筑群体。

中国馆内最让人震撼的内容是：智慧的长河——动态版《清明上河图》。

《清明上河图》的原画长528厘米，高24.8厘米，最早的版本为北宋画家张择端所作，现藏于北京故宫博物院。这幅描绘北宋京城汴梁及汴河两岸繁华景象和优美风光的长卷，采用散点透视的构图法，将繁杂的景物纳入统一而富于变化的画卷中，画中主要分为农村和集市两部分。往来人物衣着不同，神情各异，栩栩如生，其间还穿插各种活动，注重情节，构图疏密有致，富有节奏感和韵律的变化，笔墨章法都很巧妙，颇见功底。

中国馆内的《清明上河图》以动态的形式演绎着灿烂的中华文明，中华智慧源远流长，文明传承永不停息。在一条滔滔大河的对岸是《清明上河图》的真实景色，其中的人物、船只、车辆、骆驼和马匹等都动了起来。在繁华市井中，那叫卖声、吆喝声、鸟鸣声、船工的摇橹声、大河里的哗哗流水声……一派繁华的贸易景象，让人目不暇接，仿佛就在身边，如临其境。

进入中国馆，埜石被那里雄伟而庄重的气势深深震撼了。他挥了一下手，对他的徒弟们说：“到地方了，快把我的画拿出来，我要献给上海世博会！”

三个徒弟立即将“齐白石百岁弟子埜石传承齐派艺术环球行世博献画”的红色条幅在中国国家馆门前展开，立即吸引了世博园内路过此处的游客，大家蜂拥而来，很快把埜石团团围住。

埜石从包里拿出精心画就的《群虾聚会图》，在众多游客的注视下缓缓展开。

这幅作品中有几十只虾，头皆朝左前方，不见水流，却似只只顺水而去，在水中活泼、灵敏、机警地游动着，很有生命力。虾身健劲有形，姿态各异，长臂钳重叠交叉，繁多的长须和成排的小腿，无一累赘，活灵活现，特别是薄壳包裹躯体的半透明感，神完气足，形神兼备。

人群中赞声一片，随即掌声四起。许多人不知道中国馆门前发生了什么事，纷纷好奇地赶来观看，人越聚越多，当大家听说是来自吉林长春的百岁画家埜石以齐白石现今唯一在世的真传弟子身份为上海世博会献画后，便面带惊喜的神情不约而同地热烈鼓掌予以致敬。

埜石的爱国情结，引起了“世博之父”蒋一成先生的关注并题词高度赞扬。世界文化总会会长范光降先生特邀埜石参加“欢聚世博，中华诗书画优秀作品巡展”开幕式，并题词“崔老先生画虾不在白石山翁之下”。

埜石为能参加上海世博会而感到自豪，为能在世博会上献画而感到荣幸。他认为，世博会在上海举行是理所当然的，改革开放以来，上海发生了翻天覆地的变化，不但环境变得更卫生了，更美丽了，而且城市建设得也愈来愈好。继奥运会之后，这是第二个让中国人激动的盛会。他相信上海世博会一定也会像北京奥运会那样圆满成功，变得让其他国家难以取代的境界，为中国人民争光！

建立白石艺术研究院

深圳，又称“鹏城”，地处广东省南部，东临大亚湾与惠州市相连，西至珠江口伶仃洋与中山市、珠海市相望，南至深圳河与香港毗邻，北与东莞市、惠州市接壤。全市总面积1952平方公里。原为宝安县治，1979年宝安县改为深圳市，1980年设置经济特区。

靠近北回归线的深圳，秋天依然很炎热，根本看不到“一叶知秋”的景况。这里的树木四季常绿，鲜花四季常开。第一次潇洒走南方的埜石，马上脱掉外套，迫不及待地和他的弟子一起访问这座久已慕名的改革开放前沿城市。果然名不虚传，这里到处都洋溢着改革的春风，到处都有“春天的故事”。

埜石发现，这座新兴城市非常繁华，高大雄伟的天桥，来往湍急的车流，熙熙攘攘的行人，完全是北方所看不到的。市容也很漂亮，高楼大厦林立，建筑风格迥异，外墙涂料鲜艳，绿化都经过精心的人工修饰，百货商城被装饰得富丽堂皇，大街上口音各异的青年都穿着在内地罕见的奇装异服。这个城市的面积在不断扩大，因为城市新，周围都看不到太旧的建筑，越发显得城市的生机与活力。

埜石拉开客房的窗帘，深圳的市景便破窗而入，不远一座巍巍然摩登然的高大建筑尤为显眼，这就是坐落于深圳市人民南路与嘉宾路交点罗湖商业区中心地段的国际贸易中心大厦。这是一座由中国人自己设计、施工和实施物业管理的综合性多功能超高层建筑，占地面积两万平方米，建筑面积十万平方米，素有“中华第一高楼”之美誉。

国贸大厦是“深圳经济特区的窗口”，是“中国改革开放的象征”，也是深圳接待国内外游客的重要景点。党和国家领导人邓小平、江泽民、李鹏等先后光临过国贸大厦，国际政治要人尼克松、老布什、海部俊树、李光耀、加利等也先后到过国贸大厦访问。

11月9日，埜石的画展在位于福田区景田路的深圳商报大厦举行。他带来的近两年创作的50余幅国画精品，将同深圳的美术爱好者见面。更加难得的是，人们还有机会亲眼观赏这位百岁老人的风采和他现场挥笔作画。

这次画展内容十分丰富，题材有虾有蟹，有鸡有鹰，有梅有兰，有竹有菊，还有秀山、飞瀑、白雪、青松等。其中百岁之作占很大比重，如《菊芳蟹肥酒正香》、《鱼游莲塘》、《五子登科》、《群虾聚食》、《鹰栖青松》、《月夜梅兰》、《牵牛花》、《长白飞瀑》、《菊棚雏戏》、

《雁阵斜飞暗带秋》等都是他的百岁之作。

《菊芳蟹肥酒正香》是一个八平方尺的立轴。画面右侧有几朵盛开的菊花，下方有一瓶陈年老酒，酒瓶旁边有两个酒杯，两只河蟹。这幅画造型生动，情调雅致，淡彩焦墨，笔笔酣畅。黄菊枝叶以水墨晕写，而红菊却以青叶相衬，杆加赭色。两菊虽枝叶交杂，却密而不乱，层次分明。干笔疾劲，勾出怪石，白花矮丛使画面稳定平衡。背景虽无他物，却充满空寥寂静之意。整个画面冷隽峭秀，傲岸清高，反映了画家自身的性格。

《鱼游莲塘》也是一个八平方尺的立轴。画面上有两朵莲花，四片荷叶，一尾黑鲤鱼和一尾红鲤鱼一前一后地在水中游动。莲与“连”同音，鱼与“余”同音，运用“莲”与“鱼”的谐音即成了“连年有余”的吉祥图案，表达了人们对丰衣足食的祈愿。埜石画莲和鱼，注重用笔，通过运用手腕的力量来控制笔锋落纸的速度和色彩的分布，使其线条流畅，色泽浓淡相宜，色块层次分明，画面立体感强，极富生命力，给人一种栩栩如生的感觉。

《五子登科》是一个八平方尺的横幅。画面上的公鸡和母鸡一左一右呵护着它们的孩子，五只小鸡在铺了一层白雪的草地上啄食嬉戏。以淡墨渲染出雏鸡之形，以浓墨点出了头和翅，虽为写意但形态逼真，仅寥寥数笔却将雏鸡之憨态可掬、小巧玲珑的趣味尽显无遗。画面整体构图洗练，笔法老到简劲，于简洁之处可见画家在写意禽鸟画上的深厚功底。

当然，埜石的代表作应该是他的虾图，虾是他笔下最写实的对象之一。他画的虾体现了高度的笔墨技巧，在表现了水墨、宣纸的独特性能外，又将虾之质感表现得淋漓尽致。白色的宣纸上，五六只虾就布满了画面，虾须、虾头、虾身、虾尾，笔笔写意，特别是那虾的两条带钳的大足，更是形象生动。墨在纸上浸润之色，更显虾体晶莹剔透之感，真是神来之笔。

本次画展既是埜石艺术生活中的一件大事、好事，也是深圳美术界、文艺界的一件幸事、喜事；既是埜石多年来的愿望，也是深圳美术界的共同期盼。本次展出的作品，系统地反映了他在美术事业上所取得的成就，表达了他热爱祖国、热爱人民、热爱生活的真情实感，反映了他深入生活、潜心创作、勇攀高峰的艺术精神，展示了他在美术研究、美术创作方面的独到见解和精到的技法，深获专家和观众的好评。

2011年，埜石进入百岁高龄了。

一百岁，称期颐之年。“期颐”，源于汉时戴圣所辑的《礼记·曲礼篇》：“人生十年曰幼，学；二十曰弱，冠；三十曰壮，有室；四十曰强，而仕；五十曰艾，服官政；六十曰耆，指使；七十曰老，而传；八十九十曰耄……百年曰期颐。”意思是人生以百年为期，所以称百岁为“期颐之年”。

2月中旬，埜石从报纸上看到一条令人注目的消息：110岁的老画家晏济元逝世。古语道：“人生七十古来稀。”他的师父齐白石活到了95岁，离百岁只差五岁，实属不易。他本人虽然超过了白石老师的寿数，但和晏济元先生相比，还短十岁。

如此想来，他既自愧弗如，又陡增信心。

晏济元名平，别号素贞老人、老济、济公、江洲散人，生于1901年，四川内江人。曾祖父是道光时期的进士，父亲是清末秀才，擅长书画、治印。受家庭影响，他七岁跟随父亲学习书画。

然而，20世纪初那个动荡的年代令晏济元无心学画。他毅然放下用惯了的画笔，改学机械专业，想通过技术报效祖国，为此还东渡日本留学，直到抗日战争爆发才返回祖国。

新中国成立后，晏济元在中国民航重庆分局找到一份技术性工作，画笔一放多年，直到20世纪60年代应中国文联主席郭沫若之邀为毛泽东主席七十寿辰创作一幅国画《红日青松图》，他才重操画笔。1979年，他开始焕发艺术“第二春”，陆续创作出无数丹青巨作。

在晏济元百岁传奇人生中，他与国画泰斗张大千从童年开始的友谊一直为世人津津乐道。他们一同学画，一起参加画展。1930年，他以仿石涛作品《人语响孤峰》、张大千以一幅《荷花》，参加了柏林中德美术作品展，从此声名渐显。

晏济元除了跟父亲学习绘画外，还学习古典诗词、魏晋书法，并在求学中博览古今书画群籍，钻研理论技艺，走上了书画艺术的大道，树立了自己的风格。他独具深厚的学识与高旷的艺术境界，涉足甚广，诗、书、画、印四位一体，他在绘画中强调书法与画法的关系，认为书画同源，互为其根，画是书理，书是画法。

晏济元的作品无论是山水、人物、花鸟、走兽、草虫，还是书法、篆刻、工笔、重彩、泼墨、写意、白描、双勾，无所不精，无所不长，在我国当代书坛画苑中堪称德高望重。为追求艺术高峰，他信心百倍，不落晚气，是艺术高超的书画大师。在近一个世纪的艺术生涯中，同郭沫若、张大千、张善子、于右任、何香凝等交情深厚，从艺一生，影响甚巨。

晏济元是开飘逸洒脱之晏氏画风的一代宗师，其画不仅在国内影响甚大，在美国、日本、新加坡等国家和香港、台湾地区亦有广泛影响。1964年，在北京政协礼堂举办画展，朱德委员长观看后称“海外有个张大千，国内有个晏济元”。1993年，晏济元在北京军事博物馆举办画展，引起轰动。此后，又在香港、上海、汕头、顺德、深圳等地展出，均大获成功。

晏济元是中国美术家协会会员、重庆国画院名誉院长，曾任重庆美术家协会副主席、重庆国画院副院长等职。

这年的2月10日晚7时许，年高体弱的晏济元因重度肺炎、冠心病等引起的高血压和呼吸衰竭，经抢救无效，在四川省人民医院不幸逝世。

俗话说：“画家多长寿，寿自笔端来。”自古迄今，书画家长寿的很多，历史上负有盛名的颜柳欧赵四大书法家，其中三位都年逾古稀。颜真卿活了77岁，欧阳洵活了85岁，柳公权则享88岁高寿。著名书法家文征明活到90岁高龄，梁书同更是寿至93岁。现代书画家长寿的更多，年逾百岁的不乏其人。

书画有益于身心健康，这与习书作画时的专心致志、心无杂念、性格开朗、从容温和有一定关系。每作一幅书画都得构思，还要动手，手脑并用。古今名画有的表现花草树木，有的描绘飞禽走兽，有的再现名山大川，有的刻画古今人物，有的展示祖国新貌，各具神韵。要使作品表现得惟妙惟肖，作者必须置身于画境之中。当作品完成后欣赏时，不仅可以看到自然美，而且还可以领略劳动美，创造美。

“宽心只有数行字，绘画也致寿百龄。”可见书法和绘画不仅能够陶冶人们的情操，而且也有愉悦人心的功德能量。千百年来，书画艺术久盛不衰，其原因就在于它对身心健康大有裨益，能延年益寿。

埜石对自己的人生有一个规划，那就是要打破晏济元老先生的纪录，争取比他多活十岁，即120岁。此时，他忽然想起一直封存心底秘不示人的那方齐白石送给他的镌刻着“人长寿”三个篆字的石印。时至今日，他似乎才破解其中的奥秘，那就是齐派文化是长寿文化，齐派艺术是养生艺术，他作为齐派的门人应该长寿，这大概也是有些人追求和热衷于收藏齐白石作品的原因所在。

由于坚持不懈地弘扬齐派艺术，埜石虽然年已过百，身体依然强健，仍表现出永不消褪的蓬勃朝气。他不像元人陈浩所说的“人寿以百年为期，故曰期；饮食起居动人无不待于养”，他不但不让别人养，反而能生活自理，还能老有所为。他依然在不停地作画，一直为社会做奉献。也正是因为勤劳善良，他才多福多寿。

位于长春市中心人民广场（人民大街76号）的吉林省宾馆，建于1958年，占地近五万平方米。因地理位置优越，功能齐全，环境幽雅，设施完善，交通便利，八年前被国家旅游局评为三星级宾馆。目前，宾馆有大中小会议室二十余个，是会议、商务、旅游的首选之地。

4月29日，齐白石艺术研究院揭牌仪式在吉林省宾馆的大会议室举行。原吉林省副省长杨庆才、吉林省文联主席张笑天和长春市及各区有关领导，企事业单位领导，各艺术院校的领导、教授、画家、书法家、企业家近百人参加了开幕仪式。

长春齐白石艺术研究院是经中国当代书画名家协会批准后设立的一个研究机构，旨在纪念白石、研究白石、光大白石的精神，同时组织开展书画艺术创作、书画作品展览等活动。院长由齐白石再传弟子、国家一级美术家吴景山担任，齐白石弟子埜石和杨庆才、张笑天为荣誉院长。

杨庆才同志在会上发表了重要讲话，鼓励书画界的老同志再接再厉，不断提高书画艺术技巧，做到老有所学、老有所乐、老有所为，并发扬以老带新的作用，做好传承和培养书画新秀，使这门传统艺术后继有人。

张笑天在讲话中强调，当前正是文化创意产业大繁荣大发展的时代，文化工作者要紧跟时代步伐，讴歌主旋律，深入现实生活中去，使文艺更好地为社会服务，为人民群众服务，为实现科学发展观，为实现中华民族伟大复兴做出自己的贡献。

齐白石艺术研究院的成立是齐白石弟子、101岁的老画家埜石多年的愿望和企盼。他从21岁拜齐白石为师后，经历80多年的风雨历程，尽管拜师学徒的岁月已成为十分遥远的记忆了，但他始终潜心研究白石老师的绘画笔法，勤学苦练、笔耕不辍，练就了一套真功夫。尤其在虾、蟹的表现上，活灵活现，别具一格，得到了广大爱好者的赞赏。

埜石深有感触地说："谈白石老人的绘画艺术，是一个很大的题目，从白石老人在世时直到今天，有无数的专家学者在研究齐白石。从我对白石老师几十年的研究来看，认为白石的绘画艺术主要有两点，即：'似与不似'；'我行我道'。"

齐白石有一句非常经典的画论，那就是："作画妙在似与不似之间，太似为媚俗，不似为欺世。"这句话是齐白石与胡佩衡论画时随口讲出来的，他当时并没有觉得此言有多么重要，但这句话恰恰是他艺术的精髓。

"作画妙在似与不似之间，太似为媚俗，不似为欺世。"这句话本身理解起来并没有什么难度，从字面上就能明白它的意思。后来齐白石在与他的学生交谈时对这句话又作了补充，他说："作画要形神兼备，不能画得太像，太像则匠；又不能画得不像，不像则妄。"匠，就是匠气，就是格调不高；妄，指不合实际，超出常规。

齐白石不仅倡导形神兼备，而且身体力行去实践，把自己的说法努力统一到他的绘画中去。在他的作品中"似与不似”的例子比比皆是，比如：他笔下的花草虫鱼可以画到异常逼真的地步，也可以把桃子画得像箩筐一样大。他就是在似与不似之间尽情抒发自己的情感，夺其神韵，营造出异彩纷呈的大千世界。

齐白石的另一个绘画特征就是“我行我道”，即我用我自己的方法，我走我自己的道路。

齐白石57岁定居北京，在卖画受阻、陈师曾劝说等多种因素下用了将近十年的时间进行“衰年变法”，终于冲破了前人的羁勒，破茧而出，开创出极具个人风格特征的“红花墨叶”派，他的艺术也因此进入了“一花一叶扫凡胎，墨海灵光五色开”的至高境地。

齐白石的“我行我道”主要表现在从民间文化中汲取营养，给传统绘画注入了无限生机，对传统的突破具有划时代的意义。他的作品存世量有三万多幅，但内容千变万化，张张有新意，幅幅不相同；他的画取材百无禁忌，化平凡为神奇，将散发着泥土芬芳的“民间味”融入到传统的文人创作中，使自己的艺术达到了俗极雅来的至高境地。他的画不造作、不勉强、不玄虚，真切朴实，轻松幽默，洋溢着浓郁的乡情、乡思和乡愁。

埜石不但虔敬继承了白石老师的技法，而且还把白石老师的技法代代相传，发扬光大。吴景山拜埜石为师也有五十余年了，在吸收师傅艺术精华的同时，在绘画方面对齐派技法也进行了广泛的探索。在人物、山水、花鸟等方面都取得了可喜的成绩，其作品多次在国内外参展，出版过多部专著。

“积力之所举，即无不胜也；众智之所为，即无不成也。”为了弘扬齐白石的绘画艺术，为了完成埜石老师思之已久的心愿，吴景山做了大量的实实在在的筹备工作。在政府有关部门的大力协助和各阶层人士的无私援助下，齐白石艺术研究院终于坐落于北国春城。

新任齐白石艺术研究院院长的吴景山在会上表示将利用白石艺术院这个平台，努力团结书画界朋友，经常开展交流合作，取长补短，以传承齐派艺术为宗旨，努力发扬光大，不断创新，使齐派艺术走出国门，走向世界，展示中华书画艺术的独特魅力，并以慈善事业和公益活动为基点，关注和帮助弱势群体，促进社会和谐。

走进央视

2012年，对埜石来说是个很有意义的一年。

这一年，他在北京军事博物馆和大连香洲花园酒店举办了画展，拜访了齐白石的重孙齐秉颐，并获得其题词“师伯笔下有法，有师法，深得白石老人之法”。为纪念辛亥革命一百周年，1月12日在中央电视台二频道播出了题为《崔广五》的访谈节目。现将该节目的台词作为历史资料辑录如下：

主持人：大家好，欢迎收看由合唱团独家冠名的央视大型励志谈话节目《奋斗》。我是阿丘。

我们小的时候经常写作文，说到时间的时候

了，总喜欢用两个词，什么光阴似箭、岁月如梭呀。如果说时间，说一百年的话，不知道电视机前的观众，你能想到什么。今年，当然今年是这个辛亥革命一百年，百年了，那如果把百年放到一个人的身上，会是什么样一种感受呢？我告诉你，今天我们这位嘉宾呢，就是一位百岁的老画家，在他上场之前，我先介绍一下，今天的两位我们特邀的观察员：中门集团董事局主席，中国侨联青年慈善基金发起人，陈驰先生，掌声欢迎。著名的美术评论家，首都师范大学美术史论系主任，于洋老师。今天的嘉宾是一位百岁的画家，可能他的名字你听过，也可能没听过，那这样吧，先来认识一下他。

［崔广五简介］

他是年已百岁的老寿星，他是齐白石大师的弟子。他深得齐门真传，虾蟹栩栩如生；他深受画界好评，作品广为流传，他年事已高，但是坚持创作，灵感不断，他容颜渐老，但是身心健康，吃饭嘛香。这像是梦幻，这如同奇迹。可是他就在我们面前，他正迎面向我们走来。莫道人生无百岁，须知草木有重春。他就是齐白石亲传弟子，百岁画坛大家崔广五。掌声有请崔广五老人。

主持人：百岁老人听多了，但今天第一次这么面对面的见百岁老人。您是？

陈艺书：他的徒弟。

主持人：崔老的徒弟。从哪来呢？

陈艺书：吉林省长春市。

主持人：长春市。您是崔老先生的大徒弟？

陈艺书：算是大徒弟吧。

主持人：我想确认一下，崔老是咱们齐白石老先生的，唯一的一个……

陈艺书：应该说现在是齐白石大师，现在在世亲传弟子，只有他自己了。

主持人：崔老，刚才我看，你看在我们拍录像的时候，您一个人能画画、走路，啥事都没有，根本就不像是一个百岁老人。

崔广五：我是1911年十一月二十四日（出生）。

主持人：1911年的十一月二十四日。

陈艺书：明天就是一百周岁。

主持人：哎哟，明天就一百岁了。

崔广五：我是（辽宁省）营口市人。

主持人：营口啊。崔老，您父母亲是做什么的？

崔广五：我父亲是教育界的。

主持人：教私塾的。

崔广五：过去的教员。

主持人：教员，嗯，妈妈呢？

崔广五：母亲没有文化，家庭妇女。

主持人：您从小喜欢画画，是受父亲的影响吗？

崔广五：因为我14岁学铁匠的。

主持人：铁匠。

崔广五：学铁匠。

崔广五：铁匠炉呢挨着画匠铺，因为我老往画匠铺跑，我就（喜欢）练画。完了就有一个老头，姓李，叫李明刚，他说你（拜老师）得了呗，我说那好，我给他磕头。他是雕刻、绘画、塑像全会，就是这么地，完了油画，油画就是画毛主席，那时候就是画毛主席。感觉后来呢，我这不练国画了嘛，我就从这个报纸上，看到有齐白石的画，那个虾，我就剪下来了，剪下来我就一个劲的临摹呀。

主持人：临摹。

崔广五：临他的两个虾，两个虾临得（差不多）了，就在窗户外，有一个姓关的。

主持人：姓关的。

崔广五：（关南屏）老师，他是教授，他是齐白石的徒弟。

崔广五：练（习）长了我们就认识了，他说你临摹得挺好，他说那么地吧，这就是1913年了吧？

陈艺书：1931年。

崔广五：有二十来年了吧。完了他就说了，他说，我领你到北京去，到北京去见我老师齐白石去，我说那好啊，就领着我。

阿丘：到北京来了。

崔广五：我说那个钱我也没有啊，他说那个不用，那不算事，有我。那个时候齐白石在哪呢，在颐和园下面有一个小房，他在那里。

陈艺术：在那卖画。

崔广五：在那里卖画。完了我呢去了，老关就告诉我，你见面你就，我一使眼色你就得跪下，他不答应你别起来，就这么回事，我说好了。就到他家，在哪住呢？在北京有个庙。

陈艺书：叫法华寺。

崔广五：在那个庙边上住，就这么回事，我到那，我就说齐老师，我就叫老师，就跪下了，他说你起来吧，我给他磕个头，我说老师你好，我就起来了。齐白石说了，你临的那个虾，他一看，嗯，他点点头，嗯，就嗯了一下，他说好吧，说这么地吧，你一天画50个虾拿来看。

陈艺书：给他留作业。

主持人：一天画50个虾。

崔广五：一天画50个。

主持人：拿来看一下。

崔广五：画50个虾，今天画50个虾，明天画20个螃蟹。

主持人：我听说您有一个别名，叫埜石，是

吧？也是老师起的吗？

崔广五：我（临）走之前，齐白石说好吧，那么地吧，你学过铁匠，我当过木匠，铁匠是一直炼铁，铁不炼不能成钢，你就那么地吧，你叫埜石吧。我一听很好，就叫埜石，他给起的名。

主持人：艺名？

陈艺书：艺名。

主持人：面对面咱们一看，两位都挺年轻，观察家，平时有没有真正和百岁的老人面对过？

陈驰：这是第一次。

主持人：于老师呢？

于洋：百岁老人以前是见到过的，但是听这么长的叙述，我觉得也是第一次。

主持人：第一次。在您印象当中，到了百岁，或接近百岁的老艺术家，特别是画界的现在还有吗？

于洋：现在应该说还是有的，特别是画中国画的艺术家，因为中国画的，它的这种怡情养性，对于人的这种心性的这种修养，确实是，我觉得也是这门艺术的一个魅力所在。

主持人：崔老，那段怎么跟齐白石结缘的，那段历史其实机缘巧合啊，当然那个细节你看到现在我听来是，可能当中，可能疏漏很多细节，这小子真的是厉害，对拜师学艺真是有诚意。但是由于在北京生活没有盘缠了，最后每天画来画去，画到最后还得回吉林去了，是吧。从（北京）回长春之后，发生了很多很多事情，这段历史在您百岁的经历当中，很重要，我这里有很多编年的，您的一些岁月的经历，我就不一一说了。您看，在伪满洲国的时候，您去宫里作画；1952年之后，就回长春市美术厂去任画师，一直三十多年；后来1996年，就自办了个白石画馆，一直到了，这里头有段经历其实很重要，就是1998年齐白石的长孙齐佛来找到了崔老，对他的艺术做出了肯定，齐佛来见到了崔老之后，都说了什么样的话？做了什么样的事？

陈艺书：在他的作品上，是题了这么几个字，具白石笔艺、齐派风范，就是给你题的那几个字。

崔广五：是。

陈艺书：就是对他的艺术上的肯定。

主持人：陈驰您是做企业的，您从企业家，从一个商人的角度，您看完这些画什么感觉？

陈驰：第一次见崔老的时候，我一看这个虾，实际我那个时候还不知道他是齐白石的弟子，我觉得这个虾画得挺有意思的。

主持人：崔老，齐白石老人是怎么样教你画蟹画虾的？有什么样特别的地方吗？

崔广五：我画的给齐老师看，齐老师就看那个虾前边（这个）脑袋，脑袋上宽窄，这一个虾多少笔，前边多少腿都告诉我了。这一个虾是五节，连脑袋算六节，一个脑袋，身子五节，连尾巴都算上，这一个虾，前面大须子，六根。你得画好，你画不好就不好看，这腿直，前面都得合适。

陈艺书：我这个老师啊，他得到白石亲传嘛，应该是，我认为他绘画，主要就是什么呢？用心去画，另外也得到真传，包括这个画每一笔，笔笔有功力。我也有时候也跟老师在学画，是44笔，其中有一笔是你看不见的笔，待会他也可以说，那是白石老师的一个绘虾的一个诀窍，就是中间有一笔是蘸水的，就是在那个笔上是蘸水的，所以这个，一般的是好像不太清楚。

主持人：好的。待会我们，如果说崔老先生身体还行的话，我们想请他现场给我们展现技艺，还行吗？看看到底哪一笔……

陈艺书：现在仍然能作画。

主持人：能作画。

陈艺书：眼力，他不戴眼镜。

主持人：都没问题。

陈艺书：那个手它不抖，画须子那还是栩栩如生、活灵活现。

主持人：崔老，您这辈子您有没有统计过，一共画了多少虾蟹？

崔广五：没法计算，计算不过来啦。

主持人：我今天一看，崔老的画确实是栩栩如生，特别那蟹，我印象当中很少人画蟹，黑白之间能把蟹画成那么栩栩如生，这是很难得。

崔广五：螃蟹画起来就有数，前边不有两个大夹吗？这个大夹要这么一伸，这个就得缩回来，这四个腿就分开，一蹩，就跑了，它就往前跑了，它就像活的一样，完啦，有的吐沫。

阿丘：您刚才说的那些很多，包括生物学家，我估计观察没有那么细，那虾这么跑的，还那么来，我们一口吃掉了，根本没有看到怎么跑的。你看刚才老人家可能是耳朵不太灵，表达有一定的困难，但是他一旦作画起来，那也是生龙活虎的，我们记者就有幸拍到了崔老在家里斗虾斗蟹的一些很情趣的画面，来看看工作当中，绘画当中的崔老是一个什么样的状态？来。

［百岁老人斗蟹］

主持人：陈驰，这个崔老的画室你去过吗？他绘画的时候你见过吗？

陈驰：我见过。

主持人：就这样的场景你见过吗？

陈驰：这样的场景我没有见过。

主持人：还能这么画的。什么感受？

陈驰：看完这个，我觉得他真的是画，在画虾和画蟹上，画得跟活得一样。

主持人：我不知道于老师在美术学院，如果说学国画的，也是画虾画蟹画什么的，有没有说拿真实的一些活物，就是给他们看，或者现场就是等于说，也是像崔老一样，也让他们动起来，观察完了他们才下笔。

于洋：这个实际上也是很必要的，而且我们今天从山水到花鸟，到人物，人物不用说了，我们有很多真实的模特，那么山水，我们在都市里面看不见，我们需要出去写生，花鸟有很多的画家，也有自己的院子，所以包括像画虾画蟹。刚才崔老也做了一个非常生动的演示，我们也看到，实际上他是在用身心在去画，也是展现了艺术家非常可爱的那一面。

主持人：我们今天回过头来看一下，崔老绘画的艺术成就，不但得到了齐家后人的肯定，而且也得到了业内很多专家的肯定，其中也得到了两岸文化交流的一个特殊的使者，叫范光陵先生的肯定。

主持人：说一幅艺术作品，它有它的艺术价值，除了艺术价值，现在艺术价值，还能够体现成为一种商业价值，也就是市场价值。在这一点上，我想陈驰先生应该是有感受的。

陈驰：我觉得是无限的。

主持人：无限的。

陈驰：对。

主持人：您当年是怎么跟崔老结识的呢？

陈驰：跟崔老认识的这个缘分，到今天还不到五个月，是崔老来北京参加建党90周年的时候，给国家献画的时候认识他。

主持人：您为什么看好崔老的画？

陈驰：崔老的画，刚才我们谈到，说他画的虾跟蟹像活的一样。我第一面见他的时候，我觉得他（是）又可爱又可亲的一个老人。

主持人：为崔老的画，你准备做一些市场上的推广，有什么样的计划吗？

陈驰：下一步再把崔老的画展，在北京给他办了。

主持人：您从专业角度来看看，你说崔老到这个年纪了，他这样的画在商业市场上，价值如何？前景如何？

于洋：现在的中国当代艺术市场里面，其实我们之前比较忽视的一块，是我们对于，特别是民国时期过来的这样的一批老一辈画家的，他们的旧作，包括他们现在创作的关注，那么其实这一块，我觉得也是一个比较具有潜力的一个板块。不论是从商业上，还是从学术上，我们应该加大对于这些老一辈的画家，他们有价值的这些作品的，这样的一些关注和发掘。我觉得这些呢也是，不单在商业界，可能也是学界，在学院里面也是需要关注的。

主持人：说到挖掘，发现，我们很多人就把眼光放在了未来，放在了年轻人身上，其实还好我们身边可能很多老人，这一辈子来，不为人所发现的点点滴滴，需要我们很多像于洋老师，像陈驰这样的人，去用他的慧眼去找到他，去发现他。今天来到现场的很多观众朋友，我看高朋满座，很多是咱们崔老先生的弟子们的朋友，我听说您老伴也来了。

崔广五：来了。

陈艺书：在那后边。

刘凤春：大家好，我是崔广五后组合的老伴。大家也看到了，我们俩相差年龄也比较多，这个不算大问题，只要人好就行，而且还有就是说，他有一身的手艺，生活上没问题，身体又好。另外呢，写字、绘画，一旦他进入那个意境的时候，就是耳朵不背，你跟他说话，他也听不见，但是就不能打扰他。

主持人：师娘您叫刘凤春。除了师娘，今天来了还有很多，徒弟，张小萍。

张小萍：我是崔老的学生。

主持人：还不算弟子，叫学生。

张小萍：我跟他学习能有五六年的时间，这五六年时间，我就有两点觉得，我非常的尊敬这个老人，这个老人也是我老师。他为人非常的善良，对这个作画非常的认真，我每次学的时候，他都把那个笔，画一只虾要用五六支笔，他把这五六支笔给你摆好，把那水都给你放在那，让你在那学。

主持人：尚福月，来来来，你看，当时我一听说是干孙女。

尚福月：三十年前我爷爷认下我，我作为他的干孙女，爷爷没有自己的亲生儿女了，我就时时想着爷爷绘画的这个艺术，一定要推出去，传给更多的人来欣赏，谢谢大家。

主持人：好好好。您应该是桃李满天下了。崔老，您一百岁了，还打算收徒弟吗?

崔广五：收徒弟。

主持人：要收。

主持人：正好了，刚才您干孙女说了，你看到他们这辈人啊，就一个愿望，就是把您的艺术成就那个技艺传承下来，所以今天我们安排了一个拜师的一个仪式，您收一位小徒弟吧，关门弟子吧。你叫什么名字?

陈剑亮：我叫陈剑亮。

［百岁老人收徒环节］

主持人：接下来，我们来一个拜师仪式吧，好吧?

陈艺书：把茶给爷爷、师父就行啦，对。

主持人：鞠躬。

陈艺书：行。既然给师傅有见面礼了，师傅还要给他回上一幅画作为纪念。

主持人：回一幅画，那不得了。

主持人：好的，谢谢陈剑亮小朋友。崔老，五岁的孩子，您给他起个艺名？什么艺名？

陈艺书：起名字是林石。

主持人：林石。

陈艺书：他觉得这孩子比较小，他（崔老）不埜石嘛，林下边有个土，他就把那个土去掉了，林石。

主持人：林石，很有艺术家气质的名字。林石，少点土，多经历一些风雨。今天我想应该特别不一样，因为今天是您的百岁生日，百岁了，有什么感想？

崔广五：101岁。

陈艺书：对，101岁了。还想活下去，活多大岁数？

崔广五：这个事我不敢说，听天由命，天老爷照顾你，就多活几年，天老爷不照顾你，就没有办法。

主持人：你是我们学习的榜样，不喝酒不抽烟，没什么不良嗜好。

陈艺书：没不良嗜好。

主持人：起居也很有规律，除了这点，您自己还有什么长寿秘诀吗？

崔广五：酸的、辣的、甜的要少吃，不能多吃，苦的多吃。到现在呢，你看我这手，你看。

主持人：哎呀哎呀。

崔广五：你看，哪个一百来岁他手能这样吗？你看这手伸的，是不是，七十来岁那个手就，他还拿笔啊。我到现在，我就什么不好呢。

陈艺书：耳朵。

崔广五：这个耳朵不好。完了这个眼睛，就是到现在，你就地下掉一点点，也能看着。手眼不合，你还要画画啊，你画画，你拿筷子都拿不了，你还画画。

主持人：明白了，崔老，这样，咱们不说，画，好吧。您亲自给我们画一只虾，看看您功力还在不在，来，我们上墨。

［百岁老人现场作画］

主持人：崔老爷子的画完成了，叫群龙艺游，这写着白石弟子埜石百岁，谢谢您，谢谢谢谢。

陈艺书：（这是）献给栏目组，谢谢。

主持人：来我们看看，现场拉起来两个横幅，恭贺齐白石亲传弟子，崔广五老先生百岁寿辰，中门集团、中国华侨公益基金会青年慈善基金敬上。在节目结束之前，想请崔老在您的照片上，给咱们留一句话，百岁的感受，人生的感悟，一句话。

［奋斗感言环节］

主持人：今天是崔老先生一百岁诞辰的一个喜庆的日子，除了给我们展示他的技艺之外呢，我想今天有必要和他的弟子，和他的亲属，和所有的同事在一块儿给老人过个生日吧！还好，蛋糕我们都准备好了，现在有请上蛋糕。

安度晚年

2013年5月18日，辽宁鞍山。

这是中国的“钢铁之都”，因市区有一座形似马鞍的山峰而得名。战国秦汉时期，鞍山设置郡县，汉代土法冶铁，辽金时代进入繁盛时期。1917年建设第一座高炉。1937年建市，现为辽宁省第三大城市。市东南18公里处的千山，是全国重点风景名胜区，常有文人墨客采风写生。

这一天，春光明媚，杨柳荡漾，鞍山市博物馆门前锣鼓喧天，鞭炮齐鸣。由鞍山市委宣传部、文明办、文化广电新闻出版局主办和鞍山市博物馆、营口大石桥市文联等单位承办的“白石传人——李学坤国画作品展”拉开了帷幕。齐白石的真传弟子、李学坤的老师埜石不顾年迈，专程从长春赶来参加这次画展。

鞍山市博物馆位于千山中路41号，是地方综合性历史博物馆，成立于1983年。馆舍建筑面积1200平方米，设有三个展厅、两个文物厅。该馆被市委、市政府定为“鞍山市爱国主义教育基地”，被省委宣传部定为“辽宁省爱国主义教育示范基地”。建馆时间虽短，但藏品丰富，目前在省内同级博物馆中名列前茅。

值此第36个“国际博物馆日”，鞍山市博物馆将开展“力量”大型主题系列展览活动。该活动包括“道德的力量”、“记忆的力量”、“凝固的力量”、“艺术的力量”四部分。通过这四大力量系列展览活动来凝聚力量、振奋精神，为迎接第十二届全国运动会，推进全国文明城市创建工作，建设实力鞍山、素质鞍山、美丽鞍山、诚信鞍山、幸福鞍山而营造浓厚的文化氛围。

其中“白石传人——李学坤国画作品展”属于“艺术的力量”。5月16日上午，李学坤先生应鞍山市博物馆邀请，与鞍山绘画名家进行了艺术研讨。102岁高龄的埜石大师现场挥毫作画，并题词“和谐艺游”。

李学坤，号龙川山人、大金山禅寺、闲云野鹤、清河居士。生于1952年，辽宁大石桥周家镇三道岭人。现为辽宁省美术家协会会员，大石桥市美术家协会副主席。幼时从师埜石门下，后经其介绍拜王庆怀为师。从此洗水墨，好丹青，广学名家之长，独专齐派风格。在寄情山水、花鸟之时，犹喜虾蟹鱼虫。其国画多次入选市、省、国家级展览，部分作品被全国各地和韩国、日本、马来西亚等国爱好者收藏。

本次展出的60余幅作品，均为李学坤呕心沥血之作。

纵观其写意花鸟画之特点：一是传承齐派画艺，以写为主；二是深入生活，以情感人；三是师承传统，又有自家风貌。作品取舍有度，夸张得体，突现神韵；而意境幽雅，含而不露，则是又一特点。他的这次画展，必将为观众呈现一场高雅丰富的艺术盛宴。

埜石先生对李学坤的人品和画技非常看重，曾多次评论道：“学坤幼时学画着实可爱，既聪明，又伶俐，孺子可教也。”在李学坤举办的这次画展中，为了支持和鼓励自己的弟子，他忘记了自己的年龄，像年轻人一样充满着豪迈之气，自始至终活跃在展厅里，令李学坤和所有在场的人无不为之动容。

这年8月，山更青，水更绿，天更蓝，花更艳。大石桥市像慈母一样张开了双臂，迎接远道归来的游子。心如泉涌、意如飘风的埜石老人回到了阔别80年的大石桥，这是生他养他的家乡，这是他一直被魂牵梦绕的地方。

山，还是那个山；水，还是那个水。清澈的淤泥河从上游缓缓而来，逢山便绕，拐了无数弯，留下一条美丽的弧线，然后向远方悠悠而去。它日夜不停地流淌着，“汩汩”的流水声宛如在向世人讲述百岁老人的一部断代史。

这天上午，位于淤泥河畔十字街附近的大石桥书画院“茶画天下”厅，乐声轻扬，笑语阵阵，埜石老人和家乡书画界的晚辈谈笑风生。他常常念叨家乡的山美水美，并将牵挂之情寄托在画作之中。虽然他102岁了，但他仍然怀念着家乡，想着家乡的一山一水、一草一木，他画的山啊、水啊，都融入了自己对家乡的真情实感。

此次回乡，看到大石桥的文化事业在蒸蒸日上，老人由衷而乐，脸上铺满了舒展的笑纹，一如阳光下的迷镇山。他深有感触地说："这次回到大石桥一看，我心里头那个敞亮啊！它的文化氛围、它的建设水平都大大提高了，再好没有了，我特别高兴！"

埜石老人与晚辈们亲切交谈，不断鼓励，让书画院的画家们受益良多。大石桥市书画院副院长马志刚激动地说："崔老先生这么高年龄，现在依然还在天天作画，是我们学习的榜样，对我们鼓舞很大。"

埜石老人衷心祝愿家乡镁都文化事业得到更大发展，表示愿意为家乡奉献绵薄之力。他风趣地说："文化一提高，什么都提高了。我就帮助家乡做点文化的事儿吧，也就是拿起画笔抹两下子！"

这是一个晴好的天气，一辆小轿车开出大石桥市区，一路向东南疾速驶去。大股大股的花草清香涌入车厢，空气鲜得醉人。在蓝天下，在清风中，左右两边都是绿中间黄的庄稼和点头哈腰的绿树，裹挟着农民们在田间劳作的身影飞快地朝车后扑去。

在宽敞明亮的车厢里，坐着埜石和他的弟子李学坤。埜石老人微眯双眼，想着心事，蓄着诗意，融合成夏日多姿多彩的模样。在女儿、发妻先后逝去，后老伴也因病离开了，孤苦伶仃的他寄居在一个弟子家里。他的妻侄兼弟子李学坤知道后，深表同情，立即动身前往长春接老人回家乡养老。

汽车顺着河岸公路匀速向前行驶，车窗外的远山近树在跳集体舞。埜石突然发现村头耸立一块巨石，上面镌题“三道岭”三个遒劲有力的大字。这是他的弟子李学坤去年3月以龙川山人的艺名为家乡做的一件好事，他还在巨石的背面刻着三道岭村的来历：

三道岭，地处长白山脉海龙川之麓下，南接壤青石关，北靠临溟，西望辽水三山相应，耸立挺拔，笑望碧天，清河绕村而行。古有记载唐太宗东征收复失地设安东“都护府”袁天罡云游到此，登高眺望，慧眼识相，草龙起伏东山下，石砬峭壁，石龙隐现，双龙隔岸相望，延山腾跃，有争吞噬清河之意。其势，惊心动魄；其意，此乃风水宝地也。继三官神庙，随之而建，谓天、地、水、尧、舜、禹，香火鼎盛。唐王马陷淤泥河后连跨三岭，三道岭故此得名。古往今来誉称宝地，贤孝和谐，世代相传，土沃人杰，物阜民丰，兴水筑坝，横跨两山，清河涟涟。深山古刹，景色称奇。潘氏国权，立开运石以记之。

红绿紫黄蓝姹，倒影水中如画。三道岭上的山花或远或近，或淡或浓，以旖旎美妙的姿态绽放，酿造着夏的味道，编织着夏的传说。三道岭是一个山清水秀、地灵人杰的风水宝地，李学坤热爱他的家乡，也热爱他的父老乡亲。他根据自己实地考察、采访先人和查阅历史文献，寻桑田之变迁，探村事之壶奥，写下了一篇文辞渊雅、叙事详赡的《三道岭赋》。现辑录如下：

大石桥正东，宝地三道岭。坐落三山间，清河绕村行。碧水锦鳞跃，林间翠羽鸣。庙山神像塑，晨昏响钟声。抱马树参天，碑铭文理清。三官香火旺，远近享盛名。殿下办学堂，代代育后生。东山松柏茂，南园菜蔬青。西沟黄土场，北沟老狼洞。蔡窖烧泥瓦。匠工技艺精。沟前溪水淌，后坡草龙横。北砬崖峭壁，石龙隐其中。徐沟大果园，满山郁葱葱。东坎原梁佳，大户主姓温。豪宅四合院，东西两边分。村中李姓三，潘项曹王孙。古时有顶戴，近代出将军。世代庄户人，勤奋田良耕。历年风雨调，岁岁五谷丰。艳阳光普照，四季皆分明。阳春采山菜，盛夏绿树阴。金秋硕果累，遍地高粱红。霜降染红叶，朔风送寒冬。冬至飘大雪，三九嘎嘎冷。路上行人少，户内暖融融。顽童抛雪戏，婆媳新衣缝。老者炕头坐，众人围其中。开篇三结义，好汉说武松。西游红楼梦，隋唐讲一冬。进入腊月里，家家年糕蒸。开单打年纸，春联红彤彤。灯笼高高挂，接神爆竹声。吃过年夜饭，守岁到天明。拜年互贺岁，抱拳庆丰登。一晃正月过，各行开经营。生意人外出，农户忙备耕。雨水春风至，大地吆喝声。祖辈数百载，人之得安平。贤孝成习俗，和谐贯古今。人杰地灵处，远近皆闻名。游尽天下景，难移半寸心。爱我山和水，胸装众乡亲。挥毫书往事，犹新忆情深。（庚寅岁首，悦良、学坤合作以记之）

三道岭村后有一个水库，是李学坤健身休息的好去处，并经常在岸边散步写生。甲午年孟春，他上网查看航拍的三道岭地图，偶然发现了一个奇迹：这个水库的形状像一条头朝南尾向北的大鲶鱼。于是他以龙川山人的笔名按照水库形状画了一条鲶鱼，并题诗一首，名曰《写三道岭水库全貌自然风光》：

一尾鲶鱼十里长，
弥陀寺外闪金光。
只身横跨海桥界，
斜倚双龙呈吉祥。

在这样一个有景有史、有情有趣的地方生活、创作、休息，对于一个画家来说，尤其是一个百岁画师来说，埜石是满意的。

对埜石老师晚年的安排，李学坤确实费尽了心思。他原打算在大石桥市里给老人买一处洋房，让他过上舒心的城里生活。可是老人家不同意，他更喜欢乡下“采菊东篱下，悠然见南山”的田园生活，因为他来自山村，对山村的生活更了解、更习惯、更适应。为此，李学坤投入近百万元在水环翠绕风景如画的三道岭给埜石建造了一处几百平方米的二层小楼。

埜石的新居名曰“白石山房”，位于三道岭村南头。房子高大敞亮，有大厅，有厨房，有卧室，有画室。安逸的生活，舒畅的心情，为埜石的绘画创作提供了保障。当然，老人主要是以休息为主，在含饴弄孙、种菜养花之余，他也能在水墨中、色彩中寻找自己的乐趣。

都说“最美莫过夕阳红”，埜石老人的夕阳生活尤显“红火”，他的晚年可谓春风骀荡，彩霞满天。

秋天如同一支画笔，把中国大地描绘得极为壮美。关外层林尽染，山峰上好似烈火在燃烧。农田里的玉米、大豆、水稻成熟了，金灿灿的犹如黄金铺地。道路两旁的杨树一个个挺直了腰杆，像纪律严明的仪仗队整齐威武地排列两行，迎送着来来往往的车辆和行人。

这是一个天高气爽、万里无云的好日子，三道岭村迎来了三位客人，他们是北京798天马美术馆馆长白金、原中国诚通控股集团有限公司总裁罗树清和中国纪实文学研究会副会长武立金。他们从千里之外的北京专程来到这个小山村，是为了拜见这位齐白石的真传弟子、百岁画家埜石。

一进“白石山房”的大门，三位客人就受到了主人的热情迎接。埜石老人神采奕奕，面带微笑，把客人带到他的画室。

埜石的画室温馨典雅，墨香四溢。走进画室犹如置身于荣誉室，各种证书整整挂满一面墙，还有一帧当年溥仪赠送给他的照片。武立金面对墙壁把证书的内容一张不落地看完，发现这些红红绿绿的证书有的是他办画展的纪念证书，有的是他支援灾区的捐款证书，有的是他绘画比赛的获奖证书……

武立金指着画案上摆放的大小粗细、软硬长短的几支画笔问："这些笔都是哪儿产的？"

"北京的'荣宝斋'和'京华'产的，这两个牌子的笔管用。同是北京产的，光写上'北京'两个字不中，往往是假货。"埜石拿起一支笔蘸了蘸水说，"笔毛挺实的、成缕的、抱得很紧的，行。如果一蘸水笔毛就鼓大肚子，万万不中用，特别是作画。"

大石桥市"当代白石书画馆"馆主李书楷向三位客人介绍说，埜石是齐白石大师唯一在世的弟子，曾受到邓小平同志的亲切接见，被全国人大副委员长王光英称为"现代白石"，齐派现今掌门人、齐白石的重孙齐秉颐对他评价是"师伯笔下有法，有师法，深得白石老人之法"。于是，三位客人对这位慈眉善目的白发老翁更加崇而敬之了。

埜石在他的画案前坐下后，又热情地招呼大家："你们都坐呀！"

三位客人没有坐，为了表示对老人尊敬，都站着和埜石交谈。

白金问：“老人家高寿呀？”

“104岁啦！”埜石用指头比画一下。

“听说你是齐白石的弟子，是真的吗？”

“那还能假！”埜石指了指墙上挂着他画的《虾图》说，“你看画上的虾像不像白石老师画的？”

白金是书画鉴赏家，埜石的《虾图》令他大吃一惊，不但形像，而且神也像。

“现在还能画画吗？”罗树清问。

“能！”埜石语气肯定地说。

“有人七八十岁手就抖了，你的手抖不抖啊？”

“不抖，不抖！”埜石攥了攥拳头，“我的手很有劲，可能是从小打铁时练出来的。不抖……”

“现在都画些什么？”

“想画什么就画什么！你们喜欢什么呀？你们想要什么，我就给你们画什么！”

说完，埜石拿起一张四尺宣，然后在水墨之中润笔调色后，便开始画了起来。只见他在宣纸上错落点染，近实远虚，浓淡有致，寥寥数笔，一只墨虾跃然纸上，又洋洋洒洒，几只虾蟹相映成趣，似在水里嬉戏。

埜石画蟹时，站在画案前的白金发现蟹腿的双钩是一笔成形。据说，这样的绘画笔法即使在齐白石时代及齐白石流传下来的画作中也不多见，他是第一个如此“吃”螃蟹的人。这就是说埜石不但忠实继承了齐白石的技法，而且还有所前进，有所发挥，有所创新。

埜石全神贯注如痴如醉地沉浸在绘画的王国里，自由自在，无拘无束，如同进入仙境。他的心灵在漫游，在燃烧，但却全然不在乎精神、体力的消耗。其实，他的身体一直很好，从来没生过大病，也最不愿意去医院，更讨厌定期体检和营养保健之类的事。

武立金欣赏完画作后，就问埜石："您老身体这么好，有什么秘诀吗？"

"哈哈哈！"埜石开心地笑了，"要说秘诀，那就是每天坚持画画，每天保持乐观。"

看来，"动者不衰，乐者长寿"这句话是有一定道理的，100多岁仍然性格开朗，不管遇到什么问题都能泰然处之。在80多年的美术生涯中，集多才、多艺、多寿于一身，这在古今中外的艺术家中是不多见的。

李学坤介绍道，老爷子在生活中有四"乐"：

一是助人为乐——凡是对国家、对人民、对美术事业有利的事，他都努力去做，尽量做好，而且是默默地去做；

二是苦中作乐——他乐而不淫，哀而不伤，生活中即使有苦有难，比如老年丧女，一拿起画笔，就什么都不想了；

三是知足常乐——他对自己的一切都很满足，能不能成为艺术大师他不在乎，只要完成对自己的塑造就足矣。

四是自得其乐——他一生中不停地写，不停地画，在奔波忙碌中寻找乐趣。

埜石衣食无忧，除追求延长健康期和发挥自身潜在的极限之外别无他求。他常说：无债是富，无求是贵，无忧是仙，无病是福，不亦乐乎！他天性豁达乐观，热爱生活，不为物欲所动，不为挫折消沉，与人交往清清白白，对人生一贯地充满信心。这些不仅是老人创作的原动力，也是他长命百岁的原因所在。

庄子曰："人生天地之间，若白驹之过隙，忽然而已。"当年这位"以石炼铁，冶炼成钢"的小铁匠，经过毕生践行白石老师"刻苦磨炼，白发如吾"的训言，练就了"腕底有鬼神"的真功夫，如今不仅已成为中国著名的美术大师，而且也是中国为数不多的一个老寿星。在这部书稿即将收尾之时，让我们以虔敬和钦羡之心祝愿本书的主人公埜石老人画艺常新，健康长寿！

埜石大事年表

1912年（壬子年） 1岁

1月12日（辛亥年十一月二十四日），生于辽宁营口大石桥西两军村。本名崔广五。艺名埜石，别署白石门生。（按生年即岁的传统即岁法计算年龄，下同。）

1921年（辛酉年） 10岁

在西两军村上私塾。

1925年（乙丑年） 14岁

在大石桥曲氏铁匠铺学艺。

1927年（丁卯年） 16岁

初拜营口三位名家李明刚、张松轩、韩文洲学中国画、油画、雕塑。

1930年（庚午年） 19岁

在长春市开设白杨画店。

结识长春师范学院教授、齐白石的弟子关南屏（原名关龙甸）。

1931年（辛未年） 20岁

4月，在关南屏的引领下去北平，拜齐白石为师。

9月18日，日本军国主义为了实现其称霸亚洲的野心，发动了蓄谋已久的“九一八”事变，并迅速占领了东北三省。

1932年（壬申年） 21岁

2月25日，在日本军国主义的策划下，宣布在中国东北建立“满洲国”。

3月8日，溥仪秉承日本主子的旨意，在日本特务的护送下，秘密进入长春，定都长春，改名“新京”。

3月9日，溥仪在长春吉长道尹衙门就任伪满洲国执政，年号“大同”。

4月3日，“执政府”迁至原吉黑榷运局及其盐仓所在地（即今伪满皇宫）。

8月，长春改为新京特别市，隶属伪满洲国国务院。

再次赴北平拜见恩师齐白石。

1933年（癸酉年） 22岁

到哈尔滨、佳木斯、牡丹江等地画照相布景。

1934年（甲戌年） 23岁

3月1日，“满洲国”改为“满洲帝国”，“执政府”改为“帝宫”。溥仪作为“满洲帝国皇帝”。

10月，日伪将辽、吉、黑、热（热河省）4省划分为10省，即奉天省、吉林省、黑龙江省、热河省、滨江省、三江省、间岛省、安东省、锦州省、黑河省；又将内蒙古兴安省（伪满建制）的4个分省，提升为兴安西省、兴安南省、兴安东省、兴安北省。总计14个省。

1939年（己卯年） 28岁

7月，女儿出生，取名雅君。

1945年（乙酉年） 34岁

8月8日，苏联对日宣战，百万苏联红军出兵东北。

8月15日，日本宣布无条件投降。

8月18日，溥仪在通化宣布第三次退位，伪满洲国灭亡。

9月20日，苏联红军进驻长春，成立了长春卫戍司令部。

11月8日，中共山东分局社会部长、山东省政府秘书长刘居英（未公开身份）出任长春市市长。

1948年（戊子年） 37岁

8—10月，偕妻子李文琴“出卡子”。

10月19日，长春解放。长春市改称长春特别市，隶属东北行政委员会。

1951年（辛卯年） 40岁

参加集会抗议美帝国主义的暴行。

响应党和政府的号召积极为志愿军捐款捐物。

1952年（壬辰年） 41岁

组建白云画社，任美术师。

参加“三反”运动。

1955年（乙未年） 44岁

欣悉齐白石荣获世界和平奖。

1956年（丙申年） 45岁

白云画社归长春市美术公司。在公司属下的工艺美术厂搞实用美术。

参加吉林省第一次美术家代表大会。

被定为七级画师。

1957年（丁酉年） 46岁

9月16日，惊悉恩师齐白石在北京谢世。

参加“整风”运动。

1958年（戊戌年） 47岁

9月20日，邓小平视察工艺美术厂。

参加“大跃进”运动，吃食堂。

1961年（辛丑年） 50岁

前后三年为自然灾害时期。

1966年（丙午年） 55岁

“文化大革命”开始。

夏日，所收藏的古董和字画被毁。

1967年（丁未年） 56岁

到外地写语录牌、画毛主席像。

向李学坤传授画技。

1978年（戊午年） 67岁

改革开放时期。

1980年（庚申年） 69岁

从长春市工艺美术厂退休。

1981年（辛酉年） 70岁

独生女雅君去世，年仅42岁。

1982年（壬戌年） 71岁

长春市工艺美术厂解体。

妻子李文琴患脑血栓。

1983年（癸亥年） 72岁

创建向阳美术服务部。（在长春朝阳区五马路创建白云美术社。）

1987年（丁卯年） 76岁

刘凤春入向阳美术服务部（白云美术社）当会计。

1988年（戊辰年） 77岁

刘凤春到崔家当保姆。

1989年（己巳年） 78岁

夏日，妻子李文琴去世。

1991年（辛未年） 80岁

与刘凤春结婚。

1992年（壬申年） 81岁

10月，获“天马杯国际绘画大赛银奖”奖盘。

1993年（癸酉年） 82岁

参加“国际书画篆刻精品博览大展”。

1994年（甲戌年） 83岁

1月，中国文学基金会深圳创作之家在《北国名流》杂志发表介绍文章《名师出高徒》。

1995年（乙亥年） 84岁

夏日，荣获全国人大常委会副委员长王光英的题词：“当代白石”。

10月1日，其国画被全国人体科学研讨会、书画艺术评委会评为老年组寿星银奖。

12月，其作品被首届全国人体科学研讨会收藏并展出交流。

1996年（丙子年） 85岁

1月，记者孙佰元在《吉林画报》杂志发表介绍文章《痴迷绘画的老人》。

1月，记者马成云在《吉林画报》杂志发表有关介绍文章《笔艺春秋》。

11月4日，在纪念联合国教科文组织成立五十周年获“世界和平友好国际书画艺术大赛”优秀奖。

1997年（丁丑年） 86岁

秋天，在长春市长江路科技城参加笔会，有甘雨辰、许立志、张玉喜、王怀等二十多位著名画家参加。

“当代白石画馆”在位于长春市繁华地带的吉发古玩城4楼10号精品室开馆。

由中外书法艺术交流协会、国际书画家协会、世界书画家协会欧洲总部主办、《跨世界中外书画艺术经典》系列丛书编委会、国际诗书画学会、美国美东东方艺术协会、漓江书画艺术协会、中外禅佛书画艺术研究会、韩国书画教育协会、马来西亚陈氏书法学院、香港硬笔书法协会、日本日中硬笔书法友好协会等国内外109家书画艺术团体共同联办的97“和平杯”国际书画艺术交流大展赛中被评为画类金奖。

其名字与作品被选入大型权威典籍《国际书画家辞典》、《中国书画集锦》、《纪念联合国教科文组织成立五十周年世界和平友好国际书画艺术大赛优秀作品选》。

记者冯立中在《夕阳红》第3期杂志上发表介绍文章《冶石成铁，白发如师》。

1998年（戊寅年） 87岁

4月9日，在长春国际饭店会议厅会见齐白石的长孙齐佛来，齐佛来在看过崔广五的作品之后，亲笔在画上题字：“具老人笔意，传齐派画风。”

5月31日，被韩国评为“东洋画特选奖”。

6月，被“齐白石艺术馆”聘为高级书画大师。

6月8日，被中国国际名人协会评审委员会、中国国际名人研究院辞书编辑部、中国国际名人协会学术委员会、中华人物辞海编辑部编入大型权威人物辞书《中华人物辞海》（当代文化卷）。

7月，其作品入选由《跨世纪中外书画艺术经典》系列丛书编委会、韩国书法学会、韩国书艺协会、巴西中华书法学会、世界书画家协会、香港书艺会、中华传统美术学会、漓江书画艺术协会、香港艺术专科学校、国际文人画家总会、中外书画艺术交流协会、泰国泰京天鸿书画美国美东东方艺术协会、台湾中国美术家协会、澳门环球诗书画学会、台湾中华艺术学会香港硬笔书法协会、台湾桃源书法学会等编纂的《跨世纪中外书画艺术经典》系列丛书第四卷。

秋日，在长春吉发古玩城“当代白石画馆”将许多作品义卖捐献给灾区。

记者马成云在《吉林画报》第8期杂志上发表介绍文章《笔艺春秋》。

1999年（己卯年） 88岁

5月，其国画被载入《“中华各民族大团圆万岁”九九喜迎澳门回归祖国》大型书画册。

6月，其书画作品及艺术成就被编入《20世纪中国著名书画家》一书，并获“世界功勋艺术家”称号。

7月，其名字与作品被亚太国际文化艺术交流促进会、世界华人当代名人入典评审委员会选入《世界华人当代名人大辞典》，并颁发《世界华人当代名人资格证书》。

9月26日，其《群虾图》入选由中国美术家协会、中共曲阜市委、曲阜市人民政府联合主办；中国文联书画艺术中心、文汇报社、中国书画报社、山东画院、山东省美术家协会、走向世界杂志社协办的“纪念孔子诞辰2550年书画大展”。

12月2日，加入中国美术家协会。

12月，“当代白石画馆”由吉发古玩城迁移到更繁华地带重庆路中段的和平大世界。

参加“九九喜迎澳门回归祖国大型书画展”。

2000年（庚辰年） 89岁

7月26日，其绘画作品入选中华人民共和国文化艺术人才中心、中国文学艺术界联合会艺术指导委员会举办的2000年世界华人艺术展，并获佳作奖，授予“世界华人艺术人才”荣誉称号。

其名字与作品被选入《香港书画名家大展优秀作品集》。

2001年（辛巳年） 90岁

5月1日，其绘画被人民画报社、世界华人艺术展组织委员会收藏。

其作品参加“当代书画名家特邀展”。

2002年（壬午年） 91岁

7-9月，回辽宁省大石桥市探亲。

选购二百多册科技书籍及绘画作品捐给长春外文图书馆。

2003年（癸未年） 92岁

12月上旬，其作品被中国老年书画研究会、中国古风文化艺术研究会在北京中国人民革命军事博物馆举办的“纪念毛泽东同志诞辰110周年书画大展”收藏。

记者马成云在《中华教育》第9期杂志发表介绍文章《水墨灵韵，当代白石》。

2004年（甲申年） 93岁

1月1日，应中国人民政治协商会议山东省菏泽市委员会邀请，参加“《祖国颂》当代书画名家特邀展”。

5月29日，做客吉林电视台“喜临门”直播间，讲述“老有所乐、老有所为、老有所学”的内容。

11月6日，吉林电视台“人间晚晴”节目组为其拍录并制作了专题片。

其名字与词条被选入《中国美术家协会会员辞典》。

2005年（乙酉年） 94岁

1月4日，在长春市人民大街中段繁盛地带的鼎盛饭店“长春名门”接纳陈艺书为徒。

11月，被《中国收藏博览》组委会审核、评定并授予“当代中国书画收藏市场最具收藏价格艺术家”荣誉称号。

12月18日，被中国书画艺术家协会、中国收藏学术研究会、世界文化艺术鉴定中心、中国民族书画院评为中国当代杰出书画家，并授予“中国当代书画艺术杰出成就奖”。

经中华当代杰出功勋艺术家评选决定，授予“中华当代杰出功勋艺术家”荣誉称号。

2006年（丙戌年） 95岁

6月，接受吉林省美协主席、中国美术家协会理事易洪斌的题词："艺苑人瑞艺不老，画坛宿将画自高。"

6月，接受国际中国书画家交流促进会副秘书长、中国民族艺术书画研究艺术总监郑万勇先生的题词："一代风华笔墨腾飞，崔老先生作画八十载。"

6月16日，被中华艺术学会、国际中华文化艺术协会授予"德艺双馨"艺术家荣誉称号。

7月20日，被中国国学研究会、国学十年个人艺术成就奖评委会授予"国学十年明珠艺术家"荣誉称号，同时获得"国学十年个人艺术成就奖"书画精品奖。

8月，吉林人民出版社出版杨子忱编著的《白石弟子冶石画传》。

9月，接受世界文化总会会长、中华文化协会会长、中国艺术家协会主席范光陵博士的题词："天降神物系出东北名家之笔世界所贵。"

12月22日，其作品被中国书画年度人物评委会评为"2005中国书画年度人物"，并授予"2005中国书画名家"荣誉称号。

2007年（丁亥年） 96岁

5月14日，接受中央电视台（一套）专访时表示要把精心创作的作品，亲自送到北京，献给北京奥运会。

11月11日，携三代弟子同场作画，并将拍卖所得全部购书，捐赠给省内偏远农村的书屋。

12月5日，在新阳光培训学校谈寿的变数，满座清徵。

2008年（戊子年） 97岁（自署99岁）

11月18—22日，为庆祝99岁寿辰，“‘当代白石’崔广五画展”在长春海航名门酒店举办，吉林省原政协主席张岳琦、吉林省原人大常委会副主任李玉堂，省文化厅、省文联、省美协等单位负责人及埜石的好友、学生等近百人参观了画展。

11月27日，在齐白石嫡孙齐秉颐、中国当代书画名家协会主席梅楚安等人的见证下，齐白石第二代传人、齐白石艺术研究院院长吴景山接下15名书画爱好者递过来的拜师茶，正式将他们收为徒弟。

中央电视台播出《白石弟子崔广五》专辑。

2009年（己丑年） 98岁（自署100岁）

2月9日，在长春国际会展中心大饭店一楼大堂参加由吉林电视台都市频道《说实在的》、吉林省慈善总会、东北亚萨满艺术馆共同举办的“元宵佳节献爱心，真情救助有难人”大型慈善书画义卖活动。他将筹得的善款如数交由吉林省慈善总会用作专项救助基金，为一大批需要帮助的有难人点亮了生命之光。

2010年（庚寅年） 99岁（自署101岁）

6月26日上午，在长春启动“齐白石百岁弟子崔广五传承齐派艺术环球行”仪式，将以百岁之身漂洋过海，前往全球有华人居住的地方，传承恩师齐白石的国画艺术。

6月29日，在上海世博园中国馆将精心画就的《群虾聚会》献给上海世博会。

11月9日，在深圳商报大厦展出近两年来的50余幅国画精品。

2011年（辛卯年） 100岁（自署102岁）

4月29日，在吉林省宾馆举行齐白石艺术研究院揭牌仪式。参加会议的有吉林省、长春市和各区的有关领导、企事业单位领导、各艺术院校的领导、教授、著名画家、书法家、企业家近百人。

聘请吉林省原副省长杨庆才、吉林省文联名誉主席张笑天为“齐白石艺术研究院”名誉院长。

接受中央电视台《奋斗》栏目组专访。

2012年（壬辰年） 101岁（自署103岁）

1月12日，中央电视台二频道播放《崔广五》。

4月18日，在北京军事博物馆举行画展。

4月25日，参加“笔墨大连行”活动开幕式，并在香洲花园酒店现场挥毫泼墨，进行书画展演及拍卖，与大连书画界交流，传承恩师齐白石的国画艺术。

6月4日，现场作画为玉树募款21万元，热心女士现场捐款获画作一幅。吉林省慈善总会秘书长张俊久表示，这笔善款将全部捐给玉树地震灾区，她代表灾区人民谢谢百岁老人的一片同胞深情。

2013年（癸巳年）102岁（自署104岁）

5月18日，在辽宁省鞍山市博物馆参加弟子李学坤的画展。

8月，回辽宁省营口市大石桥定居。